**中小学幼儿园教师师德修养与师德建设培训教材**

根据《教育部关于建立健全中小学教师师德建设长效机制的意见》和教育部关于印发《中小学教师违反职业道德行为处理办法》的通知编写

# 教师心理健康教育培训教材

## ——师德修养与教师心理健康


杨春茂 ◎主编

此系列书内容包括师德修养，师德正反典型案例评析，教师教育法规常识，教师职业心理调试，教师考核，教师礼仪等方面，以引导教师立德树人，为人师表，不断提升人格修养和学识修养，努力建设师德高尚、业务精湛、结构合理、充满活力的中小学教师队伍为目的，弘扬高尚师德，弘扬主旋律，增强正能量。

首都师范大学出版社
CAPITAL NORMAL UNIVERSITY PRESS

**图书在版编目（CIP）数据**

教师心理健康教育培训教材/杨春茂主编．—北京：首都师范大学出版社，2014.1

ISBN 978-7-5656-1764-5

Ⅰ.①教… Ⅱ.①杨… Ⅲ.①教师—心理健康—健康教育—教材 Ⅳ.①G443

中国版本图书馆CIP数据核字（2014）第010529号

JIAOSHI XINLI JIANKANG JIAOYU PEIXUN JIAOCAI

**教师心理健康教育培训教材**

杨春茂 主编

---

责任编辑 王莉莉

首都师范大学出版社出版发行

地 址 北京西三环北路105号

邮 编 100048

电 话 68418523（总编室） 68982468（发行部）

网 址 www.cnupn.com.cn

印 刷 北京市昌平新兴胶印厂

经 销 全国新华书店发行

版 次 2014年3月第1版

印 次 2018年1月第2次印刷

开 本 710mm×1000mm 1/16

印 张 15.25

字 数 232千字

定 价 30.00元

---

# 《中小学幼儿园教师师德修养与师德建设培训教材》编委会

# 出版说明

按世界卫生组织提出的标准，心理健康主要包括以下三个方面。一是心理健康的人具有完整的人格、良好的自我感觉；情绪稳定，且积极情绪多于消极情绪；有很好的自控能力，能保持心理平衡；能自尊、自爱、自信，有自知之明。二是心理健康的人在自己所处的环境中有充分的安全感，能保证正常的人际关系，能得到别人的欢迎和信任。三是心理健康的人，对未来有明确的生活目标，并能从实际出发，不断进取，有理想和事业上的追求。现代社会中的教师是一项专业性很强的职业，承担着教书育人的重要职责。

在最近的几十年间，中国社会发生了天翻地覆的变化。随着一波又一波的社会改革和文化改革，引起了各种价值观的互相冲撞，使原本相对平静的校园也产生了阵阵波澜。与此同时，教育领域也发生了广泛而深刻的变化，教育体制的改革与创新、教育岗位的竞争和新知识的引进等方兴未艾，使得教师无论在实施经验、教学能力上，还是在心理素质上都面临着巨大的压力。尽管我国社会向来把教师看成是“人类灵魂的工程师”的强势人群，但教师也是社会大众的一部分，也是要解决吃穿住用行的普通人，面对种种压力，如果调节不当，就会产生不正常的心理。实际上，日益增多的教师心理问题正在给蓬勃发展的中国教师事业敲响警钟。研究表明，心理有问题、心态不正常的教师，专业信念不强、情绪反复多变，容易采取简单生硬的教学方法和教育手段。教师的不良心理不仅影响教师本身的工作和生活，还会影响正常的师生关系，引发学生的心理障碍，从而给学生的学习生活以及未来的人生态度带来负面影响。

如何帮助教师调整好从业心态，让教师以积极健康的心理状态投入工作，是一个事关教育大业的重要课题，也是一项需要长期努力的心灵工程。

本书撰写过程中，始终坚持以下原则。

（1）科学性。教材的选题合理、科学；框架设计科学、新颖；内容的选择能够反映出本学科的新成果、新动向。

（2）实用性。教材的内容坚持理论与实际相结合，注意密切联系我国中小学教育和教师的实际情况，注意对实践经验的理论总结；改变纯理论演绎的传统教材方式，采用理论与实践有机结合的、灵活多样的表达方式。

（3）开放性。在教育国际化的大背景下，内容编撰必须具有国际视野，注意吸取国际上的先进成果。

本书在内容上总共分为八章。第一章总体介绍教师的角色和心理特征，为后面具体分析教师存在的心理问题打下了基础；第二章介绍心理健康的标准和教师容易出现的心理问题；第三章到第七章，分别从教师的压力、挫折、情绪、自我意识、师德、人际关系方面具体分析了心理问题产生的原因及对策，事例典型、准确，使人有一种身临其境的感觉；最后一章关注教师的职业生涯发展。

由于编者的研究能力和实践经验有限，书中难免会存在失误和不当之处，恳请读者的批评指正。

目前，全国 32 个省级教育部门均将师德建设纳入年度工作计划，将师德教育作为各级教育培训的重要内容，为此，配套本书，首都师范大学出版社及中国教育报刊社定于 2014 年 7 月起在全国举办“中小学幼儿园教师师德修养与师德建设培训高级研修班”。此书可作为培训参考书使用。

编　者

# 目　录
contents

# 第一章 教师的角色和心理特征

## 名言欣赏

情绪犹如温度计，能使人沸腾，也能使人冷却。

## 导读

知识经济时代的到来，新的科学技术手段（如网络教学）在教育中的应用，必然会给现代学校教育带来新的不可估量的变化，教师角色的构成和心理特征也会出现新的变化。这些也必然促使我们改变对教师角色和心理特征的传统认识，重新思考和认识在新的时代背景下教师的角色构成和心理特征。

## 要点提示

◆教师的角色

◆教师的心理特征

## 心理诊所

### 接纳一个平凡的自己

**心理案例：整天处在沮丧抑郁之中**

我是一名教师，今年40多岁，算来工作已经快20个年头了。由于我性格比较内向，所以一直都没有太要好的朋友，每天就是学校、家庭两点一线单调平淡的生活。

因为职称问题闷闷不乐了好久。在此之前，我觉得大有希望，便写了许多论

文，发表的发表，获奖的获奖。大概在开始评中学职称后的几年里，写了近30篇论文，都是关于教育教学方面的，主要发表在校刊上。计算机也考过了，满怀希望地等当年的职称评定工作的开始。

年前盼着学校给个准信儿，领导说要等上级通知。过完年再问，领导说继续教育的分不够不好办。等到假期就要完了再去问，领导说要根据岗位设岗。一次又一次追问都得不到结果。

看着自己的努力白费，想想评职无望，就像泄了气的皮球，顿觉失意落寞。想来想去，怪只怪自己没有把握好时机。

曾经自己有机会去报考英语，却因为忙于处理学生问题忘了报名。好不容易第二年记住报名又没考过；第三年考过了学校又从中专改为中学，全部转评中学职称，不需要英语，又要考计算机；计算机考过了，开不开评又没个准儿了。也怪自己不能主动争取干自己学的专业，总觉得那么尽心，学校不会不考虑实情。可如今，领导要顾的是学校的整体实情，个人的感受只有排后，我又有什么好说的？只能识大体顾大局。

在工作中，我不善于和领导沟通，与年轻的同事又有代沟，工作非常不顺利。不说和我年龄相仿的同事大多早已获得了提拔，就连年轻的教师也走在我的前面，而自己还是一个普通教师。这种不公正的待遇让我的心里一直很不平衡。看着学校的其他人工作那么有干劲儿，有激情，我觉得自己和这种工作氛围格格不入。而每天看到年轻的同事，即使工作再忙，也能在办公室里有说有笑、谈天说地，我又是那么羡慕。

前段时间，由于我所带班级的学生成绩不理想，这让我觉得付出的努力没有得到丁点回报，我很是失望、沮丧。

扪心自问，我是努力工作的。我一直想通过努力工作创造自己不凡的业绩，创造自己不凡的人生。可是，我的努力好像都白费了。我曾经也买过一些励志的书来激励自己。可是每天醒来，发现我还是原来的我，又得面对紧张却看不到前途的工作，这让我很烦恼。

我整天处在沮丧、抑郁之中，提拔更是无望，人生一片迷茫……

**心理把脉：因为自我期望值过高**

表面看来，这位教师的沮丧抑郁是因为待遇不如意。但是，从心理角度来看，是因为自我期望值过高。

成功使人欢乐，失败使人苦痛。但是，决定人苦乐感受的，不只是成功与失败本身，而主要是人对某事物所抱的期望值。换言之，期望值越高，成功带来的满足感越弱，失败带来的挫折感就越强。就是说，期望值越高，心理上的情绪冲突越大。

心理学上用“情绪指数”来衡量人的情绪，其公式为：情绪指数＝期望实现值/内心期望值。这一公式告诉我们在期望实现值一定的情况下，内心期望值高，其情绪指数就低，人就体验到较多的消极情绪；反之，情绪指数就高，人就体验到较多的积极情绪。

人几乎是出于本能不断地提高自己的人生期望值。这其中自然有其积极意义，它是个人进取和社会进步的一种心理驱动力。但“物极必反”，一味不切实际地以过高的期望值来经营人生，那也许每天只能在郁闷愁怨中消磨宝贵时光，终生都不能享受生活的快乐和幸福。

因此，实事求是地调低人生的自我期望值，也许会发现生活中更多的美好。

也许有人说：于“官”场，于“钱”途，于物欲，调低期望值，确是人生大智；然而，于事业也该如此吗？正是。

虽然，“志当存高远”一向为人称道，但没有芸芸众生何谓社会？虽然，“不想当将军的士兵不是好士兵”一向有人欣赏，但没有小兵何来军队？天上只有一个太阳，地上只有一座珠峰。群星虽没有太阳耀眼，同样熠熠生辉；群山虽没有珠峰高大，同样勃勃向上。

所以，我们要适当调整自我期望值。

如果让自己陷入过高自我期望值的心理误区，你的心就会陷入沮丧抑郁的泥潭，你的生活、工作、人生，还能去哪里找到阳光？

走出过高自我期望值的心理误区，你的心就会走向积极乐观，你的生活、工作、人生，就会逐步走向阳光。

**心理处方：接纳一个平凡的自己**

所以，当我们感到生活不如意的时候，与其抱怨外界条件，不如好好营造自己。人有怎样一颗心，就有怎样一个世界，也就有怎样一个命运。

再回到这位老师的问题上来。

职称评聘、职务任用，诸如此类，很可能会有不公，但也没有绝对的公平，甚至有时候即便真有业绩、有才华，也未必就会得到重用。这是现实，无法回避。

但问题是，平心而论，这位并没有什么特别突出的业绩，有一年所任班级学生的“成绩不理想”，所发论文不过“主要在校刊上”。但这并不是说，这样的老师怎样不好。只是取得突出业绩的，永远是少数。大多都是业绩平平的教师，都是平常人。但是，平常人有平常人的成功。例如，教学有特色，学生很喜欢；管理班级很有方法。所谓的事业有成，并不是用获得名利上的众多荣誉去衡量，而是于自己问心无愧、于别人也问心无愧。我们要接受一个平凡的自己，我们也要接受平凡的待遇。

生活的现实是，没有谁能让自己的境遇通过抱怨而好起来，越抱怨只会越糟。相反，一旦我们不再抱怨境遇，而是思考如何完善自己去应对境遇，我们的境遇反而会逐步好起来。

学高为人师，身正为人范。作为一名教师，要做的是不断拼搏进取、不断完善自己、不断创造业绩。但是，为了营造一个好心态，我们更该学会接受平凡的自己，因为做好平凡的自己，也是一种成功。

这个话题临近结束的时候，让我们分享一位教师的深切劝告，虽然未必句句在理，却对我们善待自己颇有几分启迪——

> 老师，请善待你自己。不要让虚无的光环压得你喘不过气，你不是救世主，也并非上帝。你，就是你，一个立三尺讲台，靠一根粉笔养家糊口的平凡子弟。不必苛求自己，尽己所能，问心无愧，足矣！
>
> 老师，请善待你自己。不要苛求所有学生都品学兼优，通过你的努力，孩子每一点的进步都足以令人欣喜；不必苛求每一名学生都随你心意，作为一个拥有灵魂的个体，他渴望能够自由呼吸。面对你面前的孩子，你只需做到尽心尽力。
>
> 老师，请善待你自己。在你的天平两端，不仅有事业，还有家庭；不仅有别人的孩子，还有自己的子女；不仅有学生的健康，还有自己的身体。谁也没有要求你永远考取第一，谁说你就得永远创造奇迹。工作不是生命的全部，家庭、孩子、爱情、友谊……哪一项的缺失都会让你的生命蒙上灰色的印记。
>
> 老师，请善待你自己。领导的嘱托，家长的期许，都不需太过在意。工作要一点点去做，学生的成长需要多方努力。既然如此，那么就让我们自己记住——身体是自己的，健康才是第一。没了健康，再风光的业绩总会在岁月中消弭。
>
> 老师，请善待你自己。生命原本平淡，平凡才是人生的第一要义。没有职称，没有奖励，健康快乐地活着，多挣几年退休金，你不也是中学高级？看庭前花开花落，宠辱不惊；望天空云卷云舒，去留无意。
>
> 老师，请善待你自己！

## 第一节　教师的角色

人类社会如同一个天然的大舞台，人类社会的种种活动都可以说是一种社会剧。每个人都在这个“社会剧”中担任一种或数种职务，按照一定的行为模式，扮演着自己的角色。各司其职，各尽其责，串演着一幕幕绚丽多彩的社会话剧，

使社会正常运转。教师也是其中一种非常重要的角色。我们把角色概念引入教师心理的研究中，是为了便于理解和分析教师这一社会角色的地位及社会所期望的行为模式，从而使教师根据社会的期望与要求建立角色意识，清楚地认识到自己所承担的任务以及教师应有的职责和行为。

## 一、角色的概念

所谓“角色”原是戏剧中的名词，它是指演员在戏剧舞台上依据剧本所扮演的某一特定人物。美国的社会心理学家米德（Mead. G. H，1863～1931 年）将角色一词引入社会心理学中，运用角色的概念来说明个体在社会生活中的身份及其行为如同演员在舞台上的扮演。大多数社会心理学家认为，角色是由人们的社会地位所决定的并为社会所期望的一套行为模式。

人们在社会活动中扮演着各种不同的社会角色，社会对不同情境下的不同角色，也会提出不同的要求与期望，并形成不同的社会角色规范。每个社会成员在扮演不同的社会角色时，必须使自己的行为符合相应的社会角色规范，否则就会受到舆论的否定和社会的排斥。因此一个人如果想要做一个符合社会要求的合格的社会成员，就必须参与到社会生活中去，并学会角色扮演。

## 二、教师的角色意识

教师的角色意识，就是指教师对自己所扮演的社会角色规范的认知和体验。教师的角色意识是教师自我意识的一项重要内容，只有形成明确的角色意识，教师群体才能形成一个符合社会要求的职业行为规范，教师个体也才能不断地调节、完善自己的职业行为，很好地完成教师的社会职责。

教师角色意识的心理结构包括以下三部分内容。

### 1. 角色认知

角色认知是指角色扮演者对角色的社会地位、作用及行为规范的认识和对与社会的其他角色的关系的认识。

角色认知是角色扮演的先决条件。一个人能否成功地扮演某种角色，取决于他对这一角色的认知程度。作为一个认知过程，角色认知贯穿于角色行为的整个过程中。对于教师来说，只有具有清晰的角色认知才能在各种社会情境中恰当地行事，达到良好的社会适应。教师角色认知是教师通过学习、职业训练、社会交往来实现的，从而了解社会对教师角色的期望和要求。

### 2. 角色体验

角色体验是指个体在扮演一定角色的过程中，由于受到各方面的评价与期待而产生的情绪体验。一般来说，这种体验因主体行为是否符合角色规范并因此受到不同评价而有积极与消极之分。例如，责任感、自尊感或自卑感都是教师在角色扮演过程中产生的情绪体验。

3. 角色期待

角色期待是指角色扮演者对自己或对别人应表现出什么样的行为的看法和期望。它是因具体人和情境的不同而变化的。

教师的角色期待是教师自己或他人对其行为的期望。角色期待包括两方面，一是自我形象，即个人对自己的行为期望；二是公众形象，指他人对某一特殊角色的期望。这两者是相互作用和相互影响的。教师只有对教师角色的社会期待不断地认同与内化，才能尽快地把社会期望转化为自我期待，从而减少角色混淆与角色冲突。

## 三、教师的多重角色构成

随着社会的不断发展变化，学校的功能亦随之复杂化和多样化，它促使教师的角色也随之多重化。教师应扮演下列角色。

1. “家长代理人”的角色

教师扮演家长代理人的角色是指教师应像学生的父亲或母亲一样，爱护学生，无微不至地关注学生出现的细小变化，认真负责地对待学生，耐心周到地帮助学生，并对学生在学校的安全和学习上起到监护人的作用。

家长送孩子上学也就是将管理教育孩子的责任部分移交给教师。学生来到学校学习使他们的生活空间发生了变化，在学校这个新的环境中，教师是学生继家长之后所遇到的在生活学习上交流最多的人。学生希望教师能像父母一样对待他们。他们常常自然地把自己父母具有的许多特征、行为模式和与父母相处的经验、体会，运用到与教师的交往中，把对父母的期望寄托或转移到教师身上。因此，教师首先要扮演好学生的“家长代理人”的角色。

教师扮演这一角色的不当表现是，有些教师有家长制作风。例如，有的教师认为学生就像他的“孩子”一样，也是属于他的“私有财产”，他可以任意地处置。有的教师在教育管理学生的过程中表现出明显的权威感和优越感，以绝对权威的样子出现在学生面前，整治学生。在管教孩子时，采用训斥，甚至用嘲笑、挖苦、羞辱、体罚等不正确的方法。最终，形成不良的师生关系。

2. “学生楷模”的角色

教师要担当学生的楷模是指教师是学生的成人榜样，教师对于学生不仅是社会道德准则的传递者，更重要的是社会道德准则的体现者。也就是说，教师应该是社会行为规范的代表，教师必须具有比较高尚的道德品格，是学生模仿的榜样。因此，教师也往往被人们誉为“人类灵魂的工程师”。这不仅是对教师的赞

誉，也是社会对教师的职业期待。

学生的年龄较小，正处在成长的过程中，模仿学习是他们的一种主要学习形式。教师就是学生认同与模仿的主要对象。学生在学校生活中有意无意地要向教师学习。此外，学生对教师有一种特殊的信任感，在学生心目中教师就是权威，他们往往把自己尊敬与爱戴的教师视为模仿的对象，这是学生的一种心理特征。学生相信教师传授的一切都是正确的，他们乐于接受来自教师的观点。教育心理学的研究表明，在整个教育情境中，教师的仪表体态、言行举止、举手投足、容貌服饰等都对学生起着很大的示范作用，并对学生的认知产生深刻而久远的影响。

因此，教师的身教特别重要，如果教师的言行与自己的说教相吻合，那么学生就容易受到积极的影响。反之，教师的教育效果就会大打折扣，甚至会变成空洞的说教。

教师是处于社会与学生之间的中介人物，教师要通过自己的言传身教向学生传递社会的道德行为准则，在调适学生与社会的关系中发挥一定的作用。教师扮演好这一角色，就要求教师在国家观念、法纪观念、公民权利与义务观念方面，按照社会期待的标准去完善自己的言行举止。就像知识的传递者必须有知识一样，道德的传递者也应该有道德，因为如果自己并不真正具有的东西，也就无法给予别人。当教师的个人行为与其职业行为发生矛盾冲突时，教师应以职业行为为重，这是教师的角色要求。

3. “知识传授者”的角色

教师扮演知识传授者的角色是指对于求知的学生来说，教师是知识的象征，是一本活的教科书。教师的这一角色特征决定了教师不仅要有广博的基础知识，精深的专业知识以及有关各个领域的知识，而且对所传授的科目的发展情况、最新的发现、正在进行的研究以及最近取得的科学研究的新成果都要有所了解，也就是说必须具有较高的科学文化素质。

俗话说“学者未必是良师”。某一学科领域内的专家或学者未必就能扮演好知识传授者的角色。真正出色的教师还应该热爱教育工作，对自己所教的学科充满热情。善于运用心理学与教育学的知识和原理，以某种恰当的方式向学生传授知识。认真备课（备教材、备学生，即依据学生的认知水平、心理特点和最近发展趋势考虑授课的方式方法），善于千方百计地调动学生学习的积极性，依靠教学活动和知识本身的吸引力诱发学生学习的动力，使其形成认知兴趣，激励他们自觉地学习，准确地理解和牢固地掌握教师所传授的知识，使知识的传授成为一种双向的、互相推动的、充满乐趣的过程。

知识的传授不等于知识的生搬硬灌，也不限于学生对规定知识的接受与掌握，它还应该帮助学生学会学习，发挥创造力，使学生离开教师也能主动地从众多信息渠道中发现和获得新知识、更新知识，从而能自如地应付各种挑战。

当代知识不再是以算术级数增加，而是以几何级数增加，呈现出一种加速发展的激增态势。教师也面临着新的知识的挑战。教师作为“知识传授者”的角色内涵也在发生变化。谁也不敢说自己是个无所不知、无所不晓的人，教师和科学家一样，不知道或来不及知晓的东西远远超过已知晓的东西，甚至学生在一些方面的知识可能还会超过教师。教师在传授知识过程中也可能被学生的提问所难倒，这时教师应当以“知之为知之，不知为不知，是知也”的精神坦然告诉学生：“我还不知道，不过让我想想，查查资料或请教一下专家再告诉你。”或说：“这个问题提得好，我一时无法回答你，让我们课后一起来探讨这个问题吧!”这种实事求是和严谨的科学态度正是学生学习的榜样，它将赢得学生的赞许和信任。

当然，教师在一定范围内不应是个一问三不知的人，否则就难以在学生（尤其是小学生）心目中树立起较高的威信。

4.“严格管理者”的角色

教师的这个角色主要表现在两个方面：一是学生集体的领导者，二是纪律的执行者。

班级是学校中主要的基层组织。教师接受学校的委托，在班级内施加有权威性的影响，承担着领导行为。教师作为学生班级的领导者，应有计划地去培养班集体，要创造一种和谐、民主、进取的集体环境，形成良好的班风，使学生自觉地接受管理，加强自我管理并积极参与班级管理。作为纪律的执行者，教师不但要传递社会的价值系统，还要依此评价学生的行为正确与否。教师必须使每个学生都能遵守学校的规章制度，遵守学生守则，帮助学生形成“律己”的习惯和控制能力。教师要善于和学生共同安排学习活动，并在各项活动中通过有效的管理来培养学生的思想品德，发展他们的能力，完善他们的个性。教育心理学的研究早就表明：集体中的某些因素会激励学生学习，学生在精神振奋和团结一致的集体里学习，比在涣散的集体里学习以及比独自学习都会更有效。因此，教师作为管理者还应该促进学生彼此的了解、信任，调节学生之间、学生与其他任课教师之间的人际关系。

作为管理者的教师具有一些权利。例如，奖励与惩罚的权利，维持教学秩序的权利，安排班级活动的权利等等。权利是一种带有强制性的影响力，权利也是一种教育。教师对种种权利的运用应顾及学生身心发展的差异，从更重要的意义上说，教师的领导方式本身也会对学生的人格特征和行为产生直接的影响。教师对权利使用得当，才能发挥正常的管理作用。教师在使用权力时，要切忌“以权压人”“命令主义”“独裁高压”等不当的管理倾向。

5.“心理调节者”或“心理医生”的角色

教师扮演心理调节者或心理医生的角色是指教师要注意学生的心理健康，使

每个学生每天都能愉快地学习与生活。

学生在身心发展过程中不可避免地受到社会生活中各种因素的影响，出现一些心理问题，人们对生存质量的要求逐渐提高（不仅要生理健康，还要心理健康），也使人们对教师的角色增加了“心理调节者”“心理医生”等新的期待。

心理健康应重在预防。教师作为一个心理调节者，重要的、日常的、大量的心理工作就是创造一个宽松民主的课堂气氛，提供良好的精神环境。课堂气氛是学生心理健康成长的一种心理环境与保证。课堂气氛如何，教师负有很大责任。教师应了解一些中小学生常见的心理异常的症状，以便及时发现问题，不过，要切忌给孩子乱戴“帽子”，乱贴“标签”。教师还要掌握一些心理疏导的技术，当学生遭受心理挫折和痛苦时，能及时得到教师的指导与帮助，缓解心理压力，减轻焦虑、紧张的情绪，给学生以情感和心理方面的支撑，增强学生的自尊心和自信心，使学生始终保持正常、积极向上的情绪。对于较差的学生，教师更应给予较多的关怀，帮助他们适应周围环境，努力消除他们的压抑感，让他们“抬起头来走路”。

美国学者杜伯伦在《课堂内教育心理学》一书中指出：“作为一个心理保健工作者，也许不是一个教师的主要任务。然而如果一个教师忽视了心理的临床工作，他将忽视某些最基本的教育目的，他就收不到教育效果，而且在关键时期和最困难的问题上不能有效地教育学生。假如教师尽自己应尽的职责，为一个健康的社会培养健康的公民，教师们就必须意识到他们作为心理保健工作者这个角色的责任。”在教育过程中，教师必须充分了解每个学生的情感、意志、能力、气质、性格等心理特征，尊重他们的人格，有的放矢地实施教育，保证他们心理的健康发展。

当然，心理医疗者并不是教师的主要角色，如果学生有严重的心理障碍或严重的精神疾病，那么就应及时让学生到专门的医疗机构求助专家进行治疗。

6.“学生的朋友和知己者”的角色

教师要承担学生的“朋友和知己者”的角色是指教师在教育和教学过程中应更多地接近学生，应认识到教师与学生在人格上是平等的，教师应该是值得学生信赖的朋友。教师值得学生信赖，学生才会向教师敞开心灵，毫无拘束地跟老师说出自己的心里话而不必有任何负担；才会把自己的困难、苦恼、高兴、过失尽情地诉说出来；甚至把不愿告诉父母的秘密也倾吐给教师，从而得到情绪的发泄和紧张的解除。

现代学校中的学生，不仅希望教师成为他们步入科学殿堂的引路人，也非常希望教师成为他们真诚、坦率、无话不说的挚友。他们喜欢那些敢于把自己真实地毫不掩饰地放在人们面前的人。教师只有成功地充当这一角色，才能增进彼此间的了解与信任，才能走进学生中间，洞悉学生内心的奥秘，和学生一起克服困难，一起感受欢乐和忧愁。因此，教师要扮演学生的“朋友和知己者”的角色。

教师要成功地承担这个角色，首先必须尊重学生。尊重是一种信赖，教师要把学生当作一个具有独立人格的人来对待。其次教师要坚持平等待人，认真虚心地听取学生的意见和建议，并能理解、认可学生的不同意见与分歧，以十分真诚的态度与学生友好相处。

还需要特别指出的是，教师做学生的朋友不同于一般意义上的个人朋友、私人朋友。因为私人朋友往往是以个人感情为支配主线的，而师生之间的朋友关系并不能完全由个人情感所支配，它是为完成教育任务、服从于教育目的而出发的。教师扮演的是所有学生的“朋友和知己”，而不单纯是某一个或几个学生的“朋友和知己”。有专家指出，教师不能过于热烈地扮演朋友的角色，认为过于亲密的师生关系不利于教育与教学的顺利进行。教师如果把这个角色扮演得“过火”，那就容易出现庸俗化的倾向，并容易与教师的“严格的管理者”的角色发生角色冲突。

总而言之，教师的角色是一个多重角色的有机统一体。

知识卡

### 新课程中教师角色的十大转变

新一轮基础教育课程改革的理论生长点是“综合实践活动”，综合实践活动的核心是“探究性学习”。课程改革的目标之一是推动学生学习方式的变革。即由被动接受性学习向主动探究性学习转变。要实现这一转变，除了教学评价方式的转变外，还必须推动教师角色的转变。从传统中走出来，处理好“继承”与“发展”的关系，应该引导教师逐步实现下列转变。

1. 由“权威”向“非权威”转变

我们应该允许在某些知识领域有不懂的问题而不是绝对的权威。教师可以向学生学习，可以向学生承认自己不懂的问题，可以请学生帮助自己解决教学中的疑难，让学生消除学习的“神秘感”。教师不应该以“知识的权威”自居，而应该与学生建立种平等的师生关系，让学生感受到学习是一种平等的交流，是一种享受，是一种生命的呼唤。

2. 由“指导者”向“促进者”转变

教师要成为学生学习的促进者，而不仅仅是指导者，要变“牵着学生走”为“推着学生走”，要变“给学生压力”为“给学生动力”，用鞭策、激励、赏识等手段促进学生主动发展。

3. 由“导师”向“学友”转变

我们倡导专家型教师，但不提倡教师站在专家的高度去要求学生。教师要有

甘当小学生的勇气，与学生共建课堂，与学生一起学习、一起快乐、一起分享、一起成长。教师不仅要成为学生的良师，更要成为学生的学友。

4. 由“灵魂工程师”向“精神教练”转变

长期以来，人们把教师比作“人类灵魂的工程师”。其实教师不应该做学生灵魂的设计者，而应该做学生灵魂的铸造者、净化者。教师要成为学生“心智的激励唤醒者”，而不是“灵魂的预设者”，要成为学生的“精神教练”。

5. 由“信息源”向“信息平台”转变

在传统的教学中，教师成为学生取之不尽的“知识源泉”，缺乏师生互动，更缺乏生生互动。在新课程中，教师不仅要输出信息，还要交换信息，更要接受学生输出的信息。教师要促成课堂中信息的双向或多向交流，因而教师要成为课堂中信息交换的平台。

6. 由“一桶水”向“生生不息的奔河”转变

我们曾经认可教师要教给学生一碗水自己就必须要有一桶水的观点，然而随着时代的变化，知识经济时代已经到来，教师原来的一桶水可能已经过时，这就需要教师的知识随着时代的变化而不断地更新，需要教师成为“生生不息的奔河”，需要教师引导学生去“挖泉”即挖掘探寻，以寻到知识的甘泉。

7. 由“挑战者”向“应战者”转变

新的课堂中不能仅仅是教师向学生提出一系列的问题，让学生解决问题。它要求教师引导学生自己去提出问题，因为提出问题比解决问题更重要。学生向教师提出问题，便是对教师的挑战。开放的课堂中教师随时可能接受学生的挑战，从而成为应战者。

8. 由“蜡烛”向“果树”转变

中国的传统文化把教师比作“春蚕”“蜡烛”，不管是春蚕还是蜡烛，都是在奉献给客体的同时而毁灭掉主体。新时代的教师不应再做“春蚕”或“蜡烛”，而应该在向社会奉献的同时不断地补充营养，成为常青的“果树”，而不是在照亮了世界或吐尽了芳丝后就毁灭掉自己。

9. 由“统治者”向“平等的首席”转变

教师不能把课堂视为自己的课堂，而应该把课堂还给学生。教师不能做课堂的统治者，因为统治者总免不了令人“惧怕”。教师应该从统治的“神坛”上走下来，与学生融为一体。在新课程中教师不能再是居高临下的，而是与学生站在同一个平台上互动探究，在平等的交流中做“裁判”，在激烈的争论中做“首席”。

10. 由“园丁”向“人生的引路人”转变

“园丁”是令人尊敬的。但“园丁”又是令人遗憾的，因为园丁把花木视作“另类生命”。园丁在给花木“浇水、施肥”的同时，还要给它们“修枝、造型”，园丁是按照自己的审美标准把花木塑造出来供人们欣赏。教师应该多一些爱心，多一些对“问题学生”的理解与关怀，将学生的缺点当作财富来施教，因为它可能使你成为教育家——没有任何一个教育家不是因为对问题学生的教育获得成功而成为真正的教育家的。

## 四、教师的角色冲突及解决

一个人往往同时处于几种地位、具有不同的身份和扮演着多种角色。当这些角色在特定条件下互不相容时，就会出现角色冲突。

1. 教师角色冲突的表现

教师的角色冲突主要表现在以下方面。

（1）不同的社会期待引起的角色冲突

我们国家的教育方针规定教育要面向全体学生，要使每一个学生都能得到全面发展，但在教育实际中，人们（家长、部分学校领导人）仍把能否升学看成是关系到学生前途命运的大事。升学率已成为不少学校的教育目标与绩效标准，有的教育主管部门甚至把升学率作为衡量学校与教师教学工作首要的或唯一的条件。这种教育理论与教育实际的分歧、脱节，使教师感到无所适从，因此产生角色冲突。在升学的压力之下，有时教师所做的（只抓智育、培养尖子）并不是他所追求的，他所想的（使所有学生得到全面发展）往往无法实现。两种角色期望所产生的心理冲突，常使教师感到苦恼。

（2）对角色行为的不同理解引起的角色冲突

在社会生活中教师既是一种特殊的职业，又是一个普通的公民。由于传统文化的影响，教师被社会看成是德高望重的偶像。社会期望教师不仅要成为学生的师表，还要做公民的楷模。楷模就带有理想化色彩，意味着十全十美，是毫无瑕疵的“圣人”。但事实上，每个教师都不可能是十全十美的，他们也是有着独特个性的普通人，教师具有的真实个性与其角色要求也常有矛盾。如果社会用与其他专门职业者不同的标准去过分苛求教师，也会使教师产生不同程度的压抑感。教师在学校教育教学情境中要表现出规范的职业行为，但在日常生活中也会表现出一些带有个性的个人行为。但这样的个人行为往往不被有传统观念的人所接受、认可。这种由于对教师的角色行为的不同理解引起的心理冲突在青年教师身上经常发生，并相当突出和典型，它在一定程度上影响着教师的心理完善和角色行为水平。

（3）教师在履行多种工作角色时所产生的角色冲突

教师在工作中要将许多角色加以融合和组织，也常常遇到他所担负的两个角色同时向他提出两种相反的角色行为的情况。教师在这种日常遇到的大量的冲突中，一时很难在对立中找到统一，只有否定一个才能满足另一个，只有否定一

面，才能肯定另一面。例如，教师作为纪律执行者与心理医生之间的冲突就是如此。教师一方面要迅速处理课堂上某些学生突发的、影响正常教学的事件，另一方面又得考虑要耐心、细致，不得粗暴行事，不能伤害学生的自尊心，这在处理突发事件中很难两全。还有，教师作为课堂管理者与学生的朋友之间也会产生冲突。教师一方面要严格管理班级，要有权威性，另一方面又要做学生的朋友，要有亲近感，这也常常使教师陷入困境。

（4）教师角色与其他社会角色之间的冲突

我国中小学教师中女性占绝大多数，大约占80%。她们既要负起传统角色（家庭主妇），即肩负家庭的责任，包括家务管理、家务劳动（买菜、洗衣、做饭之类）、子女教育、照顾老人等，又要承担起现代职业女性的角色，要在事业上有所发展，要努力工作，要进修学习，要参加职称评定，等等。角色很多时候就等于压力，女教师承担了这诸多的社会角色，同时也面临着来自四面八方的压力。她们常常感到时间、精力在分配上的矛盾，甚至觉得身心很疲惫，“顾东顾不了西”。这是由于多种社会角色的相互干扰而使教师产生的角色冲突。

（5）教师角色内部的冲突（自尊与自卑的冲突）

社会舆论和宣传对教师职业的劳动价值给予较高的评价。很多教师对此产生认同，并产生很大的自尊。这种心理状态与整个社会并没有与之相应的尊师重教的现实（如劳动报酬较低），产生了较大的抵触。高的职业评价与低的职业劳动报酬之间的矛盾引起的角色冲突，使教师一方面有强烈的自尊感、成就感、事业心与历史责任感，另一方面又会产生自卑感、失落感、不公平感，产生牢骚与抱怨，由此产生了自尊与自卑的心理冲突。很多教师对教师职业产生怀疑，产生职业倦怠。当一个人从事某项工作并不是出于内心的喜爱，而是出于无奈时，那么他也就不可能全身心地投入到工作中去，其言行表现必然与社会的角色期望产生很大的差距，这种心理冲突非常不利于教育工作。

2. 教师角色冲突的解决

角色冲突使教师在实现角色期待时感到困难，它会降低教学效果，降低教师工作效率，甚至也会在教师集体和师生之间引起紧张，造成对立，使个人产生焦虑。教师的角色冲突越深，职业的满足感就越低，因此，需要进行调整和克服。那么，如何解决这些角色冲突呢？

（1）适当分离，缓解冲突

教师的多重社会角色，在同一时空中不能共容，要通过时间性或空间性分离，暂时或长久地解除某一角色任务，从而在不同的时间或空间表现不同的角色行为，便会缓解或减少发生角色冲突的机会。

教师在学校（空间）时（时间）为“教师”，回家（空间）之后（时间）可能为父母或其他角色。但教师的现实工作和生活不像一个演员或战士那样，有严格的工作时间界限。教师的多种角色在时间和场合上经常有延续和交叉。教师有时在家里也要备课、批改作业，节假日还要家访，于是就模糊了学校与家庭的角色关系。

（2）分清角色的主次，增强角色转换的能力

教师面对多种角色引起剧烈冲突时，应根据具体情境，分析引起冲突的主要矛盾，采取恰当的方法，选择主要角色，暂时放弃其他次要角色，之后寻找机会给予适当的补救。教师还可以运用心理学方面的防御机制来缓解冲突的强度，对角色冲突保持相当的适应性，在不同的社会情境中及时转换自己所承担的角色，同时注意提高角色扮演的技巧，积极地解决某些角色冲突。

（3）明确工作职责，尊重教师的工作权益

为使教师减少角色冲突，教学管理者不要随便对教师横加干预。教师在教室里有不可忽视的独立自主的权力，校长在学生面前不可以公开批评、指责教师。教学管理者应增强教育管理的科学性，使教师能有一个自由宽松的业务活动范围，以便把角色冲突降至最低。

（4）加强角色学习，摆正地位，正视现实

教师的角色是一个多重角色的有机统一体，因此，教师必须加强角色学习，增强角色意识，对自己扮演的角色有清晰的认识，积极地投入到教师角色中去。教师应通过对《教师法》《义务教育法》《教育法》等有关教育、教师的政策法规的学习，了解和掌握教师角色的行为规范、权利和义务，学习教师角色所必要的知识与技能并形成相应的态度和情感，正确认识自己在群体中所处的地位及社会对教师的角色期待。

在经济体制转型时期，在市场经济的冲击之下，教师应保持对角色地位客观的、实事求是的看法。教师的社会地位要受到一定的社会制度和社会形态的制约，要由教师的劳动价值产生的社会意义以及人们对其所持态度来决定。因此，作为教师应该摆正自己的社会地位，正视现实，对教师工作尽量减少功利色彩。这样才能减少角色冲突，使心理平衡。

角色学习的一个重要特点是它往往伴随着角色的互动，角色学习是在相互作用着的人与人之间的社会关系中进行的。任何一个社会角色都是在与其相对应的角色互动中扮演的。教师的角色伴侣是学生，因此教师应该正确认识自己在学生心目中的地位，要了解学生对教师的期望。

## 典例阅读

### 教师角色的自我调整

我从小学阶段的最高年级走到最低年级，开始重新认识教师的角色，并逐渐

有了深入的思考。

不同年龄段的孩子喜欢的老师是不一样的。作为老师，我们应该根据我们所教的年段来调整我们的教学策略。

低年段的教师要外向些、活泼些，应该善于用天真的头脑去理解小孩子想法的合理性并能巧妙地引导学生改正错误。但对高年段的老师来说，如果仍用天真的、活泼的思维去和孩子沟通，那么不仅显得幼稚，而且容易被孩子轻视。高年段的教师不仅应博学，而且应能够和孩子们进行合理的交流沟通，并关注学生青春期的心理辅导。另外，不同性格的孩子喜欢的老师也有不同。但共同点是喜欢能理解他们、有爱心、有颗公正心的老师。教师是要善于运用智慧的，有时是知识的传授者，有时是官司的评判者，有时是错误的监管者，而始终应是播撒爱心的引导者。学生喜不喜欢老师有时候也来自家长的引导，所以教师首先应和家长沟通，赢得家长的尊重和理解，家长是基础。

教师，充满智慧的名字，让我们用爱做基石，用智慧做航标，向着芬芳的桃园出发……

## 第二节 教师的主要心理特征

教师的心理特征是指教师在长期的教育教学实践活动中扮演的各种不同的角色，使其逐渐形成的特有的心理品质。这些心理品质是从事教师这一职业的人所共有的和典型的特征。

在教育过程中，教师的心理特征对学生心灵的影响，是任何其他教育手段无法代替的，它不仅表现为一种教育才能，直接影响着教师教育教学工作的成败，而且作为一种巨大的教育力量潜移默化地影响着学生的人格。

### 一、教师心理特征形成和发展的条件

人的心理是客观现实在人脑中的反映，它是人在与客观现实相互作用、相互影响中所形成的主观印象。因此，客观现实是心理的源泉。人的一切心理活动都是人们在长期的认识客观世界和改造客观世界的实践活动中形成和发展起来的。研究教师的心理特征，就必须从教师的客观现实，即从它所处的社会地位，特别是他的职业性质、劳动特点等方面去考察，以了解教师心理特征形成和发展的条件。

1. 教师的职业性质

早在 1966 年，联合国教科文组织的有关文件就指出，从事教师职业的人应属于专业人员、专家。

什么是专业人员或专家呢？一般认为有这样四条标准：

a. 受过专门训练，有专门的知识和技能；

b. 在专业活动中有相当的独立自主性；

c. 有体现专业特点的职业道德；

d. 必须不断地进修学习。

上述四项专门职业的基本特征，是教师职业所共同具有的，因此，教师属于专业人员、专家，也就是说从事教师这一职业需要有较高的素质。

(1) 教师必须具有从事专业劳动的专门知识和技能

教师是术有专攻、学有专长的人。现代教育对教师提出了越来越严格的要求，教师需要具有某些特定方面和某一学科的专门知识和技能。例如，物理教师要有物理学科知识和实验技能，音乐教师要掌握专门的音乐知识和技能。除了要具有所教学科的专门知识与技能之外，教师还要有比较系统的心理学、教育学、社会学和管理学的知识，以形成合理的知识结构和技能结构，并且具有调节这些知识、技能的心理活动系统。这就决定了一个人要想成为一名合格的教师，在从事专业活动前必须经过长期的专门化训练，就业后也需要不断地进修以吸取最新的知识、教育科研成果和新鲜经验，提高个人综合能力。

(2) 教师在教育教学活动中有相当的独立自主性

教师专业活动的自主性，主要是由教师劳动过程的个体性和创造性决定的。从吸收现代科学知识成果，到教学工作的各个环节及各种形式的教育活动，首先是教师主体的内部活动。教师要独立地备课、上课、管理班级，单独批改作业、家访，等等。这些就足以表明了教师在其专业活动中是具有相当的独立自主性的。除此之外，在教育教学活动中，教师要独立地判断教育的时机，决定采用何种教育教学方法，把握教育的内容，开展有关的教育活动，处理与受教育者的关系，对与受教育者有关的因素采取不同的处理方式。

(3) 教师具有体现专业特点的职业道德

教师的劳动目的是为社会培养人才，青少年正是通过学校教育增长知识，形成良好的品德，从而得到全面发展的，所以教师的责任重大。这就要求教师在教书育人过程中必须遵守职业道德，遵守教育的各项政策法规。教师要具有高度的社会责任感，要有为人师表的高尚情操，要热爱教育工作、热爱学生。

(4) 教师需要不断地学习进修

科学迅速发展，技术日新月异，新科学、新知识、新技术、新工艺层出不穷。教师面临着严峻的挑战，时代呼唤教师要提高素质。有人估计，一个人在学校学习所获得的知识技能，不及实践所需知识的四分之一，其余的知识技能必须在实践中不断学习才能获得。继续教育已成为现代社会不可抗拒的大趋势。作为教师必须坚持不断地学习进修，不断充电，不断更新和完善自己的知识和智能结

构，以适应社会发展的需要，否则就要被淘汰。

2. 教师的劳动特点

教师心理特征的形成与其劳动特点密切相关。教师的劳动特点是形成教师心理特点的客观条件。

教师的劳动是一种特殊的劳动。教师的劳动既不是单纯的体力劳动，又不是单纯的脑力劳动；既不是生产物质产品的劳动，又不是生产精神产品的劳动，因为教师的劳动既不直接生产物质资料，也不生产文化产品（如文学作品、影视作品等），教师的劳动既有价值，又很难确定它的价值。教师的劳动从劳动的对象、劳动的手段、劳动的过程、劳动的目的、劳动的产品等方面与其他的职业劳动相比都有很大的区别。

（1）教师的劳动对象

教师的劳动对象是人，是学生，不是物。中小学生是未成年的人，他们正处在成长发展的过程中，身心发展还很不成熟，然而，学生又是有思想、有感情、具有独特个性品质、具有主观能动性的人。他们并不是消极被动地接受来自外界的影响，而是积极主动地有选择地接受各方面的影响，在某些情况下，学生甚至可以不接受、反感或反抗；而且学生是在和教师的共同活动中接受影响的，因为教育教学过程是一种双向的、相互影响的过程，教师影响学生，学生也会影响教师，劳动对象对劳动者也要发生影响。

（2）教师的劳动手段

教师的劳动手段主要是教师所拥有的知识、才能、品格、个性，这些都具有很大的主体性，而且是无形的。教师正是用这些无形的东西去影响他的劳动对象，使之产生预期的变化。当然，随着科学技术的飞速发展，一些现代化的教学手段，如幻灯、录音、录像、电脑等也逐渐应用在教育教学过程中，但它们不能代替教师。

（3）教师的劳动过程

教师的劳动过程是精神生产过程。知识的传授、情感的熏陶、道德品质的培养、技能的形成等都是精神生产活动。它不同于物质生产过程。物质生产过程因为有固定的工艺流程，按照统一的操作规程、统一的模具、统一的型号生产同样的产品，因此从事物质产品的劳动过程是统一的、固定的。而教师的劳动过程既是信息传递的过程，又是与学生情感的相互沟通和交流的过程。这种劳动过程既不能统一，又无法固定。教学过程是为激励学生的内部心理活动服务的，它不是一个简单的强制与灌输的过程，而是一个启发、激励、富于变化的过程。可以说即使是一节传授相同的知识内容的课程，也从没有两节课的过程是完全相同的。而且教师的劳动过程没有明显的时空界限。

（4）教师的劳动环境

教师的劳动环境是学校。学校是一种特殊的环境，与其他职业劳动者的环境大不相同。学校是由家庭向社会过渡的场所，学校往往是为体现社会中的积极、光明、正面、超前、理想化的要求而营造的场所。学校环境中的主要人物是教师和学生。教师因所担任的角色，要求其要模范地遵守社会道德规范。学生是处于社会化过程中的未成年人。因此，学校环境受社会生活中消极、负面以及“复杂”人际关系的影响较少。学校的小环境与实际社会生活的大环境是有所差别的，它具有单纯性、理想性的特点。

（5）教师的劳动目的

教师的劳动目的是为社会培养人才，要造就出适应未来社会发展的一代人。教师通过为社会培养有相当生产知识和劳动技能的人，使物质资料的生产获得必要的劳动力，并把科学知识这一“潜在的生产力”转化为直接的生产力，因此教师的劳动也具有一定的生产性。尤其是在当下，科学技术在社会生产力发展中已经成为越来越重要的因素，传授科学文化知识的教师的劳动，在社会生产中的作用也日益突出。

在某种意义上，教师的劳动也是通过提高劳动者的素质而为社会创造更高劳动生产率的劳动。因此，教师的劳动不仅创造着社会的精神财富，也参与着社会物质财富的创造，因为人才是一种特殊的财富。

（6）教师的劳动产品

教师的劳动产品是学生，他是“活”的产品，具有以下特点。

①潜在性：教师的劳动不直接创造物质价值，而是作为一种潜在因素存在于学生身上。教师在教育过程中的劳动效益潜藏和凝集在教育对象的内心世界中，不能立即外化为具体形式。学生心理的认知结构、世界观、价值观的形成多半是潜在的过程。

②缓慢性：人的发展是德智体渐进的长期的积累过程，不能立竿见影。学生的认知结构、品德、态度、行为等的变化都要经过较长时间的教育启发，将一系列的微小变化长期积累起来才能发生明显改变，所以过程是缓慢的。教育活动是一个细水长流的过程，培养人的高度素养更非一蹴而就。它是一种长期行为，所以，人们常说十年树木，百年树人。

③滞后性：教师的劳动产品不能马上直接被消费，也不具有直接的使用价值，因此不可以交换。教师劳动产品的价值不易被人们及时地察觉和重视，不是直接物化的物质产品。只有当教师培养的学生走上社会，为社会创造更多的财富，从而推动了社会的发展和人类的进步时，我们才可以看到教师劳动的“价值”。可以说每个学生身上都永远带有教师劳动的痕迹，每个学生都是在教师劳动所创造的结果的基础上继续发展，对社会产生影响的。

④不确定性（模糊性）：教师的劳动产品不同于物质生产劳动者生产出的产品，物质生产的产品的质量与数量是直观的、可测的、有确定性的量。而教师的

劳动产品的质量与数量目前还无法直接测量。因此教师劳动产品的评价具有不确定性，要受到测量者的主观随意性的影响。教师培养的学生增长了多少知识，形成了哪些良好的品德，提高了多少能力，这些又对日后的社会发展产生何种影响，能做出什么贡献，这些是无法衡量的。

通过以上对教师的职业性质及劳动特点的分析，我们可以看到，正是教师职业和劳动的特殊性决定了教师具有与其他人所不同的心理品质，教师所处的社会地位、所承担的角色要求教师具有良好的心理品质。

## 二、教师的认知特征

认知品质是个体在认知活动中表现出来的直接影响。个体认知活动的机制和水平的人格特征因素，是教师心理素质结构的最基本的成分。

国内外的研究表明，教师工作是一种复杂的脑力劳动，为了使教学工作得以有效地进行，教师必须具备正常的智力水平，但教师智能超过某一关键水平以后，它将不再起显著作用，而其他认知特性或人格特征（主要是能力特性）就起更大的作用。因此，教师的能力特性是教师从事教育教学工作应具备的基本心理素质。

1. 观察力的特征

了解学生是教育学生的前提，教师的观察力是洞察学生内心世界的变化与个性特征、发挥教育机制、因材施教的先决条件。因此，善于观察学生是教师教育能力结构的基本要素。教师只有细致、深入、全面地了解学生，才有可能做好教育教学工作。苏联著名的教育心理学家赞可夫曾说："对一个有观察力的教师来说，学生的乐观、兴奋、惊奇、疑惑、恐惧、受窘和其他活动的最细微的表现，都逃不出他的眼睛。一个教师如果对这些表现熟视无睹，他就很难成为学生的良师益友。"

教师的观察力具有以下的特点。

（1）客观性

教师观察力的客观性是指在教育教学过程中，教师要对每一个学生的表现进行仔细地观察，以判断其认识能力、学习、思想、态度等发生的变化；要善于排除主观因素的干扰，如某些社会偏见、思维定势、个人的情绪等，全面地、实事求是地看待学生发生的变化。

（2）敏锐性

教师观察力的敏锐性是指教师善于从人们司空见惯、熟视无睹的现象中，快速、准确地抓住学生的重要特征，善于捕捉转瞬即逝的现象和变化过程，能根据学生的某一瞬间的面部表情、个别动作行为，准确判断学生的情绪和愿望。敏锐的观察力使教师及时预见到某些正要发生而尚未出现的现象，采取有效措施来促使积极现象得到引发，又避免消极现象的蔓延。教师只有长期、系统、周密地观察教育现象，才能获得丰富而有价值的材料，从而发现新问题，找出事物的规律，进行正确的教育科学论证，并得出正确的结论。

（3）精细性

教师观察力的精细性是指教师在观察中善于从笼统的事物特征中区分出细微而重要的特征的能力，即能洞察秋毫、见微知著。教师看到学生上课注意力是否集中的状况和学生的面部表情、眼神，就能知道他们对教材的领悟程度；教师见到学生书面作业的完成情况，就能知道他们的学习态度、学习方法、学习习惯及其变化；教师细致地观察学生的言语、行动、表情及衣着打扮、发式的细微变化，就能了解学生的内心活动及思想变化，从而有针对性地对学生进行启发、引导与教育，以便长善救失，促使学生向正确的方向成长。

2. 思维能力的特征

思维能力是智力的核心，是教师职业素养的重要标志。教师从观察中获得的材料，必须进行思维加工，善于分析、快速判断，这对于教师采取教育决策具有重要意义。

教师的工作对象是学生，他们有思想、有个性，每天都会出现一些新情况和新问题，教师对这些情况要做认真的分析研究，有时还要做一些必要的调查，然后经过周密的思考，才能形成正确的处理意见。教师具有一定的思维能力，才能在教育教学活动中，善于发现问题、提出问题、解决问题，才能探索教育教学活动的规律。

教师的思维能力具有以下的特点。

（1）逻辑性

思维的逻辑性是指在考察问题时，遵循严格的逻辑顺序，在推论中有充足的逻辑依据。也就是说提出问题时，明确不含糊，思考问题时，符合形式逻辑基本规律的要求。

教师思维的逻辑性不仅表现在教师有很好的分析和综合能力，而且还能够合乎逻辑地去进行抽象、概括、推理，以达到对各种问题及教材的深刻理解。教师在传授知识，处理教材内容之间的关系和现实生活中的一些新问题时，需要反复去研究、加工、创造，这就要求教师的思维必须具有逻辑性。

教师在教学过程中，讲课要合乎逻辑规律，要重视推理过程。说话要论旨明确、条理清楚、论证严密、富有说服力，力求给学生做出逻辑思维的示范。例如，教师往往要引导学生通过分析、综合、抽象、概括来理解各种概念和原理，指导学生运用归纳和演绎的方法去推导，去解决问题。这样才能使学生获得系统的科学知识并使思维受到科学方法的训练。

（2）创造性

思维的创造性是指在解决问题的过程中，能够把已有的各种知识、信息，借

助于想象与联想，通过发散思维与辐合思维，进行更新组合与综合，从而形成新知识、新信息的活动。

思维的创造性是人类智慧的最高表现。创造性是新时代对教师思维品质提出的一个新要求。

教师思维的创造性表现在如下方面。

a. 对传授的知识要进行再创造。教师传授的知识经验本身虽然是人类千百万年来积累下来的已有的知识经验，但传授知识并不是照本宣科，传授知识的过程也并不是固定不变的。教师在传授知识的过程中，要刻意求新，要把凝固的文化激活。学科的知识只有经过教师的创造性加工以后，才便于学生接受。

b. 教师要改变传统的思维模式。在教育教学活动中，教师要从既有的思维模式和观念中超脱出来，要善于接受新信息、新事物，要敢于对传统的教育教学进行改革探索或试验。

c. 要促进学生创造性思维的发展。教师思维有了创造性，才会启发学生思考，激励学生产生创造意念；才会使学生扩大视野，开拓思索的领域；才能产生举一反三的教学效果。教师对学生在课堂上表现出的创造力应该感到由衷的喜悦，哪怕学生提出与自己不同的见解甚至其见解只有很少合理的成分，也要给予鼓励，并不把自己的意见强加于学生。

d. 要创造教育教学的艺术。教师要根据不同的学生运用不同的教育教学方法，要用“一把钥匙开一把锁”。教育工作不是千篇一律的，教育条件不可能毫无差异地重复出现，也不会有两个完全相同的教育对象，就是同一个学生，在不同时间、不同环境，也不会停留在同一水平、同一身心状态。特别是对于偶发事件的巧妙处理，也需要教师具有随机应变的能力，这里面都凝结着教师的智慧，体现着教师思维的创造性。

3. 注意力的特征

“注意”是伴随着心理过程并保证心理过程顺利进行的一种特性。教学是各种心理活动都必须参与的过程，如果没有“注意”，那么心理活动的指向、集中将是不可能的。“注意”对于教师的教育教学活动具有增强意识清晰度和调控的功能，它可以使教师在教学活动中进行细致的观察，提高感受性，记忆准确，思维敏锐，提高教学的效果。

教师的注意力具有许多特点，但集中表现在较强的注意分配能力上。注意分配能力是指教师在同一时间内把自己的意识集中指向主要对象而又能分别注意到其他对象的能力。教学是一项复杂程度颇高的活动，它要求教师在教学过程中，既能注意讲授内容又能观察学生、维持课堂纪律，还能根据具体情境调节自己的语言、举止和表情。

教师要提高注意的分配能力，应熟练掌握教材和各种教学的基本功；充分做好课前的各种准备；充分了解学生的知识基础和心理特点，时刻保持自己良好的情绪状态及加强注意分配的练习，例如，明确自己的主要任务，时刻提醒自己注意对象的主次，把分散了的注意力及时地转移回来，等等。

## 三、教师的情感、意志特征

教师的情感是丰富的，尤其是教师的职业情感更具特色，它是构成教师心理素质的动力因素之一。

1. 情感特征

教育过程是师生情感交流的过程，教育工作的最大特点就是以情感人。教育对象是有独立思想与意识，各具不同感情的学生。因此，情感在教育教学过程中具有重要作用，对教师的情感也有较高的要求。教师热爱学生的情感不仅是教育工作的强大动力，且直接感染学生的情绪体验，激起学生的学习动机、学习兴趣及智力活动的积极性与创造性，进而影响教育教学的效果。

教师的情感具有以下特点。

（1）成熟性和稳定性

一个人情绪的成熟是通过社会化的过程完成的。个体在成长过程中，使自己能按照社会的要求来调节与控制自己的情绪，并能对自己的活动进行合乎情理的评价，从而恰当地表达出自己的情感，达到这样的水平就是情绪成熟的表现。情绪稳定性是指一个人对自己情绪状态调节与控制的能力。

心理学的调查研究表明，成熟而稳定的情绪是教师顺利完成教育教学工作的重要条件。教师特定的职业活动决定教师要有成熟而稳定的情绪，要对自己的情绪表现有较强的调节控制能力。因为，教师每天要和许多个性迥异的学生接触，在授课和教育活动中可能经常出现与活动进程要求不符的偶发事件，其中有的甚至是直接对自己的不尊重或挑衅。面对种种难堪的情境，如果教师缺乏情绪的控制能力，就会不知所措、自我失控、急躁、盛怒而不能自制，甚至不分青红皂白，用惩罚的手段来对待学生，铸成一些不可挽回的错误，终导致教育的失败，而教师本人也会因此而情绪苦闷。所以教师无论在何种情况下，都要沉着镇静，能够控制激烈的情绪反应，对消极情绪的产生有较强的控制力。

（2）强烈的道德感和深刻的理智感

教师是人类社会中以精神文化的继承和创造为职业使命的社会阶层。特定的职业活动和受到较多的传统文化的熏陶，使教师形成了强烈的道德感和深刻的理智感。

教师承担了“为人师表”的社会角色，因此有较强的内省和律己的道德感。

教师还具有关心社会和期望有所作为的社会责任感和历史使命感。如“天下兴亡，匹夫有责”“先天下之忧而忧，后天下之乐而乐”等，这些都是教师所追求的人生目标。

教师承担了“知识传授者”的角色，使他们也表现出对理性的崇尚、对知识的追求和对精神需求的注重，具有深刻的理智感。

2. 意志的特征

意志是意识的能动表现，它对人的活动（包括心理活动）具有调节和支配的作用，使人能自觉地按目的去行动，使人成为驾驭现实的主人。教师的良好的意志品质是决定教育工作成败的主观因素之一。这是教师动员自己全部力量以克服工作困难的内部条件，也是直接影响学生意志品质形成的重要力量。

教师的意志品质具有以下特点。

（1）实现教育目的的自觉性与坚韧性

教育目的是培养人才的规格标准，教师的一切工作都是为了实现教育目的。自觉性是指教师对教育目的有深刻的理解和坚定的信念，因此在任何情况下，都能主动支配自己的行动，使之符合于教育目的。坚韧性是指教师为实现教育目的坚持不懈、顽强地克服困难去完成任务的能力。教师的自觉性与坚韧性还表现在对每一个学生都保持最大的耐心，循循善诱、诲人不倦，同时善于汲取各种意见，既不独断专行，也不人云亦云。

（2）选择教育决策的果断性

意志的果断性是指善于明辨是非，当机立断，及时合理地做出决定并坚决执行。教师的果断性主要表现为，在决策和处理问题时，善于选择恰当的时机，不失时机地做出判断，采取果断有力的措施，在紧急情况下，能迅速做出应付客观情况的合理决定。当发现情况有了变化或自己决策有错误时，能立即停止行动或改变已做出的决定，及时纠正错误。

学生正处于成长过程中，既是生动活泼的，又具有多样性和多变性。教师随时都可能遇到意想不到的问题，因此必须对新情况及突发事件，进行恰当迅速果断的处理，使教学活动顺利进行，并收到预期的效果。如果教师优柔寡断、徘徊不定、久拖不决、束手无策，就必然坐失良机，导致教育工作的挫折和失败，甚至给学生造成难以挽回的损失。

果断不是武断，不是未经深思熟虑轻率地匆匆做出决定。果断是建立在对学生、对事物充分了解和对教育规律深刻认识的基础上的，它有赖于思维的灵活性与敏捷性，是与对教育事业高度负责、对学生的真诚爱护等优秀品质相联系的。

（3）处理师生矛盾的自制性

自制性是指善于自我调节和自我支配的能力。自制性表现在一个人能控制自己的情绪，掌握自己的心境，约束自己的言行，能够忍耐克己。自制性是教师职业修养中不可缺少的心理品质，也是衡量教育技巧高低的尺度。

教师的自制性主要表现在两个方面：一是善于促使自己去执行已经采取的决定，在执行决定的过程中战胜和排除有困难、有妨碍的一切因素；二是善于在实际行动中抑制消极情绪和冲动行为，自觉地控制、调节自己的行为。

教师必须加强培养自制性，在日常工作生活中自觉地对自己的行为进行自我评价，有意识地经常地，坚持进行自我磨炼。

**感动中国的人民教师**

1. 人民教师严蓉：女教师在救下13个学生后殉职，1岁半女儿却成孤儿

小雯欣哭着喊："救—妈妈！救—爸爸！"

她只有一岁半，说话还不清晰。地震之后，四天里，她再也没有听到过爸爸妈妈的声音，哪怕一个字。

没有人告诉她，妈妈（映秀小学老师严蓉）在救下了13个学生后，再也不会回来；而爸爸，依然音讯全无。

2. 人民教师张米亚："摘下我的翅膀，送给你飞翔"

当汶川县映秀镇的群众徒手搬开垮塌的镇小学教学楼的一角时，被眼前的一幕惊呆了：一名男子跪扑在废墟上，双臂紧紧搂着两个孩子，两个孩子还活着，而他已经气绝！由于紧抱孩子的手臂已经僵硬，救援人员只得含泪将之锯掉才把孩子救出。这就是该校29岁的老师张米亚。"摘下我的翅膀，送给你飞翔。"多才多艺、最爱唱歌的张米亚老师用生命诠释了这句歌词，用血肉之躯为他的学生牢牢把守住了生命之门。

3. 人民教师吴忠红：生死关头，救的是学生

5月12日下午，崇州怀远中学教学楼发生垮塌事件，在突如其来的灾害面前，该校七百多名师生绝大多数顺利脱险，但英语老师吴忠红却永远离开了他爱的学生。地震袭来，吴老师引着学生从楼梯口疏散，听到有学生还没下来时，他义无反顾地从三楼返回四楼，这时楼体突然垮塌将吴老师和几名学生吞噬……

4. 人民教师汤宏：生命最后的姿势

四川什邡市红白镇中心学校的教学楼在地震中坍塌，师生伤亡严重。二年级语文老师汤宏在生死一刻的最后选择令人感佩和动容。这是一名20岁出头的年轻教师，家里的孩子刚刚六七个月大。地震发生时，他所教的班级位于一楼，完

全可以逃脱，但他却选择留下来救护孩子。汤老师最后的姿势定格在这样的画面上——两个胳膊下各抓了一个孩子，身子下还护着几个孩子。被他用血肉之躯护住的孩子们幸运地活了下来，他却在瓦砾中牺牲。

5. 人民教师杜正香：临死胸前护着三个幼小学生

5月14日10时，震后第三天，当解放军官兵掀开因地震完全坍塌的绵阳市平武县南坝小学的一根钢筋水泥横梁时，眼前的一幕震撼了在场的每一个人——一位死去多时的女老师趴在瓦砾里，头朝着门的方向，双手紧紧地各拉着一个年幼的孩子，胸前还护着三个幼小的生命。

6. 人民教师苟晓超：将学生“藏”进怀中

地震来临前，苟晓超在教学楼例行巡察。当他来到3楼自己所带的58个孩子的教学班时，突然整栋楼剧烈摇晃，“快跑!”苟晓超一边叫学生逃生，一边拉起两名孩子往楼下冲。当他第三次冲进教学楼抱起两名孩子，到达一楼下最后一级楼梯时，大楼轰然坍塌，一段重约一吨的砖墙砸向他的小腿，他将两个孩子“藏”在自己怀中，用身躯挡住从天而降的坠落物。“藏”在苟晓超老师怀中的孩子获救了。当人们把他从废墟中扒出来时，他的双腿被砸碎，永远地离开了他深爱的学生，而这一天，他才结婚10天……

## 四、教师的特殊能力

从事任何一种职业都应具备这种职业所需要的能力要求。那么，作为一名教师必须具备的特殊能力有哪些呢?

1. 教师的表达能力

教师的表达能力是指教师把自己的思想、知识、信念和感情，通过言语和表情动作向外表现的能力。它是教师传授知识和教育学生的主要手段。

教师的表达能力包括以下两个方面。

（1）教师的语言表达能力

教师的语言表达能力就是教师的“口才”，是教师表达思想、传授知识、塑造学生心灵的最基本的工具，是教师的一种基本功。即便是采用了现代化教学手段，也还需要教师的启发、引导、讲解、说明等，同时语言受时空、设备和其他条件的限制最小，应用最为广泛。因此，教师的语言表达能力应达到较高的要求，如清晰性、简洁性、明确性等。

（2）表情能力（非语言表达能力）

表情是非语言沟通的重要方式。人的面部表情、手势、体态，都可以传递信息，体现一个人的情绪。教师的姿势和表情的表达作用是不可忽视的。教师在语言表达过程中伴以适当的表情动作，能够增加语言的生动性、形象性，提高语言的表达效果。教师视线的方向、表情的变化、接近学生的程度、身体的姿势、头部的活动等是一种无声的语言，它们同样可以向学生传递信息。许多教师在课堂上从不吼叫，只用一个眼神、一种手势或一个走近的动作，就能使学生明白暗示，要保持教室的井然有序。

2. 教师的组织管理能力

现代学校在越来越大的程度上承担着使学生的个性社会化的功能。现代科学发展的高度综合、高度社会化的特点要求科学家通过合作来进行创造，现代学校是一个具有多要素、多层次的十分复杂的系统。要发挥系统的整体效能，取得最佳效果，就需要教师开展有效的合作，这一切都要求现代教师必须具备较强的组织管理能力。

教师的组织管理能力包括以下两个方面。

（1）组织教学的能力

组织管理好课堂教学是教师应具备的最基本、最重要的组织能力。教师组织教学活动的能力与学生的学习质量密切相关。教师要善于根据教学目的、教材内容和学生的认知水平，特别是学习时的心理状态和不同学生的特点组织课堂教学活动，对教学时间和教学内容的分配有较准确的估计，要善于在科学知识与学生原有心理水平之间建立联系，使新知识在学生原有认知结构中找到联系点，从而内化为一种新的认知结构。教学是一种双边活动，教师既要组织好自己的课堂教学行为，还要根据不同的课堂教学情境，组织管理好学生的学习活动，调动学生学习的积极性、主动性，从而取得预期的教学效果。

（2）组织管理学生集体的能力

教师的组织管理能力还反映在班集体的形成之中。教师要通过培养班级骨干、组成班集体核心，形成健康的集体舆论，提出切合实际的班级计划，正确分配班集体的职务，以促使每个学生在平等的基础上开展积极的竞争，奋发向上，充分发挥每个学生的积极性与潜能，使每个学生的个性得到生动、和谐的发展，并使学生养成善于合作和自觉遵守纪律的习惯。

组织好课外活动、协调团队工作也要求教师具有良好的组织管理能力。

3. 教师的教育机智

课堂教学过程是一个动态过程，因此常常会发生一些意想不到的突发事情。对此，教师要能用聪明才智抓住机会，不失时机地巧妙地加以处理，表现出非凡的教育机智。

教育机智反映了教师对学生活动的敏感性、理解性，反映了教师对偶发事件的意义做出准确判断，及时采取恰当措施的能力。它是教师聪明才智和丰富经验的结晶，它能使教学进入一种艺术的境界。

教师的教育机智表现在四个方面。

(1) 巧妙地因势利导

教师在遇到棘手的突发问题，处于窘境时，要能够审时度势，即按照学生的需要和实际水平，利用积极因素，消除消极因素，因势利导，从而使学生扬长避短，增强克服缺点的内在力量。例如，在课堂上学生突然“接下碴”，打断了教师讲课的思路，又偏离了教师讲授的内容，这时教师不动怒、不嘲讽，既能保护学生思考的积极性，又能巧妙地“书归正传”，使教学活动顺利进行。

(2) 能够灵活地应变

当出现搅乱正常教学秩序的情况时，教师若能利用智慧，巧妙处理，机敏地摆脱窘境，不仅能体现教师高超的应变能力，也使教学、教育活动顺利进行，为建立良好的师生关系创造了条件。例如，教师走进教室上课时，却看见黑板上涂得乱七八糟，还画了一个很大的鬼脸，全班同学都等待老师的反应。此时教师能镇静而风趣地说：“我真不忍心把这么好的画擦掉”，然后慢条斯理地把它擦掉，开始上课。相反，如果教师气愤而激动地说：“这是谁干的？自己站起来！”并要求同学揭发，这种处理问题的态度和方法导致的结果与前者肯定截然相反。

(3) 注意“对症下药”

教师能够敏感而准确地判断问题的所在，善于从学生的实际情况出发，采取灵活多样的方式和方法，就能有的放矢地进行教育。一种教育方法如表扬或批评，对这个学生有效，对另一个学生可能就不那么有效，对第三个学生甚至可能起反作用。这在很大程度上取决于教师是否考虑到学生的心理特点。从学生的具体特点出发，采取有针对性的教育措施，用不同的处理问题的方式，巧妙应对，就有可能取得良好的教育效果。

(4) 善于掌握分寸

掌握教育分寸就是要注意“度”的问题，即讲究教育的科学性。教师在教育学生和处理问题时，能实事求是、通情达理，且说话合度、行为得体、方式适宜，对学生要求适当，就可以使学生口服心服，反之就可能事倍功半或适得其反。无论表扬，还是批评，能估计情势，考虑学生年龄、性别、经验、认识水平以及性格脾气等，选择合理合度的方式方法，就会以最小的代价取得最佳的教育效果。

教育机智是教师认真学习教育学和心理学理论，不断总结经验，形成高度的责任感和深刻了解学生、爱护学生的结果。

4. 教师的独创能力与教育科研能力

教师的独创能力是指教师在教育教学工作中表现出来的独立性与创造性，这是教师可贵的心理品质之一。

教育是一门艺术，而艺术的生命就在于创造。因此教师工作的最大特点就在于创造。教师上的每一堂课都是一次创造的过程。教师的独创能力是教师顺利完成教育和教学工作的必要条件。

教师的独创能力主要表现在因材施教，因时、因地制宜，能不断探索教育工作的新途径、新方法。能不断吸取信息，有分析地对待自己或他人的教育、教学经验，既不盲从迷信，也不一意孤行，对好的经验，虚心学习，对缺点则吸取教训，引以为戒，善于独立思考和创造性地解决问题。

在当前不断变革的新的社会背景下，社会对教师提出了更高的要求。教师要由原来的“教书匠”转变为创造者、研究者，要从“经验型”的人才转变为“科研型”的人才。因此，教师还要具有一定的教育科研能力。

教师要达到教育学生的目的，必须了解和熟悉学生的身心特点，研究学生各方面的成长规律，懂得采用什么样的教育教学方法才能取得较好的效果，这就要求教师必须善于吸收当代国内外的教育科研的新成果、新思想，并用以指导教育教学实践。作为一名合格的教师，只有掌握了一定的教育科学理论知识，具备了教育科学研究能力，才能结合自己的教育教学实践活动，进行深入的研究和探索，才能不断把教育教学的经验上升到理论的高度，从而不断摸索新的规律，也才能不断开发教师的潜能。

在教育教学改革的过程中，有许多新的课题摆在每个教师的面前。例如，如何提高人才的质量，如何在传授知识的同时发展学生的智力、培养学生的能力，如何培养创造型、开拓型的人才，等等。教师身在教育教学的第一线，要善于发现问题、提出问题、分析问题与解决问题。教师还要熟悉科学研究的原理与方法，以便确定研究课题，设计和制定研究计划，搜集有关素材，统计和分析有关数据，从而更好地实施研究。教师边教学边研究，不仅有利于提高教育教学质量，还有利于提高教师自身的素质。

## 思考题

1. 简述小学教师角色的构成。
2. 联系实际谈谈教师角色冲突有哪些表现，教师应如何解决这些角色冲突？
3. 影响教师心理特征形成的条件有哪些？
4. 如何认识教师在特殊能力方面的心理特征？

课外阅读

## 教师心理健康的自我维护

教师的心理健康从根本上说还得由教师自己维护。一个优秀的教师应该能够处理好两方面的关系——既关注学生的心理健康，同时也重视自己的心理健康。优秀的教师在需要的时候能承受巨大的压力，但他绝不应让自己一直处于压力之中以至于身心俱损，影响工作和生活的正常进行。教师如何维护自身的心理健康呢?

**端正认知**

(1) 树立正确的自我概念

从心理学的角度来讲，教师这一职业是如今最“开放”的职业。他的工作得接受许多人直接或间接的检查和监督——学生、校长、教研员、学生家长、教育局，等等，以至整个社会。所有的这些人和社会团体都认为自己对教师的工作有评价的权利。对于教师应该怎么做，应该是什么样的人，他们都有自己不同的观念和想法。仅仅是与以上提到的这些人相处就可能让教师产生焦虑，但不管怎样，教师自己心里应有“一杆秤”，随时随地监督着自己的工作，甚至比别人更严格、更苛刻。

因此，教师应该树立正确且稳定的自我概念。自我概念是个人心目中对自己的印象，包括对自己身体、能力、性格、态度、思想等方面的认识，是一系列态度、信念和价值标准所组成的有组织的认知结构，把一个人的各种习惯、能力、观念、思想和情感组织联结在一起，贯穿于经验和行为的一切方面。个体只有树立正确而稳定的自我概念，才能正确认识自己、客观评价自己、合理要求自己，了解并愉悦地接受自己的优点和缺点，不给自己设定高不可攀的目标。同时，个体因为对自己更加了解，由己及人，也就能够客观地评价别人，接纳并理解别人的错误和缺点，对世事中的不平、不满、不尽善尽美之处能处之泰然。这种心态对保持心理健康是非常有利的。

自我概念是在经验积累的基础上发展起来的。正确的自我概念的形成与知识的积累是分不开的，前面的研究结果也表明，教师心理健康水平与受教育的程度有正相关。所以教师应多学习，多接受新知识，以加强自身修养。

教师也可以坚持收集有关他的教学效果和学生学习情况的资料。这些资料不仅能用来帮助教师提高教学水平，而且能使教师更清楚地知道学生是否达到了自己预定的目标。教师对自己教学方法的利弊了解越深，对学生是否接受这些方法越了解，就对自己了解越深，自我认识就更客观、自我概念就越坚定，评价工作就做得越全面，他对自己也就更自信。

(2) 正确认识和对待失败

自我维护心理健康的能力包括很多，如角色调整的能力，从职业中获得满足和乐趣的能力，免于患上神经过敏性焦虑的能力。而教师对失败的看法是自我维护心理健康能力的中心因素。

正因为教师是心理上“开放”的职业，失败和过错发生的概率就特别大。人无完人，每个人都会犯错，每个人都会有失败的经历，关键是怎么去认识和对待自己的失败。如果能从失败中吸取教训、总结经验，失败就是成功之母。并且能减少压力和焦虑的来源，更有利于自身的心理健康。比如，一个对自己的教学能力充满信心的老教师对学生家长和社会上其他人员对课程提出的不同意见会处之泰然。与教育界之外的人谈论关于课程的时候，他心态平衡，语气坚定，因为他知道自己是一个有能力的教师，他知道自己在说些什么。他清楚地知道，自己直接接触的问题更多，因而对整个教育形式也就有更客观的把握。他从实际工作中建立起来的安全感不会受到影响。因为学生对他友好而不失尊敬，因为他帮助差生并使其成绩上升，因为他客观地知道教学中的失败是不可避免的。事实上，正是因为他能接受这些失败，并从中总结经验，才有如此大的心理能量来勇敢面对失败。

(3) 换个角度想问题

客观地讲，教师是无法满足别人以及他自己对自己的所有要求的。而且，许多期望，包括教师自己对自己的期望都是非常极端的。比如，一位数学老师或许希望每个学生都能完全掌握某节课所教的数学理论，他也知道有许多他所无法控制的因素使这种期望不能实现。然而，在整年的数学教学中，他都怀有这个希望，而且，他的行为也表现出似乎这个期望是可以实现的。但是，他也许会根据实际情况实事求是地对自己的期望做一些调整。他不再幻想张三和李四能学得一样好，毕竟他们的数学抽象能力相差很多。而且，班上还有几个学生似乎根本就没想学数学。当然，他仍然很关心这些学生并给他们一定的压力，让他们知道，他希望他们努力学习，需要的话他会尽力给予帮助。

那么，期末考试的结果是，班上有60%的学生很好地掌握了数学理论，20%多的学生可视为勉强过关，还有几个根本就没弄懂。他失败了吗？这有赖于他对“失败”的主观看法。有两种可能，他或许对自己非常苛刻，觉得远远没有实现自己的目标；他或许会对自己感到满意：我已经在客观条件允许的情况下做得很好了。

采取先前想法就会有挫折感，体验到不安、焦虑等负性情绪，而采取后一种

想法却能心安理得地继续工作。这里想说的是，教师应该正确的认识和评价生活中所谓的“失败”。很多时候，这种失败实际上只是教师个人主观上体验到的挫折，不一定是客观的。

教师有时可以改变思维方式，换个角度考虑问题，也可以说是适时当一下阿Q。比如许多教师或许都有过这样的经历：因为班上某个学生的品行不良而受到了学校的处分。其实，教师不必因此而过分内疚自责，正如教育心理学者张春兴所言，“有些学生问题的‘病因根植于家庭，病象显现于学校，病情恶化于社会’，并非仅仅是教育失当那么简单的事，而是有多方面的原因的，教师只要尽到了责任，就可以问心无愧”。

**调适情感**

（1）情绪控制

情绪控制指个体对自身情绪状态的主动影响。这里主要讲教师在学生面前应控制自己的消极情绪，不把挫折感带进教室，更不要发泄在学生身上。教师觉得在工作中受到了委屈，很容易把怒气发泄在坐在自己教室里的学生身上，因为学生常常就是让他们受委屈的“罪魁祸首”之一。本来，适当地刺激一下捣蛋学生的自尊对矫正学生的不良行为可能是有效的，然而教师在情绪激动的时候很难把握好这一尺度，常常可能伤害了学生，也破坏了自己在学生心中的形象。如果教师是因为自己遇到了挫折而烦躁，并且因此而斥责学生，学生们是能够意识到的。他们不仅会因此不愿再尊重教师、听教师的话，还可能会报复教师。

情绪控制的方法可以从两个方面入手：从认识上分析造成不良情绪的原因，看自己的反应是否合理、是否适度；从情绪本身方面控制可能发生的冲动行为，采用合理或间接手段适当疏导。例如，自己提醒自己在情绪激动时不要批评学生。等待自己能心平气和地处理问题时再批评学生，防止过激的言行。在这方面，如果调整得法，可以化消极被动情绪为积极主动的建设性行动，也就是精神分析所说的升华。

（2）合理宣泄

如果不良情绪积蓄过多，得不到适当的宣泄，容易使身心处于紧张状态。这种紧张持续时间过长或强度过高，还可能造成身心疾病。因此，教师也应该选择合适的时候、合理的方式宣泄自己的情绪。情绪的宣泄可以从“身”“心”两个方面着手。“心”方面如在适当的环境下放声大哭或大笑，对信任的朋友或亲人倾诉衷肠，给自己写信或写日记。“身”方面如剧烈的体力劳动、纵情高歌、逛街、买点自己喜欢的东西，等等，还可以出门旅游，从大自然中使自己的情操得到陶冶。

(3) 从其他地方寻求满足感

如果教师觉得在学校中无法获得心理上的成就感和满足感，可以试着在教室以外寻求成就感。培养一项有创造性的爱好，比如集邮、写作等，都是比较好的方法。个体能够随这些爱好的深入而体验到满足。

另外，教师应努力营建一个幸福和谐的家庭。美满的家庭、幸福的婚姻，能促进个体健康人格的形成与发展，能在个体遇到困难时给予鼓励和帮助，缓减个体的心理压力。这一点对于中小学教师尤为重要。在工作中遇到困扰、受到压力的教师如果回到家中能感受到家庭的温馨，在工作中本应体验到而没有体验到的满足感就能够在家庭中得到弥补。而没有配偶及家庭的理解和支持的教师很难在工作之外获得情感上的舒缓和心理上的安慰，因而很容易产生孤独、忧郁等消极情绪，不利于心理健康。

**改变行为**

(1) 角色学习

角色学习是预防焦虑的途径之一。当多种角色发生冲突时，当教师已分不清自己是谁的时候，焦虑就容易产生。事实上，教师适应职业生涯的主要问题就是学会扮演好合适的角色。在教师参加工作的头几年里，几乎把时间都花在教师这个新角色的学习上。当教师开始觉得他所扮演的角色有效而且合适时，许多问题就会迎刃而解，他的焦虑水平就会减少。因为这时，即使面对在教学工作中不得不面对的各种情况时，教师也知道该做什么，该如何要求自己，如何要求学生。新教师的许多焦虑之所以会产生，大多是因为他们不能预料将发生的事，更不知道如何处理。通过职业角色学习，可以减轻或消除教学情境的这些不确定因素和难预测性。这样，角色学习也就能帮助教师消除或减少教学中可能会产生的焦虑。

当然，角色学习也有它的弊端：一些教师太依恋于现在所扮演的角色，即现在所使用的教学法、所采用的教材、所例行的程序而不愿尝试新的方法，接受新的思想。事实上，他们是害怕如果放弃已经证明可行的方法（虽然这些方法也许效率不高），他们会再一次体验曾体验过的焦虑。如果学校领导强行执行新的教学手法，教师很有可能会产生焦虑、烦躁、无奈，甚至怨恨等消极情绪。

(2) 个别或集体讨论

与其他教师进行讨论是寻求解决问题的方法的有效途径，也是减轻压力和烦恼的好办法。人们甚至往往都有这样一个错误的观念——优秀的教师是无所不能的。所以许多教师在遇到困难的时候，情愿压抑自己的情绪，在强烈的心理压力下继续工作，也不愿与其他人讨论问题或是寻求帮助。他们害怕（有时这种害怕也不是全无道理）承认自己在教学中有困难，觉得承认教学工作有待改进就等于承认自己能力不够或教学失败。

其实，每个人在工作中都会有困难，没有人是样样精通、无所不能的。与同事交流讨论不仅是解决问题、增加工作经验的好方法，也是获得支持的重要途径。

（3）坚持锻炼

前面曾讨论过生理健康与心理健康之间的密切关系，身体健康能促进心理健康，因此，坚持体育锻炼，增强体质，预防生理疾病也是维护心理健康的好方法。不过，教师在体育锻炼时应注意量的问题，不要适得其反，因疲劳而影响了正常的工作和学习。

（4）寻求专业帮助

寻求专业帮助在这里主要是指教师在有心理障碍或心理疾病时应寻求心理咨询或心理治疗。

心理治疗能提高教师的理解力，使他们和学生、同事一起工作得更好。杰西德（Jersild，1962）等曾对来自小学、中学和大学的111名接受过心理治疗的教师进行了调查，以研究心理治疗对教师的工作和生活的影响。结果表明，95%的教师认为心理治疗使他们能更好地理解学生；89%的教师认为心理治疗使他们有更大心理承受力去接受那些有敌对、愠怒、反叛情绪的学生，并能更好地教育他们；73%的教师认为心理治疗提高了他们走近那些畏缩、难以接近的学生的能力。接受调查的教师还说心理治疗使他们更喜欢自己的同事和伙伴，更喜欢本职工作。

杰西德研究中的许多被试都有这样一种看法：教育的首要目标应是帮助儿童和青少年发展自我认识能力。当然，对自己的情感和行为了解更深的教师对和学生的关系就更敏感。能意识到自己的敌对感、内疚感和焦虑的教师能理解这些冲突在他的学生生活中的重要意义，能更好地给予他们所需要的帮助和指导。杰西德研究中89%的教师指出，心理治疗使他们在帮助学生处理个人问题时能更好地判断什么该做、什么不该做。

不仅仅是教师，各行各业的人都正逐步认识到，不管是短期的还是连续的心理治疗，都能帮助他们更愉快、更有效地工作。以前，一提到心理治疗，人们就会把它与精神病挂钩。但现在，越来越多的人认识到，愿求助于心理治疗的人是诚实、有勇气、愿意进步和发展的。要一个被心理问题所困扰的教师硬撑着低效率地工作是没有任何意义的，其结果很有可能是教师把他的消极情绪投射到他所教的学生身上，给学生的心理造成不良影响。

（5）积极参与继续教育

现代社会飞速发展，新的知识层出不穷，要想靠在学校学习的十几年就学会人类经历了几千年的知识技能尚不可能，更不用说今天呈几何级增长的新知识。而教师是知识的传播者，是人类知识的代言人，因此，教师不断接受继续教育，学习新的知识，就成为必然之举。所谓“活到老，学到老”就是这个道理。教师如果不学习，就跟不上时代的要求，跟不上社会的发展，而青少年的好奇心强，求知欲强，特别喜爱并能接受新事物，这样教师与学生之间的代沟会越来越大，越来越深，学生还有可能会因此而不尊重教师。

所以，积极地参加继续教育也是教师维护自身心理健康的一项重要措施。身为教师，只有不断提高自身的综合素质，不断学习和掌握新的知识，尽快适应新的教学观念，掌握新的教学方法，达到新的教学要求，才能寻求新的发展，也才能真正拥有心理上的安全感。教师不断地接受新知识，开拓自己的视野，也能使自己站在更高的角度看问题，以更平和的心态对待生活和工作中不尽人意之处，更少地体验到焦虑和挫折，这些对维护心理健康有重要意义。

（6）寻求新的工作体验

一个尽职的教师是非常辛苦的，需要休息和放松。充当“无所不能”的教育者形象的确使人精疲力竭。因此，教师可以试着在假期做一份其他领域的工作。新的工作体验不仅能使教师得到放松，而且可以开阔教师的视野，增加教师的知识面。教师可以把从其他工作体验中获得的经验、积极情绪带到教育工作中来，更好地促进教育工作。

（7）调换环境

这当然是在迫不得已的时候才走的最后一步棋。教师如果真的认为自己所在的学校一无是处，给自己的只有困扰，或许最好的方法就只有离开那里。环境的不适应的确使人无法忍受，对个体的心理健康伤害极大。在这种情况下，调到另一个学校、另一个地区或是干脆换一种工作是明智的而不是怯懦的表现。这不仅帮教师解决了问题，对他所教的学生来说，也不失为一件好事。

# 第二章　教师心理健康与问题分类

## 名言欣赏

宽容能让别人愉悦，自己也快乐，刻薄让他人痛苦，让自己也痛苦。

## 导读

“走上教师岗位之后，我深感肩上责任重大。十年树木，百年树人，来不得半点马虎。我对自己一向要求严格，可近来不知何故我变得脆弱、多虑，有时甚至无端地多疑，思维方式也似乎出了偏差。常常是一件事情还没开始做，我便事先虚拟出许多后果。上课铃一响，我便开始担心自己会不会糊里糊涂地进错教室；接着担心自己上课时会不会因为紧张而在讲台上卡了壳；更担心自己会不会在分析例题时把解题步骤说颠倒了……总之，许许多多莫名的担心使我惶恐不安、心绪不宁，几乎无法正常工作和生活……”——这是一个教师在网上向心理医生发出的求助信。由此可见，心理健康问题已经困扰着很多教师，我们必须充分重视这个问题。

## 要点提示

◆什么是健康
◆什么是心理健康
◆心理健康与身体健康
◆教师心理问题分类

## 心理诊所

**别让怒火烧坏了身心**

林老师是一位美术教师。最近，人到中年的他心情糟透了。

林老师一直认为，自己捧着一颗心从事教育事业，对工作一丝不苟，对学生一贯严格要求。但是，林老师连续三年参评中学高级职称，都因种种原因没能评上。看到别的学科比自己年轻的教师，都已经成功晋职，他觉得越来越不是滋味。面对班里几十个学生，他只好把自己的焦虑与不满藏在心里。但是，这几天只要一回到家，他就难以控制自己的脾气，已经对妻子和刚刚进入青春期的孩子发过几次火。每次事后，他都无比后悔。

前天上美术课时，班里有一名学生不是懒洋洋地趴在课桌上，就是与周围同学说笑打闹。林老师要求这名学生遵守课堂纪律，没想到这名学生不但不听从林老师的劝告，反而大声顶撞，甚至动手推了林老师一下。这让林老师感到怒不可遏，他再也控制不住自己，向学生厉声怒吼："去请家长来!"然后，盛怒之下摔门冲出了教室……

**心理把脉：激情爆发的表现**

消极的情绪，终于酿成了一股旋风，把林老师卷入其中了。人一旦卷入某种情绪之中，身心健康就会受到影响。积极情绪有利健康，正所谓"笑一笑，十年少"。消极情绪有害健康，正所谓"愁一愁，白了头"。

所以，我们应该学会管理好自己的情绪。情绪管理不是简单地压抑自己的情绪，而是在体察、接纳自身情绪的基础上，掌握调适情绪的方法，让自己成为情绪的主人。

情绪有很多不同状态，有的确实是不那么好处理。激情就属其中的一种，所谓激情，是以猛烈、爆发时间短暂为主要特征的情绪状态。激情犹如暴风骤雨，比如盛怒。上面的案例中，林老师面对不守纪律学生的盛怒和夺门而出，其实，就是一种激情爆发的表现。

激情虽然表现为突然爆发，却往往是消极情绪积累的结果，消极激情更是积累的结果。就林老师的盛怒来说，课堂上学生的违纪行为，不过是一个导火索，引发了他内心积压很久的消极情绪的爆发。

一个人处于激情状态时，就会降低对自己的控制力，表现为头脑不冷静，行为易冲动，以致有时盛怒之下可能扑向发怒对象，打砸东西，结果不但严重影响身心健康，还会造成人际关系紧张及物质上的损失。

但是，这并非是说激情之下人的控制力完全丧失，也并不是说人只能任由激情主宰。对消极的激情可能造成的不良后果，自己应该有所警惕，有所防范。一

个意志坚强的人，一个信念坚定的人，一个心理健康的人，岂能甘当情绪的奴隶，而不努力做情绪的主人？

我们应该怎样做情绪的主人，怎样不让怒火烧坏了身心？

**心理处方：寻找更有效的调适方法**

首先是平时多下功夫，学会换个角度看问题。

人为什么对事情有积极或消极的情感体验？心理学上有个“情绪ABC理论”对此做了很好的解释。其中的A、B、C分别表示“外来激发性事件”“个体不同的认知评价系统”和“外来激发性事件引起的情绪反应及行为结果”三个英文单词的字头。

情绪ABC理论认为，外来激发性事件都是中性的，但是，由于人依据不同的认知评价系统，对外来激发性事采用了不同的自我解释或自我评价，最终便导致了积极或消极的情绪反应。就是说，导致C的原因并不是A，而是B。这个理论告诉我们，决定人的情绪积极还是消极的，不是由于现实生活本身，而是人们对现实生活的看法。我们从生活中看到阴云还是阳光，看到黑暗还是光明，看到痛苦还是幸福，全在于我们怎样解释和看待眼前的事物，全在于我们用怎样的眼光看生活。

有时候，同一现实情境，如果从一个角度看，可能引起消极的情绪体验；从另一个角度看，可以发现积极意义，从而使消极情绪转化为积极情绪。事情常有两面性。是是非非，得得失失，常是你中有我，我中有你，何必非把一件事往坏里想？正所谓“横看成岭侧成峰，远近高低各不同”。

设想这样一个情境：当你走进学校食堂，经过一群同事身边时候，大家突然哈哈大笑……如果你心想“他们一定是在笑我”“我一定是哪里出错了”“他们真没有教养和礼貌”，那么，你的情绪体验可能就是消极的：自卑、生气和厌恶。如果你心想“他们一定是在谈论什么有趣的事情”“他们真是一群快乐的人”“他们关系真融洽”，那么，你的情绪体验可能就是积极的：羡慕、愉快和喜欢。

情绪ABC理论告诉我们，要想调控自己的情绪，首先要学会换个角度看问题，用理性观念代替非理性观念，积极建立合理观念。比如下面的情绪体验：这次职称没评上，真让人沮丧，生活还有什么意思！这句话里面，外来激发性事件（A）是职称没评上；外来激发性事件引起的情绪反应及行为结果（C）是心情沮丧；隐藏在背后的个体认知评的非理性观念（B）是什么呢，可能是小王比我工作时间短，他都评上了，一定是领导对我有偏见，我真是太失败了，我在同事面前一点面子也没有了，等等。

意识到这些非理性信念后，可以积极寻找理性观念：这次职称虽然没评上，但我的教学成绩还不错，只是没有像样的科研成果，下次努力写几篇论文吧；我虽然没评上职称，但同事们还挺认可我的教学能力，学生们也挺喜欢上我的课；哪有绝对合理，下次再争取就是了，等等。改变观念之后，内心就会平衡许多。

了解情绪 ABC 理论，可以帮助我们在面对情绪事件时，有意识地分析自己头脑中是否存在一些非理性观念，尽量找到它并代之以理性观念，从而调适不良情绪。

其次是临时多想办法，掌握调控激情的策略。以下提供的三种方法，有需要者可以试试。

一是克制法。此法适用于激情发生之前。当你注意到激情将要来临，首先使大脑“降温”，克制情绪激动。清末爱国将领林则徐面对清王朝的腐败和外强的入侵，一度情绪烦乱，经常发怒。当他意识到这样于事无助后，遂挂一条幅于书房，上书“制怒”两个大字，以便提醒自己，克制自己，防止激情的猛烈爆发，这个方法是可取的。当然，还可以借助其他手段来克制自己，如默念某一警句等。克制法就在于使人匹配，在心理上对情绪波动进行调控，抑制激情的发生，“防患于未然”，从而维持心理平衡。

二是转移法。此法适用于激情发生之初。激情虽然是爆发式的，也有一个发展过程。当你已处于激情之中，那就应及早转移。这是因为激情的爆发问题以人或物为对象。如果能避开发怒对象及环境，就可使人由激情转为平静状态。家里的事使你“恼火”就赶快上班；教室里发生的事使你生气，暂且到外面，如此等等。避开这些激怒你的情境，你的“怒火”就不会愈烧愈烈，说不定很快就会熄灭！说来容易，做起来并不是那么简单。常有人明知转移一下很好，却要死守“阵地”，不肯躲开半步，似乎非要得到最后的胜利，方可收场，结果事与愿违，后悔不迭。相信你不会这样和自己较劲。

三是宣泄法。此法适用于激情高涨之下。人难免怒火中烧，若真的到了这一步，你可以通过适当的方式怒气发泄出来。据悉，美国某任总统曾在自己的办公室内设一沙箱，内装满细沙。何用？为的就是当总统大人怒不可遏脾气上来时，便“挥舞双拳，猛捣细沙”，以便宣泄内心的怒火。如果你也有激情到了不可遏止的时候，那么就请照此法，据情况搞一个适合自己的激情“发泄物”。如果你平时没有准备，可以看准猛擂墙壁或狠蹬脚下的大地。这样就可以使你的激情得以宣泄，消除心理紧张，既有益身心健康，又不会造成其他方面的损失。说来似乎好笑，但这在不得已时还是个好办法。

最后，我们不要忘了那句俗话：泥人还有个土性。人，不可能从不生气，不可能从不发怒，不可能从不发脾气。但是，一定要会生气，一定要会发怒，一定要会发脾气。什么叫“会”？相信你现在已经知道答案了。

## 第一节　什么是健康

有一个意味深长的比喻，人生就像一串阿拉伯数字，1000000……要使这一大串“0”有意义，必须有个前提条件，就是“1”必须健康地站着。这个“1”

是什么？就是你自己！你健康地站着，后面的“0”才是真实的存在。

有道理!

拥有健康并不意味着拥有一切，失去健康则意味着失去一切！.

## 一、何谓健康

要说清楚这个问题，靠一两句话是很难的。况且人类对自身健康的认识就经历了一个逐步清晰、渐进发展的过程。

原先，人们理解的“健康”只是一种生理学的模式，主要是指身体健康，为了达到维护健康的目的，人们通常采用免疫接种、杀虫消菌、抗菌药物三大法宝。

后来，人们逐渐认识到，光有健壮的身体还很难说是健康，健康实在还有很多丰富、复杂的内容，较为权威的是世界卫生组织先后推出的几个解释。

1948 年，世界卫生组织率先提出新的健康概念：健康是一种身体上、精神上和社会上的完满状态，而不仅仅是没有疾病和虚弱现象。

1978 年，国际初级卫生保健大会上发表的阿拉木图宣言重申：健康不仅是疾病和体虚的匿迹，还是身心健康、社会幸福的完美状态。

1989 年世界卫生组织又进一步深化了健康概念，认为健康应包括躯体健康、心理健康、社会适应良好和道德健康。显而易见，除了生理、心理、社会适应之外，道德健康也被纳入健康的范畴。

## 二、世界卫生组织的健康标准

（1）有充沛的精力，能从容不迫地应付日常生活和工作，而不感到疲劳和紧张；

（2）积极乐观，勇于承担责任，心胸开阔；

（3）精神饱满，情绪稳定，善于休息，睡眠良好；

（4）自我控制能力强，善于排除干扰；

（5）应变能力强，能适应外界的各种变化；

（6）能抵抗普通感冒和传染病；

（7）体重得当，身材匀称而挺拔；

（8）眼睛炯炯有神，善于观察；

（9）牙齿清洁，无空洞，无痛感，无出血现象；

（10）头发有光泽，无头屑；

（11）肌肉和皮肤富有弹性，步态轻松自如。

在这 11 项标志中，其中第 1 项是对心理和生理两方面提出的要求，而第 2、3、4、5 都是对心理方面提出的要求。随着时代步伐的向前迈进，心理健康在人们心目当中的地位变得越来越重要。这是为什么？

社会竞争的日趋激烈，生活节奏的日益加快……人们承受着前所未有的心理压力，自然经济条件下那种田园诗般的生活一去不复返了。当历史的指针走入20世纪末的时候，人类面临着一个前所未有的新挑战：心理疾病像一个神通广大的恶魔，其急促的脚步声正噔噔地向我们逼近，它无情地、疯狂地在全世界的每一个角落吞噬着千千万万人的健康。

## 三、世界各国心理健康状况

美国的一次抽样调查显示，有20%的被调查者肯定自己曾经有过濒临精神崩溃的感受。有研究报告说，纽约每年精神疾病的总体发病率平均为8.3%。接受心理治疗的人数占美国人口的30%左右。美国哈里斯民意测验所不久前调查发现，89%的美国人都经历过沉重的心理压抑。据研究人员估计，每年因员工心理压抑给美国公司造成的经济损失高达3050亿美元，超过500家大公司税后利润的5倍。

在法国，健康投资在20年中增加了10倍，而在药品消费中以镇静类药物为最。他们自己幽默地说，他们是世界上的吃药冠军，是世界上最“镇静”的国家。法国人除了越来越“热衷”吃药，还越来越“热衷”自杀。法国卫生部1989年提供的数字表明，法国年轻人的死亡原因中，增长速度最快的不是艾滋病，不是吸毒，不是车祸，而是自杀！有资料显示，1982年以来，有越来越多的法国人设法在公路上结束自己的生命。仅1987年就有1.2万多人选择了这种方式。

日本的情况也不容乐观，为了满足国民缓解心理压力，进行心理保健的需要，一种名曰“健脑馆”的服务机构在日本应运而生，而且门庭若市、生意兴隆。种类繁多的用于精神松弛的音乐带、录像带和书籍都成了畅销商品，这从一个侧面反映了国民心理问题的严重程度。

世界卫生组织在一份报告中说，全世界抑郁症患者的人数已经达到2亿，比20世纪70年代翻了一番，已成了“世纪病”。他们估算，约有30%～40%的求医者有精神卫生问题，而所有居民中有20%存在心理卫生问题和精神障碍。联合国国际劳工组织在发表的一份调查报告中显示心理压抑现在已经成为20世纪最严重的健康问题之一。据联合国统计，全球意外死亡位于人类死亡原因的第三位，而自杀则高居意外死亡之首。

中国的情况如何呢?

1992年，在南京召开的“首届全国危机干预暨自杀研讨会”上，中国社会科学院社会学研究所研究员单光鼐披露的自杀人数十分惊人：平均每天约有四百人提前结束自己的生命。我们时常从报刊上惊闻一些名人自杀的消息。……

中国学校的情况又如何呢?

学校不是真空，教师和学生也不是特殊材料制成的人，心理病魔这一不速之

客同样频频光顾本应充满欢乐的校园。我们发现，在自杀者队伍里，也有教师和学生的身影。学生的情况自不待说，情感挫折、学业失败、容貌受损、遭受批评……甚至一次小小的挫折都可能使年轻人结束自己的花季年华。甚至一些人类灵魂工程师的心灵也非常脆弱，一个小学女教师仅仅因为一次不自愿的工作调动和一些鸡毛蒜皮的家庭矛盾，开学不久便服毒自杀；一个中学男教师在同事的鼓动下联名向检察院举报了校长的经济问题，致使校长丢了乌纱帽，回想起平时校长对自己的种种关照，这个男教师陷于深深的自责而不能自拔，经劝解无效最终走上了不归路……

死者长已矣，生者常戚戚。

问题是，还有很多的灵魂工程师仍在继续经受心灵磨难。

**典例阅读**

据上海高峰等人1995年的调查报告，上海市小学教师在某一方面存在心理健康问题的，轻度的占48%，中度重度的占12%。2000年4月，国家中小学心理健康教育课题组公布了类似的研究结果：对辽宁省14个城市168所城乡中小学2292名教师的检测表明，有51.23%的教师存在心理问题，其中32.18%属于轻度心理障碍，16.56%属于中度心理障碍，2.49%构成心理疾病。

2000年5月，对参加学科技能培训的692名小学教师的心理测试表明，66.3%的农村小学教师存在不同的心理问题，其中某一个方面存在较严重心理问题的占16%，有5个或5个以上方面均存在心理健康问题的高达29.5%，5个或5个以上方面存在较严重心理问题的占4.5%。其中有4个教师在10个方面均存在着严重的心理问题。大家设身处地地想一想，对这些教师来说，他们该如何面对以后的教学生涯？

面对这一切，我们应大声疾呼：心理疾病在蔓延，我们面临新挑战，把心理病魔从校园赶出去，让教师的心灵充满阳光，已经刻不容缓！

## 第二节 什么是心理健康

身体健康与否，通常可以用各种生理指标来衡量，非常明了；而心理健康与否，则要复杂得多，三言两语解释不清楚，常有只可意会不可言传之感。

心理健康是一种心理功能状态，在这种状态下，人不仅没有主观不适的感觉，还能使自己所具备的心理潜能得到充分发挥。心理健康的人从事某种活动一般能达到比较理想的水平，自身也能得到比较充分的发展；反过来说，如果一个人在某种活动中不能充分发挥潜能，不能达到理想水平，就说明他在心理功能的发挥上受到了某种干扰，遇到了某些障碍，就意味着他的心理发展处于不够健康的状态中。换句话说，心理健康的人假如有十分潜能也许能发挥出五六分甚至更多，而心理不够健康的人有十分潜能也许只能发挥两三分甚至更少。

这样表述似乎还是有点不好捉摸。下面让我们引用国内外部分心理健康的标准来加以说明。

## 一、世界卫生组织提出的心理健康标准

（1）具有健康心理的人，人格是完整的；自我感觉是良好的；情绪是稳定的，且积极情绪多于消极情绪；有较好的自控能力，能保持心理平衡；能自尊、自爱、自信，有自知之明。

（2）一个人在自己所处的环境中，有充分的安全感，且能保持正常的人际关系，能受到他人的欢迎和信任。

（3）心理健康的人，对未来有明确的生活目标，并能切合实际地不断进取，有理想和事业上的追求。

## 二、马斯洛和米特尔曼提出的心理健康标准

马斯洛和米特尔曼在合著的《变态心理学》中提出了以下心理健康标准：

（1）有足够的自我安全感；

（2）能充分地了解自己，并能对自己的能力做出适度的评价；

（3）生活理想切合实际；

（4）不脱离周围现实环境；

（5）能保持人格的完整与和谐；

（6）善于从经验中学习；

（7）能保持良好的人际关系；

（8）能适度地发泄情绪和控制情绪；

（9）在符合集体要求的前提下，能有限度地发挥个性；

（10）在不违背社会规范的前提下，能恰当地满足个人的基本要求。

## 三、王登峰、张伯源提出的心理健康标准

1. 了解自我、悦纳自我

一个心理健康的人能体验到自己的存在价值，既能了解自己，又能接受自己，有自知之明，对自己的能力、性格和长短处都能做出恰当的、客观的评价；对自己不会提出苛刻的、非分的期望与要求；对自己的生活目标和理想也能定得切合实际，因而

对自己总是满意的；努力发展自身的潜能，即使对自己无法补救的缺陷，也能泰然处之。一个心理不健康的人则缺乏自知之明，并且总是对自己不满意；由于所定的目标和理想不切实际，主观和客观的距离相差太远而总是自责、自怨、自卑；由于总是要求自己十全十美，而自己却又总是无法做到完美无缺，于是总跟自己过不去，结果心理状态永远无法平衡，无法摆脱自己感到将要面临的心理危机。

2. 接受他人，善与人处

心理健康的人乐于与人交往，不仅能接受自我，也能接受他人，悦纳他人。能认可别人存在的重要性和作用，同时也能为他人和集体所理解、所接受，能与他人相互沟通和交往，人际关系协调和谐；在生活中能与集体融为一体，既能在与挚友相聚时共享欢乐，也能在独处沉思时无孤独感；在与人相处时，积极的态度（如同情、友善、信任、尊敬等）总是多于消极的态度（如猜疑、嫉妒、畏惧、敌视等），因而在社会生活中有较强的适应能力和较充足的安全感。而心理不健康的人可能常常置身于集体之外，与周围的人格格不入。

3. 正视现实，接受现实

心理健康的人能够面对现实，接受现实，能动地适应现实，进一步改造现实，而不是逃避现实；对周围事物和环境能做出客观的认识和评价，并能与现实环境保持良好的接触；既有高于现实的理想，又不会沉湎于不切实际的幻想与奢望中；对自己的力量有充分的信心，对生活、学习和工作中的各种困难和挑战都能妥善处理。心理不健康的人往往以幻想代替现实，而不敢面对现实，没有足够的勇气去接受现实的挑战；总是抱怨自己"生不逢时"，或责备社会环境对自己不公而怨天尤人，因而无法适应现实环境。

4. 热爱生活，乐于工作

心理健康的人能珍惜和热爱生活，积极投身于生活，并在生活中尽情享受人生的乐趣，而不会认为生活是重负；他们在工作中尽可能地发挥自己的个性和聪明才智，并从工作成果中获得满足和激励，把工作看作是乐趣而不是负担；他们能把工作中积累的各种有用的信息、知识和技能存储起来，随时提取使用，以解决可能遇到的新问题，使自己的工作行为更有效。

5. 能协调与控制情绪，心境良好

心理健康的人愉快、乐观、开朗、满意等积极情绪总是占优势，当然也会有悲、忧、愁、怒等消极情绪体验，但一般不会长久；他们能适度地表达和控制自己的情绪，喜不狂，忧不伤，胜不骄，败不馁，谦而不卑，自尊自重，既不妄自尊大也不退缩畏惧；对于无法得到的东西不过分追求，争取在社会允许范围内满足自己的各种需要；对于自己所能得到的一切都感到满意。

6. 人格完整和谐

心理健康的人，气质、能力、性格、理想、信念、动机、兴趣、人生观等各方面平衡发展，人格作为人的整体的精神面貌能够完整、协调、和谐地表现出来；他们思考问题的方式是适中和合理的，待人接物能采取恰当灵活的态度，对外界刺激不会有偏颇的情绪和行为反应；他们能够与社会的步调合拍，也能和集体融为一体。

7. 智力正常，智商在 80 分以上

智力正常是人们正常生活工作和学习的基本心理条件，是心理健康的重要标准。一般智商低于 70 分者为智力落后，而智力落后是很难称为心理健康的。

8. 心理行为符合年龄特征

在人的生命发展的不同年龄阶段，都有相对应的心理行为表现，从而形成不同年龄阶段独特的心理行为模式。心理健康的人应具有同年龄多数人所符合的心理行为特征。如果一个人的心理行为经常严重偏离自己的年龄特征，一般是心理不健康的表现。

## 四、马绍斌提出的理想的心理健康状态

马绍斌在《心理保健》一书中提出，理想的心理健康状态应有以下几个特点。

1. 热爱生活，善于享受生命

每个人的一生都不会很顺利，在顺境中热爱生活并不难，在逆境中热爱生活却不易，这需要达到较高的认识水平和修养境界。真正热爱生活的人，深知他所生活的环境存在着许多缺陷和不如意，但他不会因此而怨天尤人，他拥有一双发现美的眼睛，乐于通过自己的努力去改变他所能改变的东西，去适应他无能为力的东西。他不仅热爱轰轰烈烈的生活，也热爱平凡普通的生活。当他作为售货员站在柜台前，千百次地用同一套言词为顾客介绍某一个产品的时候；当他作为小学一年级的教师，年复一年地教孩子们学“加、减、乘、除”的时候；当他在家里每天都得完成一日三餐的时候……对这些他眼前必须做的事情，他不会感受到单调乏味，反而会感到有无尽的乐趣，甚至还会发现其中具有某种崇高的意义。

2. 胸怀宽阔，不为小事烦恼

因为他站得比较高，看得比较远，更容易从宏观上、本质上认识生活、把握生活，所以具有宽阔的胸怀，对人对事都很宽容。这种宽容是一种自然流露，而不是勉强或违心的表现。他不苛求于事，也不苛求于人，只争取尽可能的好，决不去追求十全十美。升学考试失败也好，失恋也好，顶头上司不欣赏自己也好，有人在背后造谣或拆台也好……都不会使他陷入烦恼而不能自拔。

3. 欲望适度，不为名利所累

别人有的各种欲望他也有，只是他的欲望是适度的，他不会让任何一种欲望无限地膨胀，像一匹脱缰的野马；他不排斥物质生活，但更注重精神生活；他不排斥名利，但他从不把名利看得太重，始终是名利的主人而不是名利的奴隶；他

也需要赚钱来解决自己的生活需要，对合理的劳动所得他不会嫌太多，但当物质生活需要得到基本满足之后，他就不会把积累个人财富作为头等大事而绞尽脑汁了，他更关心的则是怎样才能使生命更有价值，怎样才能使人生更有意义。

4. 充满自信，善于发挥主观能动性

他既清楚自己的长处，也清楚自己的短处；他深知自己不是无所不能的，也不是一无所能的；在自知之明的基础上，他的心里充满自信，他相信自己有巨大的潜能，同时也知道如何发掘和利用自己的潜能，来创造尽可能大的人生价值；他也会遇到挫折和失败，甚至有可能屡遭严重的挫折和失败，但他不会因感到一败涂地而从此一蹶不振，他可能会调整前进的方向，但只要他还活着，就永远也不会从根本上认输。

5. 情绪波幅不大，心境良好

他和所有的人一样，喜、怒、哀、乐、忧、恐、惊，各种情绪样样俱全，但他一般不会因个人的得失和荣辱以及环境的不如意而引起大幅度的情绪波动；他的情绪波动持续的时间短；他生活在现在，他的情绪反应绝大多数不是因为过去或未来的事情；他的心境的基调是轻松愉快的，即使是在较严重的问题或较大的困难面前也常常如此，此所谓“泰山崩于前而面不改色心不跳”。

6. 善与人处

他很清楚周围的每一个人（包括最亲密的人）都有明显的缺点，但他更看重的是他们的优点；他对人怀有广泛的爱心，善于容忍和忘记别人的过失；他对社会有强烈的责任感和参与感，当团体利益和个人利益发生冲突的时候，他会由衷地乐于牺牲个人的利益；在集体中，他始终保持独立性和自主性，不会为讨好别人而违心地做一些事情，不会为赢得别人的认同和接纳而不顾原则地盲目附和；他不拒绝他人的帮助，也不依赖他人，因为他更相信自己的力量；他经常帮助他人，他觉得这是他应该做的，因而他并不希求得到等量的或超量的回报；他可以和各种人建立有效的沟通，同时也善于享受独处的超然。凭着自然、真诚、热情和理性，他会获得人们的普遍尊敬和好感，但他并不期盼人人都能理解他，人人都能说他好。

7. 拥有健康的认知模式

他判断和评价事情不会绝对化、极端化，不会以偏概全。他会顺应事物的发展规律，而不会去抗拒。他能坦然面对各种变化，因为他知道世界上没有永恒的事物，事物的生灭变化都是事物内外各种相关条件综合作用的必然结果。因此，他会主动地、积极地创造条件和利用条件以便能把握变化的方向。对那些自己难以有所作为的变化，他会去接受它、适应它：他可能会因车祸而下肢瘫痪，但他不会整天愁眉不展，哀叹自己的下半生完了；他的头发会一天比一天白，他脸上的皱纹会越来越多，但他不会为年龄发愁，他会去追求心理上的年轻；正当他准备结婚的时候，未婚妻突然告诉他，她无法跟他过一辈子清贫的日子，她决定嫁给一个大款，他为此可能会感到气恼和伤心，但他不会弄一瓶浓硫酸泼在她的脸上，也不会认为自己命运不好，一生的幸福被彻底毁了，更不会为此痛苦得无法自拔而自杀，相反，他会认为这并非坏事，相信自己的爱会找到合适的归宿。

他永远立足于现实，以现实为中心，他对现实的存在和演变具有更深刻的理解力、洞察力和预见力；他通常会有比较远大的理想，但他的理想始终根植于现实的土地，他是依据现实来确定目标和方向的……

## 五、俞国良提出的教师心理健康标准

俞国良在《北京大学学报》2001 年第 1 期撰文认为，教师心理健康应具有以下标准。

1. 对教师角色的认同

热爱教育工作，勤于教育工作，能积极投入到工作中去，将自身的才能在教育工作中表现出来并由此获得成就感和满足感，并免除不必要的忧虑。

2. 有良好和谐的人际关系

（1）了解交往双方彼此的权利和义务，将相互之间的关系建立在互惠的基础上，个人的思想、目标、行为能与社会要求相互协调；

（2）能客观地了解和评价别人，不以貌取人，也不以偏概全；

（3）与人相处时，尊重、信任、赞美、喜悦等正面态度多于仇恨、疑惧、妒忌、厌恶等反面态度；

（4）积极与他人真诚沟通，教师良好的人际关系在师生互动中表现为师生关系融洽，教师能建立自己的威信，善于领导学生，能够理解并乐于帮助学生，不满、惩戒、犹豫行为较少。

3. 正确地了解自我、体验自我和控制自我

对现实环境有正确的感知，能平衡自我与现实、理想与现实的关系，在教育活动中主要表现为。

（1）能根据自身的实际情况确定工作目标和个人抱负；

（2）具有较高的个人教育效能感；

（3）能在教学活动中进行自我监控，并据此调整自己的教育观念，完善自己的知识结构，做出更适当的教学行为；

（4）能通过他人认识自己，学生及同事的评价与自我评价较为一致；

（5）具有自我控制、自我调适的能力。

4. 具有教育独创性

在教学活动中不断学习，不断进步，不断创造。能根据学生的生理、心理和社会性特点富有创造性地理解教材，选择教学方法、设计教学环节，使用教学语

言，布置作业等。

5. 合理控制情绪

由于教师劳动和服务的对象是人，因此情绪健康对于教师而言尤为重要。具体表现在以下几点。

（1）保持乐观积极的心态；

（2）不将生活中不愉快的情绪带人课堂，不迁怒于学生；

（3）能冷静地处理课堂情境中的不良事件；

（4）克制偏爱情绪，一视同仁地对待学生；

（5）不将工作中的不良情绪带入家庭。

心理学家特罗茜·罗尔在谈到人们陷入“心病牢狱”时说：“正因为它是我们自己构成的，我们就有能力用自己的双手打开枷锁，把自己解救出来!”不断战胜内在的敌人，不断实现自我与更新，这就是心理健康自我教育要面对的最重要的内容。

知识卡

### 进行心理健康判断时应该注意的问题

一是个体是否心理健康与个体是否有不健康的心理不完全是一回事。一个心理健康的人并不意味着完全没有不健康的心理和行为。判断一个人心理健康与否，不能简单地凭一时一事下结论。心理健康是较长一段时间内持续的心理状态，而偶尔出现一些不健康的心理和行为，正如一个人患伤风感冒一样，是常见的现象，谁也不能完全避免，这并不意味着这个人一定心理不健康。只要有办法解决问题，便是健康。换句话说，健康是指自己有办法对付问题和解决问题，而不是没有问题!

二是人的心理健康与心理病态之间很难找到确切的界限。假如可以划定界限的话，也是一个比较模糊而宽泛的范围，它们依程度不同可以划分为多个等级。例如，在心理病态的范围内，起码可以分为轻度、中度、重度三个等级（或划分为心理问题、心理障碍、心理疾病三个等级）；在心理健康范围内，起码可以分为基本健康、相当健康、非常健康三个等级。心理保健和心理健康自我教育据此分为三个层次的目标。

初等目标：使已经属于心理病态的人得以解脱（假如是中度和重度的心理病态，只靠自我教育比较难以解脱，必须向专家或精神卫生专业人员求助）。

中等目标：使尚属心理健康的人免于陷入心理病态，保持心理健康状态。

高等目标：使已属于心理健康范围的人达到更佳的健康状态，充分发挥自己的心理潜能。

我们的研究注重心理健康自我教育，首先或主要是为了实现中等目标和高等目标，即主要是预防性目标和教育性目标，而非治疗性目标。

三是心理健康状况是动态的，始终处于不断的变化之中，因而我们对自己或他人所做的每一次判断都只能反映某一段时间内的心理健康状态（如各种心理调查多采用 SCL—90 症状自评量表，而该量表所反映的也只是“最近一周”的感受），既不代表过去，也不代表将来，但与过去和将来都有一定的联系，因此衡量心理健康与否应有发展的眼光。心理健康状况的动态性，使我们的心理健康自我教育目标的实现成为可能：我们可以通过努力，使得心理处于不健康、亚健康状态的人健康起来，使得相当健康、非常健康的人保持健康并且追求更加健康。

四是我们列举的几种心理健康标准只反映了个体良好地适应社会生活所应有的心理状态的一般要求，而不是最高的境界。教师是人类文化传递者、人类心灵工程师，教师所从事的劳动是一种复杂的、充满生命力和创造性的心智劳动，这种职业的劳动者应该使自己既走向快乐，又走向成功，那么就应该追求心理健康和心理发展的最高层次，使自己的心理达到理想的状态，从而充分挖掘自身潜能，促进自己全面和谐发展。

总之，心理健康者最突出的特点就是“接受”：接受自我，接受他人，接受自然，接受社会。这种态度使他们在生活的许多方面减少或削弱了冲突和斗争。其实，现实中的许多问题并不是固有的，而是被人们“制造”出来的。在心理健康者那里，许多问题被淡化了，与其说他们解决了这些问题，不如说是他们看清了这些问题。在他们那里，许多表面上不可调和的斗争已经不再是斗争，而是快乐的协作。

作为一个人，如果你能拥有这样的心理健康状态，人生会变得非常美好。

作为一个教师，如果能拥有这样的心理健康状态，你就会觉得自己所从事的真是太阳底下最光辉的职业。你就会看到，太阳每天都是新的，孩子每天都是新的。

作为一个教师，当然还应该有另外一些独特的心理健康标准。

## 第三节　心理健康与身体健康

现在，我们对健康、身体健康、心理健康的含义有了一些认识。那么，它们之间有什么内在联系呢?

### 一、心理健康和身体健康的内在联系

一言以蔽之，身体健康是心理健康的基础和载体，心理健康又是身体健康的条件和保证。人是由大脑皮层统一指挥、各生理系统协调活动的有机体，生理活动与心理活动是互相联系、互相影响、互相制约的。积极健康的心理状态，有益于身体健康；消极不健康的心理状态，使人容易患生理疾病。同样，生理机能的

异常状态也会导致心理的变化。我们讨论的是心理对生理的影响，所以我们暂且来看一看它们之间的关系。

研究表明，很多生理疾病是与心理因素密切相关的。

冠心病和A型行为之间有着密切的关系。美国医学家弗里德曼和罗森曼把人的行为类型分为A型和B型。A型的人急躁，没耐性，争强好胜，易激动，行动快，做事效率高，整天忙忙碌碌，经常感到时间不够用。B型的人则刚好相反，悠闲自得，不好胜争强。结果表明，在排除了食物、年龄、吸烟等干扰因素的情况下，A型组的冠心病发病率明显高于B型组，而且容易复发，死亡率也大大高于B型组。

原发性高血压则主要与情绪状态和人格特点有密切关系。长时间的焦虑、紧张、恐惧、愤怒、敌意和抑郁都能导致血压升高，其中与高血压关系最密切的是焦虑、愤怒和敌意等情绪状态。早在20世纪60年代，我国学者认为，高血压病人大多有容易焦虑、易于激动、行为带有冲动性、求全责备、刻板主观等性格特点。现在西方也有学者认为，原发性高血压病人具有与冠心病病人类似的性格特点，如有雄心、好高骛远、好活动、乐于竞争、为取得工作成绩而常常感到压力等。

导致消化性溃疡的原因是多方面的，如刺激性食物、饮食无规律、遗传因素等，但不良情绪起了重要作用。有人发现，该种病人一般表现为不好交往，行为上总是因循守旧、被动、顺从、依赖性强、缺乏创造性、情绪不稳定，而且过分关注自己。

偏头痛是一种比较严重的慢性头痛病，这种病人的人格特征一般表现为敏感多疑、固执己见、谨小慎微，很容易烦恼，习惯于把愤怒、敌意或怨恨压抑在心里。

从20世纪70年代中期以来，死亡率最高的三大疾病都是心因性疾病，即脑血管病、心血管病、癌症，其比例分别占死亡人数的22.56%、21.13%、21.11%，主要原因：心理压力大、不良情绪体验多，长期处于应激状态中，导致植物神经功能紊乱，影响生理功能而产生障碍。

这三大疾病中，癌症的发病率仍在不断上升，已成为人类生命的大敌。在探索癌症病因的过程中，人们发现经常产生较强烈的不良情绪，如焦虑、愤怒、忧愁、悲伤等，并过度地压抑这些不良情绪，使其不能得到合理宣泄的人，容易患癌症。有人发现，癌症有自愈现象。癌症之所以会自愈，是因为病人体内的免疫功能大大增强。免疫力的增强可以阻止癌细胞的生长，并逐渐由正常细胞取代癌细胞，或者造成癌细胞无法适应的状态，使癌细胞转化为正常细胞。免疫力的增强与心理因素有密切关系。抑郁消沉的人，通过复杂的神经——体液调节机制会使免疫力显著下降，从而促使癌症日趋恶化；而乐观的人则会通过相同的途径使免疫力提高，从而抑制癌细胞的生长，使癌症自愈。这可能就是一部分人得知自己患了癌症后，精神全面崩溃，不久撒手人寰；另一部分人遭遇同样疾病，却可以笑对病魔，坚强地活下去！

古人云：喜伤心，怒伤肝，思伤脾，忧伤肺，恐伤肾。也就是说，喜、怒、哀、乐、思、忧、恐是人类最基本的情绪情感体验，但如果太过于强烈，都会伤及身体。

## 典例阅读

美国新奥尔良的奥施纳诊所曾做过统计，发现500个连续求诊的肠胃病人中，因情绪不好而致病者占74%。

美国耶鲁大学医学院门诊部统计，求诊病人中因情绪紧张而致病的占76%。

美国哈佛大学一些学者用了40年时间，对204位成年人跟踪调查，发现在21～46岁之间过着舒畅精神生活的59人中，只有2人在52岁时得了重病，其中1人死亡；在同一时期内得不到舒畅精神生活的48人，都在55岁以前死去。

美国生理学家爱尔马为了研究心理状态对健康的影响，设计了一个很简单的实验：把一支支玻璃试管插在有冰水的容器中，然后收集人们在不同情绪状态下的“汽水”。结果发现，当一个人心平气和时，呼出的气溶于水后是澄清透明的；悲痛时水中有白色沉淀；生气时有紫色沉淀。他把人在生气时呼出的“生气水”注射在大白鼠身上，几分钟后大白鼠就死了。由此他分析：生气十分钟会耗费人体大量精力，其程度不亚于参加一次300米赛跑。生气的生理反应十分强烈，分泌物比任何情绪时产生的分泌物都复杂，都更具有毒性。因此动不动生气的人很难健康。所以他告诫：人尽量不要生气，母亲切勿在生气时或刚生完气时给孩子喂奶，因为这时母体分泌的乳液是有毒的。

现在，让我们来想一想，在所有职业中，哪些职业的从业人员最容易生气？

教师肯定是其中之一。

社会心理学研究表明，凡是对他人高度负责的角色，都要经受相当多的内心冲突和不安。教师除了脑力劳动强度较高之外，还要对社会、对家长、对年轻一代的成长高度负责，每天都要接触带有情绪色彩的活动，体验情绪上的紧张与痛苦，由于种种原因，一些教师承受着巨大的压力，常常累得心力交瘁；又由于恨铁不成钢，往往气得七窍生烟而又无可奈何，这也许就是他们心情不愉快以致早衰的重要原因！

做教师的一定要明白，我们要为党和人民努力工作，这是师德的基本要求。但是，健康的身体是革命的本钱，一旦我们失去了这个本钱，任何人都回天无力。所以必须珍惜自己，保重自己，使自己过得幸福快乐、健康长寿。

人要想健康长寿，光靠有钱、能吃好穿好住好、生活舒适是不够的，光靠补充营养、服用药物或体育锻炼也是不够的，能使健康长寿发生变化的许多重要的因素中，最重要的是心理因素和生活方式。

## 二、如何诊断心理健康

读到这里，不少教师同行可能会问，这些道理现在我有点儿懂了，目前我最想知道的是：我的心理是否健康？

这就需要心理健康诊断。

用于心理健康诊断的测验很多，这里介绍最简单的两种，供大家选择。

1. 根据心理活动内容和特征进行诊断

我国学者李建周（1996）曾提出按教师心理活动的内容及其结构特征来诊断教师的心理是否健康。由于其诊断项目都是从消极心理方面列举的，因此可以认为，某人适合诊断项目的数目越多，表明其心理越不够健康。

2. 运用心理健康状况简便自查量表进行诊断

（1）每当考试或被提问时，是否会紧张得出汗？ 是□ 否□

（2）看见不熟悉的人是否会手足无措？ 是□ 否□

（3）看见不熟悉的人是否会使工作不能进行下去？ 是□ 否□

（4）紧张时，头脑是否会不清醒？ 是□ 否□

（5）心里紧张时是否会出差错？ 是□ 否□

（6）是否经常把别人交办的事搞错？ 是□ 否□

（7）是否会无缘无故地挂念不熟悉的人？ 是□ 否□

（8）没有熟人在身边是否会感到恐惧不安？ 是□ 否□

（9）是否经常犹豫不决，下不了决心？ 是□ 否□

（10）是否总希望有人和自己闲谈？ 是□ 否□

（11）是否被人认为不机灵？ 是□ 否□

（12）在别人家里吃饭，是否会感到别扭和不愉快？ 是□ 否□

（13）一和别人见面，是否会有孤独感？ 是□ 否□

（14）是否会因不愉快的事缠身，一直忧忧郁郁，解脱不开？ 是□ 否□

（15）是否经常哭泣？ 是□ 否□

（16）是否因处境艰难而沮丧气馁？ 是□ 否□

（17）是否感到厌世？ 是□ 否□

（18）是否有生不如死之感？ 是□ 否□

（19）是否总是愁眉不展？ 是□ 否□

（20）家庭中是否有愁眉不展的人？ 是□ 否□

（21）遇事是否会无所适从？ 是□ 否□

（22）别人是否认为你神经质？ 是□ 否□

（23）是否有神经官能症？ 是□ 否□

(24) 家庭成员中是否有精神病患者？ 是□ 否□

(25) 是否进过精神病院？ 是□ 否□

(26) 家庭成员中是否有人进过精神病院？ 是□ 否□

(27) 是否神经过敏？ 是□ 否□

(28) 家庭成员中有无神经过敏的人？ 是□ 否□

(29) 感情是否容易冲动？ 是□ 否□

(30) 一旦受到别人批评，是否就会心慌意乱？ 是□ 否□

(31) 是否被人认为是个好挑剔的人？ 是□ 否□

(32) 是否总是会被人误解？ 是□ 否□

(33) 是否一点也不能宽容别人，甚至连自己的朋友也是这样？ 是□ 否□

(34) 是否会一门心思想某件事或做某件事，而不听从别人的劝告？ 是□ 否□

(35) 脾气是否暴躁、焦急？ 是□ 否□

(36) 做任何事是否都是松松垮垮、没有条理。 是□ 否□

(37) 是否稍被冒犯就会火冒三丈？ 是□ 否□

(38) 是否被人批评就会暴跳如雷？ 是□ 否□

(39) 是否稍不如意就会怒气冲冲？ 是□ 否□

(40) 是否别人请求帮助就会不耐烦？ 是□ 否□

(41) 是否会因一点小事怒发冲冠？ 是□ 否□

(42) 是否会经常发抖？ 是□ 否□

(43) 是否会经常感到坐立不安、情绪紧张？ 是□ 否□

(44) 是否会因突然的声响而跳起来，全身发抖？ 是□ 否□

(45) 别人做错了事，自己是否也会感到不安？ 是□ 否□

(46) 半夜里是否经常听到声响？ 是□ 否□

(47) 是否经常做噩梦？ 是□ 否□

(48) 是否经常有恐怖的情景浮现在眼前？ 是□ 否□

(49) 是否经常会感到胆怯和害怕？ 是□ 否□

(50) 是否经常出冷汗？ 是□ 否□

答题及记分方法：在符合自己情况的答案上打“√”，答“是”的记 1 分，答“否”的不记分。

判断标准：将全部得分加总后，如果超过 15 分；说明在某些方面可能会有心理问题存在，那么你应该去拜访心理医生。

知识卡

**河南：教师节送教师“心理健康套餐”**

教师节前夕，信息工程大学信息工程学院的教员们收到了一份份特殊的礼物，有学院统一赠送的心理健康书籍、心理保健音乐光盘，有各单位、教研室组织的心理健康讲座，释放压力健身卡，还有学员们精心制作的心理健康漫画海报等，今年教师节送心理健康成了一个新的亮点。

今年6月，该学院对干部教员进行了一次心理健康问卷调查，调查结果让学院领导吃了一惊，一部分教员感觉长期处于焦虑、疲惫、受挫、失眠等心理状态。

为此，学院确定，今年教师节的主题是“关注健康，和谐身心”，同时全面实施“教员心理健康工程”，更新教员的心理健康观念。学院为全体教员提供心理健康检查、咨询和辅导，对出现心理异常的教员进行心理调节，跟踪问效，做到早发现、早预防、早治疗。

（来源：河南日报）

## 第四节　教师心理问题分类

“我的婚姻生活很不幸福，丈夫和我经常吵架，家里常常‘硝烟弥漫’，我的心情也总是‘多云转阴’。我这人爱面子，家里的事不愿让同事知道，平时在办公室与老师们相处时我总是强忍悲愤、和颜悦色。由于心中的烦恼无处发泄，我有时便不由自主地拿学生撒气。在教室里我经常板着脸，学生回答问题时要是出了错，就更加勾起我的无名火，我借机连训斥带挖苦，用词越刻薄越解气。我也知道这样做是不对的，可就是控制不住自己……”——这是一个教师在心理健康自我教育中对自己的心理剖析。

窥一斑见全豹，略举两例便可见——生命的较量，其实是一种心理的较量：心理健康，才能拥有一个健康的人生。

困扰教师的“心理牢狱”有哪些？

我们试着把教师的心理问题划分为以下几个大类。

### 一、职业适应不良

适应与发展是人生的两大任务，只有适应良好的个体才能顺利地成长与发展。适应不良是教师个体与职业环境不能协调一致的一种过程和状态，它会直接影响教师个体的生存和发展。

教师的不适应主要表现在以下几个方面。

1. 教师工作的繁重性和复杂性日益显著，使得教师的观念不适应

近年国家采取各种手段要求给学生“减负”，但同时，社会、家庭和教育行政部门又更加强调要“减负不减质”。以前不少教师习惯于通过加班加点来保证学生的统考名次，如今这条路被堵死了，如何保证不减质？教师内心承受的紧张和焦虑是不可名状的。此所谓学生“减负”，教师“增压”。同时，由于社会不良现象对学校的冲击，教育教学工作变得越来越复杂，工作难度也变得越来越大。调查表明，百分之百的小学教师感到压力大或很大，近一半小学教师觉得压力大的主要原因是工作负担太重，一半以上小学教师感到最苦恼的事是学生难教。

2. 社会发展对教师的职业要求日趋提高，使得教师的知识水平和教学技能不适应

在新世纪新形势下，教育思想和观念、教学课程和内容、教学方法和手段日益变革，教师无论在知识水平还是教育教学能力抑或教育教学方法方面都存在诸多的不适应，教师的权威地位受到挑战，既使教师感到力不从心，又使他们感到无可奈何。调查发现，55.25％的小学教师工作心情不愉快。

3. 学生家长对子女期望值的日益提高，使得教师的心理承受能力不适应

由于大多数家庭只有一根独苗苗，家长往往把上代人甚至几代人的希望寄托在孩子身上，普遍“望子成龙”“望女成凤”；由于独生子女政策的全面推行，家长普遍对“小皇帝”“小公主”的安全问题忧心忡忡。这种消极的心理状态日积月累并投射到教师身上，往往使教师感到战战兢兢、如履薄冰。这可能是班主任与非班主任之间在恐怖和焦虑因子上存在显著差异的主要原因。

4. 日趋激烈的职业竞争带来的危机感使教师不适应

教师来源的日趋多样化，教师资格证书的真正实行，待业教师群的初步形成，学龄儿童的逐年减少，不少教师感到铁饭碗行将被打破，职业安全感大幅下降，“下岗威胁”已成为一部分教师的心病，加上有少数校长把聘任制作为整治教师的“撒手锏”，更使一部分教师承受着巨大的心理压力。

5. 社会上的一些腐败现象带来的价值观的冲击使教师不适应

引起教师适应不良的原因很多缘于外部世界的变化和动荡，如何主动地适应外界的这种变化，教师不应该是无能为力的。切记：教育工作者培养和服务的对象是学生，在任何情况下，我们都没有理由也没有权利把自己的不快与烦恼发泄到被教育者身上，只有正视现实、不断进取，才能适者生存。市场经济不相信眼泪，大浪淘沙、优胜劣汰是社会发展的必然趋势。身为教师，只有适时适度地调节自己的心态与情绪，不断学习和掌握新的知识，尽快适应新的教学观念，掌握新的教学方法，达到新的教学要求，才能寻求新的发展，也才能真正拥有心理上

的安全感。

## 二、职业行为异常

由于职业适应不良，不少教师出现了一些职业行为异常问题。姑且把这些职业行为问题分为五类。

1. 怨职型

教师对于本职业的社会价值观和荣誉感，极大地影响了教师的心理健康水平。一个看不起教师职业、缺乏教育荣誉感的教师，身在岗位，却不能理直气壮地承认并悦纳自己的职业。在教育教学方面，他们对学生无情感，不能以教育为乐事，对孩子说服教育缺乏耐心，在教学中缺乏机智，在了解学生动态上反应迟钝，没有教育责任感。这类教师常常把从事教师职业作为“无可奈何”“不得已而为之”“找不到理想工作，退而求其次”的一个饭碗，一个“食之无味，弃之可惜”的鸡肋，因此碰到一点挫折就怨天尤人：怨学生素质太差，学生太不听话，班级人数太多，待遇太低，工作压力太大，学校条件太差，当地政府太不重视教育……

2. 自我型

受个人主义思潮影响，这类教师往往以自我为中心，过多地关心自己，自私自利，喜欢自我夸耀与吹嘘和自己相关的人或事，目中无人，虚荣心强，钩心斗角，人际关系恶劣。

3. 异常型

这类教师由于长期以自我为中心，久而久之导致情绪极端不稳定，心理异常，表现为独往独来，不能控制自己的喜怒哀乐，性格反复无常，出尔反尔，对学生的管教忽冷忽热，前后不一，处理问题情绪化，常令学生无所适从。

4. 暴戾型

这类教师傲慢至极，唯我独尊，盛气凌人，很难与人相处，稍不如意就争吵、责骂、破坏公物，甚至拳脚相加，行为极具攻击性，常对学生施以体罚。

5. 不良型

这类教师生活方式和行为不检点，有的表现为挑拨是非，恶意中伤，唯恐天下不乱，常在同事中制造不团结；有的表现为行为放荡、粗俗，有损教师形象，甚至触犯国家法律。

## 三、人际交往障碍

交往是良好人际关系的基础，良好的人际关系又是心理健康发展的重要条件之一。教师人际交往障碍主要表现在以下几方面：

（1）由于对交往重要性缺乏认识，以工作繁忙等各种原因为由，很少与人交往和沟通；

（2）缺乏必要的交往技能和手段，使得交往容易受阻；

（3）某些不良的个性特征阻碍正常的人际交往，如过于自负、自卑、心理自闭、自我中心、自我评价过高、怀疑心重、对人苛刻、嫉妒心强等。

有调查发现，在校园内除工作关系外，中小学教师经常与他人交往的只有16.99％，在校外经常和他人交往的只有11.49％。1999年进行的心理健康测试表明，有1/3的小学教师存在或轻或重的人际关系敏感问题。曾有人对某县城最大的一所小学教师进行了问卷调查，发现在校园内有推心置腹的朋友的教师只有11％，这使得教师一旦遇到负性事件，往往缺乏强有力的社会心理支持。不仅如此，在与同事、领导、学生、家长等交往过程中部分教师往往会遇到困难，造成不该有的误解或冲突，既影响了工作，又影响了自己的心情和健康。

## 四、人格障碍与人格缺陷

人格障碍又称病态人格，指明显偏离正常人格并与他人和社会相悖的一种持久和牢固的适应不良的情绪和行为反应方式。其一般特征有：

（1）有紊乱不定的心理特点和难以与人相处的人际关系；

（2）把自己遇到的一切都归咎于命运和别人的错误，把社会和外界对自己不利的条件都看作是不应该的，而对自己的缺点却无所觉察，也不改正；

（3）认为自己对别人不负任何责任，对不道德的行为没有罪恶感，对伤害别人的行为不后悔，对自己的一切行为都执意偏袒和辩护；

（4）在任何环境中都表现出猜疑、仇视和偏颇的看法。

具有人格障碍的人，由于其内心体验背离生活常情，外在行为违反社会准则，所以经常给社会和他人造成损失，给自己带来痛苦。

教师中患有严重人格障碍的人实际上是不多的，其中强迫型和偏执型的较为突出一点。

强迫型人格障碍的主要特征是强烈的自制心和自我束缚，他们过分注意自己的行为是否正确，举止是否适当，因此表现特别死板，缺乏灵活性，有过多的清规戒律，极度地墨守成规。他们对任何事情都谨小慎微、顾虑多端，怕犯错误。他们还要求别人根据自己的思想方式和习惯行事，妨碍他人的自由，突出表现在对学生的管理和教育上。

偏执型人格障碍的主要特点是极度的感觉过敏，思想、行动固执死板，坚持毫无根据的怀疑，对别人特别嫉妒又非常羡慕；对自己过分关心，无端夸大自己的重要性，把由于自己的错误或不慎产生的后果归咎于他人，不停地责备和加罪于人。他总是过多过高地要求他人，但从来不信任别人，认为别人心存不良。这种性格的

教师家庭很难和睦，在外不能与朋友、同事友好相处，别人只好对他避而远之。

回避型人格障碍的主要特征是自卑，行为退缩，面对挑战采取逃避态度或无能应付；想与人交往，又怕被人拒绝，想得到领导、同事的关心和体贴，又害羞不敢亲近。他们并不安于或欣赏自己的孤独，不与人来往并非出于自己的心愿，而是被迫应用众多的防御机制。

与人格障碍相比，教师更多的问题属于人格缺陷。

人格缺陷是介于正常人格与人格障碍之间的一种人格状态，是人格发展的一种不良倾向。教师常见的人格缺陷有自卑、抑郁、孤僻、敌对、多疑、焦虑等。以偏执和敌对为例，曾有大样本调查发现，小学教师中具有轻度偏执症状的占25.72%，中度偏执症状的占4.33%，而重度偏执症状的占0.58%；小学教师中患有轻度敌对症状的占21.24%，中度敌对症状的占4.48%，重度敌对症状的占1.01%。这也许是少部分教师无法建立良好和谐的人际关系的重要原因之一，也是一部分双职工教师家庭总是为一些家庭琐事争论不休、夫妻不能和睦相处的内在原因之一。

### 五、神经症

神经症又叫神经官能症，是一组非器质性的轻型大脑功能失调的心理障碍的总称，主要表现为烦恼、紧张、焦虑、恐怖、强迫症状、疑病症状、心情抑郁或分离症状等。各种神经症的共同特征是持久性、心理冲突、精神痛苦、没有器质性病变。

根据神经症的临床表现，又可将神经症区分为神经衰弱、强迫症、焦虑症、疑病症、恐惧症、抑郁症、癔症等。

据有关专家调查统计，教师中患神经症的占10%以上，而其他职业人群平均仅为2%左右。由于心理健康知识在大众中尚未普及，致使患神经症的教师大多不被人理解，有的被领导认为有严重的“思想问题”，甚至被当作是“精神病”来对待，把这些辛勤耕耘的园丁无情地推向精神崩溃的边缘。

现对教师中最常见的几种神经症进行简单地叙述。

1. 强迫症

强迫症指以不能为主观意志所克制而反复出现的观念、意向和行为为临床特征的一组心理障碍。

其实正常人也可能出现一些强迫现象，如将写好的信投入信箱前要看一遍是否封好，是否贴错邮票，是否写错地址；出门前房门关闭后再推一下看看是否已关好等。这些都是出于仔细谨慎，并且不会反复出现，做了之后有安全感。而病态的强迫是反复出现不能自制，主体感到苦恼却又不能自拔，常常陷于一种矛盾与痛苦之中。

根据强迫症的临床表现，大体又可将其分为强迫观念和强迫行为两类。

第一类是强迫观念。这是一种思维障碍，表现为反复而持久的观念、思想、印象，也可以是冲动念头。这些体验并不是患者自愿产生的，但仍属于患者自己的意识，他们力图摆脱但摆脱不了，因而紧张、心烦意乱、焦虑不安，并出现一些躯体症状。如反复怀疑门窗是否关好，电视机是否关好；同时发几封信，是否把甲的信错装在乙的信封里；对过去做过的事、写过的信、讲过的话反反复复地回忆，有的唯恐做错写错，有的根本毫无目的性，尤其是对过去不幸的经历不由自主地反复回忆，或看过某本书中的某个章节、听过某歌曲的片断、到过的某个场景，反复在脑际回荡，为无法摆脱而苦恼。有一教师能熟练使用五笔字型输入法进行电脑写作，可是除了电脑写作等工作需要之外，每当听到有人说话或看到街上的标语广告或电视屏幕上的字幕，马上在脑海里出现键盘，并迅速而自动化地在脑海里拆字打字，并想试一试自己的打字速度是否跟得上别人说话或电视字幕的速度，明知这根本没有必要，却很难停止。在自己的反复提醒下得以缓解，可是过了一会儿，这种联想活动又开始了。

第二类是强迫行为。患者明明知道这种动作毫无意义，可非做不可，做了之后能消除片刻紧张，但过一会儿又感到不舒服，非做不可。如有一个在高考竞争中陷于心理疾病的强迫症患者的表现：上学前反复扣衣服的纽扣；出门了要返回家里好几次，想想是不是忘了什么，门关好了没有；握笔的手总是不停地转动，觉得怎么握都不对劲；看书时，反复注意那些标点符号，并不断用手摁书页，生怕把书角翻皱了；看电视节目也会一而再、再而三地关注电视机的品牌；上书店，正选着书，就考察起书架的厚度，一遍又一遍地量着，直到有人来找；好不容易挨到高考那天，考试的时候仍控制不住地研究卷面题目的序号……这个年轻人因学习的重压而得病，强迫观念与强迫行为交替出现，使得他走进了一个封闭而固定的“茧”，失去了生活和做人的乐趣。

有的患者患有强迫洁癖，担心外出时带回传染病菌，回家洗手洗衣不止。更有一患者每次下班不敢用所谓的“脏手”握门把，必高喊家人为之开门，她高举双手进入，然后反复洗手，内外衣服全部换洗，直到深更半夜才草草吃点东西后就寝。她不敢穿好的衣服，怕洗坏。她用的肥皂和水就占去了家中一笔不小的开支。

教师队伍中强迫症的重症病人虽不是很普遍，但是带有轻微的强迫意向的教师却为数不少。2000 年 5 月对 692 名小学教师进行 SCL—90 自评量表测试显示，阳性项目比例最高的前十项当中，属于强迫症状因子的占了四项，其比例分别排在第一位、第五位、第六位、第七位，全部达到 73％以上，“忘性大”竟然高达 87.28％。可见小学教师最普遍的心理问题是强迫症状。

2. 焦虑症

焦虑，是一种内心紧张不安，预感到似乎将要发生某种不利情况而又难以应付的不愉快情绪。

可以说，焦虑是一种普遍现象，几乎所有的人都曾体验过不同程度的焦虑，它发生在危险或不利情况来临之前。人们在重大考试前，在身体不佳接受医生检查之前，在等待一次重要会见之前，在进行一次决定自己职业发展方向的教学展示活动之前，常常都会经历焦虑体验。因为有这种焦虑反应，人们会力图预防引起焦虑的不利情况，积极去做减轻焦虑的活动。从这个意义上说，焦虑也是一种保护性反应，并不是所有焦虑都是病理性的，只有在焦虑过度时才成为一个医学问题，才必须引起人们重视。

焦虑常见的原因是心理冲突。当人们面临某种困难或有威胁的情境，主观上要做出很大努力去适应时，都会出现焦虑体验。教师除了像普通人群那样也要经历诸如意外不幸、亲人病危、工作调动、人际关系紧张等困难情境之外，每天还要面对诸如班级纪律不好、学生成绩不佳、领导和家长期望过高、根据统考分数排名进行年度考核等有威胁的情境，更有可能诱发焦虑反应。由于工作性质使然，教师群体焦虑问题发生率比普通人群要高得多。但是我们也看到，焦虑反应的强弱程度不仅与教师的职业特点有关，也与个体素质差异有关。一贯胆小羞怯、缺乏自信或躯体情况不佳者，对社会心理应激的应对能力较差，焦虑更容易发生。

焦虑的症状：情绪紧张不安，恐惧，惊慌；植物神经功能失调症状；生化改变，如血糖、肾上腺素、糖皮质激素升高等。

3. 抑郁症

抑郁症通常是一种情绪障碍，一种以心境低落为主要特征的综合征。这种障碍可以从情绪的所谓正常到轻度的情绪不佳以致严重的抑郁。抑郁症的体征涉及身体和心理，如睡眠障碍、食欲改变、疲劳感、精神运动性迟缓或激越、丧失自尊或有自罪感、注意力不能集中或犹豫不决、有自杀意念或想法等。据统计，人群的自杀死亡率有30%～70%与抑郁症有关，亟须引起社会的关注。医学专家在伦敦抑郁症讨论会上指出，到2020年，世界范围内的抑郁症很可能成为除心脏病外最大的一种疾病。

随着人们生活节奏的日益加快，学习、工作压力越来越大，一部分教师长期生活在恐怖、焦虑、强迫性思维中，导致精神极度紧张、情感过度高涨或低落，造成了教学困难、家庭矛盾、情感匮乏、师生关系紧张等一系列的困扰。所以抑郁也是教师群体常见的一种心理问题。

知识卡

**怎么判断自己或同事是否患了抑郁症呢？**

请你根据自己的情况自选以下十项抑郁症诊断标准，如有其中五项并且包括第一项或第二项，持续时间达两周，即可诊断为抑郁症。

1. 做事缺乏兴趣或乐趣。 （　）

2. 心情消沉、郁闷或者心灰意懒。 （　）

3. 食欲欠佳或食量增加很多，性欲下降。 （　）

4. 入睡困难或睡眠后易醒或者睡眠过多。 （　）

5. 常常感到疲惫不堪或者无精打采。 （　）

6. 缺乏自信心和成就感，认为自己毁了自己或家庭。 （　）

7. 难以集中注意力。 （　）

8. 心情烦躁不安，明显的坐卧不宁。 （　）

9. 行动迟缓，说话缓慢，甚至旁人已注意到这种失常行为。 （　）

10. 在最近两星期内产生过轻生的念头或者采取某种自杀行为或伤害自己的想法。 （　）

## 典例阅读

### 请看以下两个患抑郁症教师的病例

Z老师性格内向，人际关系敏感，夫妻不和。2001年暑假前后，县里抓行风建设，清查教育系统腐败现象。一部分教师联名向纪检委写检举信，反映本校校长有私吞回扣之嫌，同事们动员Z老师也在检举信上签名，他感到左右为难：倘若不签，以后在同事中难免处于孤立境地；要是签了，与校长低头不见抬头见，怎么对得起校长？经不住同事们软缠硬磨，最后Z老师还是签了。想不到，有关部门在查清事实后，三下五去二就给了校长撤职处分。这消息对Z老师来说无异于五雷轰顶，他陷入强烈的自责自罪感和羞耻感中无法自拔，联想到校长过去对自己那么关照，而自己忘恩负义，落井下石，是一个罪该万死的白眼狼，于是整天恍恍惚惚、愁眉不展、寝食难安、痛苦不堪，根本无法坚持正常的工作和生活。同事们劝解他：校长撤职并不是他的过错，而是校长自己犯了错误；被撤职的校长告诉他，自己无官一身轻，这个校长不当也罢，一点也不怪他。他认为校长这么宽容，自己却那么歹毒，更是罪不可赦，以为唯有一死才足以谢天下。最终他服下剧毒农药，离开了他那个没有温暖的家，离开了他害怕面对的学校，长眠在人迹罕至的荒野上……

M老师是一个很有经验的山区中学数学教师。去年暑假之前，领导让他下学期跟班教初三数学，以便提高学生的中考成绩。结果整个暑假M老师失去了乐趣，整天忧心忡忡，设想了许许多多的“万一”来吓唬自己：自己已经好多年没教初三了，万一学生不好好学习怎么办？万一明年中考成绩不理想怎么办？万

一学生考不好，家长责怪怎么办？万一辜负了学校领导的重托怎么办？临开学前连续十多天彻底失眠，未合一眼，食欲不振，神情恍惚。到了开学第一天，翻开数学教材，发觉脑子里一片空白，根本无法再进行思考与分析。于是他认为自己患了绝症，万念俱灰，等待死亡。家人和朋友要带他向心理医生求助，他怕别人说自己“神经病”，死活不肯。后来被送入医院神经内科治疗，诊断为忧郁症。经内科医生一个多月药物治疗，病情基本得到控制，遂回校上课，改教初二数学。坚持不断服药，总算挨过了一年。

又一个暑假来临了。所教班级几个学生家长为了让孩子初三学得好一点，以便考上重点高中，迫切要求M老师暑假帮孩子补课。M老师感到盛情难却，就答应了。等到放假，转念一想，又不对了，教育行政部门三令五申禁止有偿家教，万一让领导发现，通报批评，扣除全年奖金，今后还怎么做人？反复权衡，谢绝了其中几个家长，还有几个山区家长一时无法联系。看到别的孩子陆续到各自老师家里去学习了，M老师心急火燎，觉得由于自己不讲信用，出尔反尔，如今耽误了学生学习，以后肯定会耽误学生升学，极度的自责自怨令他惶惶不可终日，M老师又开始食不知味，夜不能寐了……原以为忙活了一年，暑假可以轻松轻松了，可是对M老师来说，这个暑假又要饱受折磨、暗无天日了……

4. 恐惧症

恐惧症指接触到特定事物或处境时具有的强烈的恐惧情绪，在这种恐惧情绪出现时，患者采取回避行为，并有焦虑症状和植物神经功能障碍伴随发生。

当然，正常人都有过恐怖的心态，正常的恐怖与以往的经历有关，即所谓“一朝被蛇咬，十年怕井绳”。在正常情况下，人们可以清楚地认识到当时处境是否危险或危及生命，如人们对关在动物园笼子里的虎、豹并不害怕，但一旦老虎上街，就会惊恐万状，这就是害怕心理。因此，恐怖对正常人来说是一种有益的防御反应。

而恐惧症患者对某些情境和场合产生的恐惧心情是完全不必要的，却不能自控，不但别人认为难以理解，就是他们自己也知道这是不切实际、不合情理的，但却不能摆脱，甚为苦恼。

恐惧症可分为社交恐惧症、广场恐惧症和特殊恐惧症（单纯性恐惧症）。

广场恐惧症包括对人群拥挤的场合、商店、剧院、车厢或机舱等感到恐怖，也包括害怕空旷地方，害怕离家或独自一人在家等。

社交恐惧症表现为害怕被人审视，回避社交。如在公共场所吃饭、讲话或与异性交谈感到紧张不安，害怕被人观看、注视。

特殊恐惧症指特殊物体或情境引起的不合理焦虑。如害怕接近某些动物、登高、雷雨、黑暗、锐器、外伤或出血，害怕接触某些疾病等。

我们来看几则读者来信。

• 我在读高中的时候，就害怕别人看我写字，一看我就非常紧张，手就抖个不停，并伴有轻度的头痛，字越写越大，极不规整，慢慢在人前不敢举笔，同时表情还不自然，除身体的僵硬感外，连思维都不灵活了。

• 我特别怕别人的眼睛与我对视，每当这时我就羞得要命，不仅面红耳赤，连手心都汗津津的，必须马上躲开，否则双腿就抖个不停，连迈步都艰难。开始只是对男性，现在对女的也是如此，为此我常躲开视线，可是又情不自禁地用眼睛的余光扫视对方，给对方以很不体面的感觉，说我这人很不正经。我自己也特别恨我这双眼睛。

• 也许我从上学开始就习惯了小教室，到了大学每当有大教室的课时，我都早早去占座，在别人还没进教室之前坐定。如果去晚了，或是因特殊情况迟到了，在进入教室或穿过走道时，心里就打起鼓来，完全像做贼似的蹑手蹑脚、紧张、出汗、脸也白了，举步维艰地坐到位置上，全身发抖。我的抖动不仅影响到邻桌及前后座的同学，有时全教室的人都不安，他们用挪动身体、咳嗽、回头张望来向我抗议。

• 我从小就害羞，怕见人，人家叫我“假丫头”。据说我父亲小时候也有“假丫头”的绰号，一辈子说不上一篓子话。现在我比他还厉害。二十多岁了，也想找个老婆，可是我不敢抬头说话。一天到晚没完没了地抽烟，因为烟可以缓解我的紧张。在相亲时，我不仅满身大汗，且身体像麻绳一样扭着，既怕人家看前面，又怕人家看后面，手脚不知放在哪好，头也点个不停，在场的人以为我犯“羊癫疯”了，那女孩吓得叫喊着跑了出去……

• 接到老班长的电话，说下周老同学要搞一个隆重的毕业十周年聚会。这一星期我都心绪不宁。说实话，我也非常想念我的那些老同学，可是我一想到没有几件高档衣服给自己衬脸，脸上最近新长出了好多的斑……我希望光彩照人地去，让所有人感到我比他们活得好，否则还不如不去。于是，我借口出差逃避了。这样的逃避已经发生了好几回。

有一个患社交恐惧症的男教师通过做作性微笑来回避。他特别害怕进学生全体到齐的教室，为此总是以微笑来掩饰紧张和慌乱心情。同学们说他不严肃，但他已形成了做作笑容难以改变，否则他将无法上课。笑，是他的自我矫正行为，目的是为了掩饰尴尬和局促不安。医生在对他进行自由联想式的分析中得知，问题发生在他的童年游戏里：他作为一名“老师”，在模拟的土墩讲台上给“学生”们上课，他装出一副非常严肃的样子来，但“同学”们都不听他的，在下面指着他嘿嘿地发笑。原因是他没系好短裤扣子，致使“小鸡鸡”半露出外面。下面如果全是男孩也罢，偏偏有两个比他大些的女孩。这一下，他难堪地抬不起头来；勉强咧咧嘴，装作不在乎的样子……现在他上讲台前还常有用手摸裤链是否拉好的下意识举动。想起童年的经历，就觉得脸红心跳，所以便以微笑来掩饰尴尬。

我们在学校心理健康教育中接触到的学校恐惧症就是一种社交恐惧症，它大部分发生在学生身上，可是在教师中也偶有发生。

教师职业是一种与人打交道的、以师生交往为最基本手段的职业，最要不得的是社交恐惧症。它不仅使患者主观上痛苦不堪，而且影响教学潜能的发挥和职业生涯的发展。

## 知识卡

教你如何测试是否患有恐惧症。

1. 我怕在重要人物面前讲话。 答：(1 2 3 4)

2. 在陌生人面前，我容易脸红，并且感到难受。 答：(1 2 3 4)

3. 聚会及一些社交活动让我害怕。 答：(1 2 3 4)

4. 我常回避和我不认识的人进行交谈。 答：(1 2 3 4)

5. 让别人议论是我不愿意的事情。 答：(1 2 3 4)

6. 我回避任何以我为中心的事情。 答：(1 2 3 4)

7. 我害怕当众讲话。 答：(1 2 3 4)

8. 我不能在别人注目下做事。 答：(1 2 3 4)

9. 看见陌生人我就不由自主地发抖、心慌。 答：(1 2 3 4)

10. 我梦见和别人交谈时出丑的窘样。 答：(1 2 3 4)

每个问题有四个答案可以选择，它们分别代表：1. 从不或很少如此；2. 有时如此；3. 经常如此；4. 总是如此；根据你的情况在上表中圈出相应的答案，此数字也是你每题所得的分数。将分数累加，便是你的最后得分了。

1～9 分：放心好了，你没患社交恐惧症。

10～24 分：你已经有了轻度症状，照此发展下去可能会不妙。

25～35 分：你已经处在社交恐惧症中度患者的边缘，如有时间一定要到医院求助精神科医生。

36～40 分：很不幸，你已经是一名严重的社交恐惧症患者了，快去求助精神科医生，他会帮你摆脱困境的。

假如你真的得了恐惧症，也没有什么可怕的，可怕的是讳疾忌医。据统计，平均每十个人中就有一人为不同程度的社交恐惧症所苦，但就诊者寥寥无几，不及时治疗的后果是什么呢？许多患者在长期处于人际关系障碍及社交功能丧失的情况下并发了酒瘾、毒瘾或抑郁症等精神疾病。

当教师的每天都要同人打交道，我们怎能将自己孤立起来呢？

找出心中的恐惧症病魔，把它赶走！

教你自我帮助的方法：

(1) 不否定自己，不断地告诫自己“我很好”“天生我才必有用”；

(2) 不苛求自己，能做到什么地步就做到什么地步，只要尽力了，不成功也没关系；

(3) 别回忆不愉快的过去，过去的就过去了，没有什么比现在更重要的了；

(4) 友善地对待别人，以助人为快乐之本，在帮助他人时能忘却自己的烦恼，同时也可以证明自己的价值所在；

(5) 找个倾诉对象，有烦恼是一定要说出来的；找个可信赖的人说出自己的烦恼，可能他人无法帮你解决问题，但至少可以让你发泄一下；

(6) 每天给自己10分钟思考，不断总结自己，才能够不断面对新的问题和挑战；

(7) 到人多的地方去，让不断过往的人流在眼前经过，试图给人们以微笑。

## 六、职业倦怠

一些中老年教师觉得教师工作日复一日，年复一年，重复机械、单调乏味，有时觉得心力交瘁，有时觉得烦恼苦闷，常常是开学后几个星期便度日如年盼暑假，放了暑假又觉得日月如梭怕上班，转眼间暑假结束硬着头皮上班去，然后又眼巴巴地盼寒假。一月又一月，一年又一年，就这样在等待和盼望中一步步熬到退休。

教师是太阳底下最光辉的、充满欢声笑语的职业，可是如果教师有了这个心理，教育教学成了被动的应付和痛苦的煎熬，工作还有什么欢乐可言！

这是怎么回事？

这是因为这些教师或多或少地出现了职业倦怠。

不少学者认为，职业倦怠是一种身心耗竭状态，是指个人不能成功地应付各种压力，无法应付外界超出个人能量和资源的过度要求而产生的身心耗竭状态。这种耗竭状态会在躯体、智力、社会、心理等方面表现出来，它具有以下特质：倾向于极端；反映出负面、消极的心境和态度；广泛涉及整个人的各个方面。

教师的教育教学工作本身就是一种应激情境，教师所面临的是正在成长的活生生的个体，他必须花费大量的时间和精力来钻研业务，要付出更多的时间与精力来照顾学生，还要处理许多与教学无关的事务，同时还要面对家长和社会的过高期待和过度要求，特别是现在，工作压力加大、应激事件增多、冲突加剧，都可能耗损教师的工作士气和情绪，导致教师身心的倦怠。

教师的职业倦怠是指教师不能顺利应付工作应激的一种反应。一般来说，患了职业倦怠的教师要经历三种心理反应。

第一是情绪耗竭。这个阶段的教师表现为疲劳、烦躁、易怒、过敏、情绪紧张，常常表现为害怕早晨去上班，形成对学生消极的玩世不恭的态度。

第二是人格丧失。一般表现为通过减少和断绝与学生的联系。例如，教师减少与学生接触，从身体距离上远离学生，不理睬或拒绝了解学生，给学生取贬损性的称呼、外号，或给学生贴标签，这些都是人格丧失的标志。

第三是降低成就感。教师的职业是使学生获得知识，为社会培养有用的人。教师一旦发现他们的职业为他们提供较少的反馈时，就不再作出努力了。

教师一旦经历这三方面的过程，就会引起动机上的变化，进而在生活方面出现失败感，社会心理学称之为“习得性无助”。

教师倦怠的结果，无论对于个人还是对于他们的工作都有许多消极的影响。体验倦怠的教师很可能个人生活质量下降，常常旷工或者想要旷工，工作不求进取，做一天和尚撞一天钟，耗费大量时间寻找新工作。在健康方面，倦怠的教师也有许多表现，如身体不适、失眠等。由于教师的工作对象是学生，学生便是教师倦怠结果的最终受害者。

应该说，绝大多数教师在刚开始时，对工作都是满腔热情、乐于奉献的，他们感到自己的工作是具有社会意义的，也想大干一场。但是由于教师是一种多应激的职业，教师既承受着外在期望的压力，又面对内在的角色冲突，再加上期望与现实的差距以及不够理想的工作环境、不够理想的人际关系、不够理想的社会支持等，再加上个人性格方面的脆弱性，使一部分教师不断产生挫折感，因此有些教师对自己教学上的要求开始降低，心情愈加烦躁，再加上班级纪律更加混乱，家长的要求增多，领导的关心不够，同事的支持不多，等等。在这种情况下，教师容易愤怒，变得没有耐心。随着情况的恶化，个人一旦有了放弃教师这个职业的想法，工作就失去了最初的意义，工资就成为维持勉强上班的唯一动机，职业倦怠就产生了。

## 思考题

1. 简述世界卫生组织提出的健康标准。
2. 简述俞国良提出的教师心理健康标准。
3. 举例说明，如何诊断心理是否健康。
4. 结合实际，分析教师的心理问题主要有哪几方面。

## 课外阅读

### 教师进行意志训练的方法

教师的工作是种艰苦的活动，常常会遇到许多这样的课题，如克服诱惑、保持注意、稳定情绪、战胜困难、坚定信心、应付挫折等等，这些无不需要坚强的意志来保证。下面介绍几种意志发展训练的方法。

**增强意志训练**

一是“决不放弃”。人生是所学校，不幸是最好的老师。当你遇到困难和挫折时，可能会懊丧万分，这时有一个基本原则可用，即“决不放弃”。放弃必然会导致彻底的失败，甚至导致心理的失败感，这种失败心理将影响你的一生。二是“再试一次”。人们在现实生活中往往会因为失去信心而放弃进一步的努力。在很多情况下，把自己同目标分享开的“玻璃板”实际上早已不存在，可自己却放弃了努力。这时，不妨告诉自己“再试一次”。再试一次，也许就会成功。

**应对挫折训练**

一是树立正确的人生观、世界观；二是做好充足的心理准备，有战胜挫折的勇气和信心；三是改变情境，改变使人遭受挫折的环境和心境，振奋精神，心胸开阔地应付挫折，包括参观、登山、郊游等。学会应付挫折引起的焦虑的方法，可采用发泄法、转移法、升华法等。应用成功体验法，创造机会，使自己获得某些成功，有了成功的体验，可以改变受挫的心理与自卑心理。

**战胜失败训练**

一是以柔克刚。面对失败，面对困难，要勇敢地承认自己的不足，并乐于弥补不足，不要产生畏惧心理。只有意志顽强、信心十足地去克服困难，才能战胜失败，走向成功。二是变失败为垫脚石。当面临失败打击时，首先要准确地限定失败的范围，不要主观地扩大失败的影响，不因一次失败而全盘否定自己，然后再正确地总结失败，找出多种可能的原因，对症下药。三是把失败看作是对自己的挑战和考验。失败是一种历险和启示，提醒自己目前做错了什么。失败只能压倒弱者，失败时以一种健康、冷静的心态去面对，找到失败的原因，汲取教训，就会把危机变成机会。当遇到困难并能一次次战胜困难时，一个人的智慧、能力、经验就会不断增加，心态也就会越来越积极，久而久之，便会成为一个更优秀、更成功的人。

# 第三章　教师的压力与挫折

## 名言欣赏

保持一种平和心境，你才会在欲望的丛林中忘乎所以。

## 导读

社会发展使得教师越来越成为令人羡慕的职业，但是社会发展同时也使得教师越来越成为令人心力交瘁的职业。如前所述，本课题组调查表明，几乎所有的小学教师感到压力很大，近一半小学教师觉得压力大的主要原因是工作负担太重，一半以上小学教师感到最苦恼的事是学生难教，55.2%的小学教师工作心情不愉快，而工作心情不愉快的主要原因还是由于“工作压力实在太大了”“教师工作实在太累了”。据中学教师称，他们所承受的压力比小学教师有过之而无不及。

## 要点提示

◆压力与应激
◆挫折与适应
◆如何在挫折中坚强起来
◆如何在压力下轻松起来

## 心理诊所

**心理案例：这一晚又要失眠了**

刘老师是一位中年女教师，在一所初中任教。

最近，刘老师总觉得工作越来越没兴趣，全身有气无力，晚上还有些失眠，每天早晨醒来的时候，一想到这一天有没完没了的事情等着自己去做，就顿时感到一种疲惫，好像根本没有休息一样。

但是，为了生计，她不得不在一种万般无奈的情形下起床，然后匆匆忙忙做早饭。全家吃完早饭后，她就赶快把儿子送到学校，然后再去上班。最近她食欲不振，吃得不太多，这多少给她节省了一些时间，不过她还得赶紧挤公交车上班。在公交车上，她感觉自己真的好累，好想舒舒服服地睡上一觉。这时她不由自主地打起瞌睡来，到站的时候在售票员的提醒下，她才从昏沉沉中慢慢醒过来。

每当听到学生的读书声，她就产生了一种焦虑。每当走进办公室，看到同事她也爱搭不理的。看到办公桌上一堆一堆的作业，面对工作时有倦怠之感。但是，一想到学生的发展和自己紧密相关，她就会自责。

尽管她在工作中取得了一定的成绩，但她感觉领导只看到比她更优秀的教师。她工作了10多年，可职称问题却迟迟得不到解决。于是，她对工作越来越感到厌倦，十分沮丧，觉得希望渺茫，对工作有一种退缩感，甚至对未来抱以无望的态度。各种教学检查和教学评估，让她无所适从，更让她对目前的工作增添了几分恐惧，但是，她又不得不忍受下去。

她变得易怒，就算遇到在常人看来无所谓的小事，她也会因此生气。给学生上课的时候，她有时感觉自己的脑子不转了，以往能够很快解决的问题，现在要花很长时间才能理出头绪来。这也让她感觉到对自己的工作有些力不从心。所以，她经常想请假回家休息，但一想到自己的责任，最终还是打消了这种念头。下午放学的时候，她看到学生们高高兴兴地回家，她的心里就会油然升起一种难以言表的烦恼——又得开始批改那些没完没了的作业了，还得应付那些名目繁多的考核。这些让她感觉到自己就像农田里的老黄牛，在别人的驱赶下拼命地挣扎着。

在接下来的半个小时里，她还要接见两位来访的学生家长，而且还要就学生最近的学习和生活情况交换意见或看法。她听到的也可能是这两个家长的某些牢骚，因为这样的情况她碰到好多次了。她一想到这些就难免心烦，自己满腹牢骚都没地方发泄，还得听别人的不满，这样的工作还有什么意义？

下班回家后，她感觉自己再也没有精力去做家务。但是，她知道这是不现实的，晚饭要做，衣服要洗，儿子的功课要检查……

这时，她感觉自己活得好累，简直就是一种煎熬。当她把家里的事情做完，拖着几乎是散了架的身体走进卧室躺在床上的时候，虽然身体疲惫至极，脑子里却净是白天那些让人生厌的事情。她知道这一晚又要失眠了……

工作之初，她曾经满怀热情。她曾经因为能够胜任各种工作而有无比的喜悦。可是随着时间的推移，家庭和工作给她带来很大的压力，使她对教师工作的价值产生了怀疑……

**心理把脉：遭遇心理压力的表现**

显而易见，刘老师的种种状态，都是遭遇心理压力的表现。

教育工作的复杂，教学任务的繁重，社会对教师的高期望，还有职称评聘、竞聘上岗、末位淘汰等竞争机制的引入，各种压力向教师集中，最终让很多教师都体验到了程度不同的心理压力。

有调查发现，91.9%的教师认为自己有压力，62.7%的教师认为很有压力或者极有压力。其中，中年女教师的压力更大。

教师的压力来自哪些方面？

一是来自社会的压力。主要表现在希望得到社会的认可，得到学生和家长的认可，加之社会媒体的宣传、教育制度的改革等，这些给教师带来了前所未有的压力。

二是来自工作的压力。这是最主要的方面。首先是工作量的压力。一般中学教师在每周都有十多节课，很多还要兼任班主任或其他工作。其次是升学率的压力。为了要升学率，平时就要比考试成绩；为了出成绩，就要加班加点。

三是来自人际的压力。教师人际关系的压力主要来自三个方面：第一，来自学生的压力。由于教育观念的转变，师生关系发生着微妙的变化，学生已不再盲目崇拜权威，管理的难度大大增加，这给教师带来了很大的心理压力。第二，来自家长的压力。家长望子成龙心切，把对孩子的希望放在了学校，对教师的管理和教育上高度关注，偶尔还会上访告状，这给教师带来了前所未有的压力。第三，来自学校的压力。学校为了生存，必须努力提高升学率，对老师的要求很高很严，约束老师的条条框框很多很细，这也给教师带来很大压力。

**心理处方：正确认识压力与积极化解压力**

面对重重压力，作为教师应怎样进行心理调节？

第一步是认知调节：正确认识压力。

首先，要认识到压力是客观存在的。

不论什么时候，人都要承受或多或少的生活压力。不论什么职业，人都要面临或大或小的职业压力。教师的职业压力当然也是一种客观存在，也是不可避免的。既然不可避免，就要学会与压力和平共处。有句时髦的话叫“与狼共舞”，拿出与狼共舞的心态，你就会发现，狼也就不再可怕，我们还会找到很多可以与狼共舞的办法。

其次，要认识到适度的压力是生命所必需的。

毫无压力是不可思议的。如果没有地球的大气压力，人就会像在月球上，眼睛外凸，七窍流血。适度的压力，可以让人的身心保持适度的唤醒状态，促进人的发展和成长，有利于提高工作和学习效率。因此，我们应该看到压力的正面作用，开发压力的有利因素。比如，正是课改和竞聘的压力，让我们抓紧更新自己的知识，提高自己的能力，充分展示自己的才华。

最后，要认识到对压力大小的感受是主观的。

两位工作环境相同的教师，虽然可能面临相同的压力，但是，对压力的主观感受却未必相同。同样引起压力的生活事件，对于一个个性狭隘、以逃避为行为风格的教师来说，他可能感到只是灾难和痛苦；而对于一个性格开朗、以奋斗为行为风格的教师来说，会把它看作自我成长的契机。我们无法控制客观压力的大小和去留，但是，绝对可以控制对压力的反应程度与方式。

天堂地狱一念间。我们工作中的压力，可以成为幸福的动力，也可以成为幸福的阻力，这要看你有怎样的一颗心。所以，我们要正确认识压力，学会拥抱压力。

第二步是行为调节：积极化解压力。

第一个化解压力的方法，是意念放松法。

当人进入放松状态时，交感神经活动功能降低，表现为全身骨骼肌张力下降，肌肉放松，呼吸频率和心率减慢，血压下降。这时候，人会感觉四肢温暖，头脑清醒，心情轻松，全身舒适。同时，加强了副交感神经系统的活动功能，促进了有关激素的合成代谢及分泌。经过放松练习，能使神经内分泌及自主神经系统功能得到调节，促进机体各方面的功能，从而有助于化解压力。

先做好简单的准备。为了珍惜这段与身体交流的时间，请关掉手机，不做其他无关的事。想象你周围的时间停止了流动，你有无穷无尽的时间陪着自己，没有责任，没有压力，没有任何事情。

好，现在找一个舒服的地方，坐下或者躺下，开始深度放松练习。

这样做：绷紧全身的肌肉，然后深吸一口气，放松下来。重复三次后，开始深呼吸，放慢呼吸的节奏，体会呼吸的平滑感和无声无息。

另一个化解压力的方法，是静坐放松法。

静坐，通常也叫打坐，就是盘腿而坐。不过，这里说的打坐比平时的盘腿而坐，还是多一些讲究的：一个是调身，一个是调息，一个是调心。

调身就是调理好身体的坐姿。一是双足跏趺；二是脊椎正直；三是两肩微张；四是手结定印；五是头要中正；六是双眼微闭；七是舌舔上腭。这叫作“七支坐法”。打坐最好选一个安静的地方，时间最好在晚上或早上。

调息就是调理好呼吸，也就是在打坐过程中，调和气息的出入，使之达到细长、匀和，绵绵不断，似有若无。调息的方法很多，最重要的是数息和观息。每呼吸一次数 1，从 1 数到 10，数完后再从 1 数到 10，不断继续下去。数息一段时间，杂念渐渐消除，就不再数息，把注意力放在呼吸的出入上就可以了。这叫作随息。

调心的方法很多。一是意守法，最常用的是意守丹田；二是默念法，可以默念一个句子，佛门里一般念佛号“阿弥陀佛”，或念六字大明咒“唵嘛呢叭咪吽”等；三是观想法，就是观想身体的某个部位，比如，观想眉心、观想丹田等。

最后一个化解压力的方法，是生活放松法。

生活中我们不妨作如下尝试，也可以帮你减压。一是肢解压力。把生活中的压力罗列出来，一、二、三、四……一旦写出来以后，你就会惊奇地发现，只要你“各个击破”，这些所谓的压力，便可以逐渐化解。

二是保持微笑。每天微笑多一点，每天快乐就多一点。一件挺难的事儿，一个微笑，好像就简单了许多。从微笑中人们可变得自信起来。

三是想哭就哭。泪水是心灵的清洁剂，是缓解心理压力的良方。眼泪不是女人的专利，男教师也不妨找个机会关起门来，一个人任泪水横流。

四是真情倾诉。在压力到来时，还可以主动寻求心理援助，如与家人交谈，进行心理咨询，给亲朋好友写信，都是积极应对的好方法。

五是轻松回家。不要把工作上的压力带回家。留出休整的空间，与家人聊天，听音乐，处理家务……都是获得内心安宁的好方式。

六是亲子互动。面对孩子纯净的眼神、纯洁的心灵、快乐的身影和娇憨的神情，所有的不快与烦恼会不复存在。一旦亲子互动起来，玩起来，压力就烟消云散了。

## 第一节　压力与应激

如果说，以往教师的职业生涯还伴随着几分自由与闲暇，那么，今天的教师就面临着越来越大的压力，正如有人所说：“压力就像空气一样无时无刻不在挤压着教师。”确实，今天的教师，专业素养的要求越来越高，劳动更加繁杂，更加需要创新和卓越，由此而形成的心理压力比以往任何的时候都要沉重。压力，已成为现代社会中教师的共同体验。

### 一、何谓压力

心理学里所说的压力，是指心理压力，表示一种使人感到紧张、焦虑并产生应激反应的心理状态。换句话说，因外部环境的影响而导致的那种紧张、焦虑感以及在此基础上产生的应激反应状态就是通常所说的心理压力。

不管何种职业、何种性别、多大年龄的人，不论是在工作中还是在生活中，都可能会遇到一些让自己感到非常紧张、焦虑、为难、恐惧的事情，而教师遇到这种负性事件的概率更大。比如，当你接过一个乱班时，你可能因受到领导的信任而有几分信心，也可能因任务太难而忐忑不安，还可能因领导偏偏让你当乱班班主任而愤愤不平，碍于面子而又敢怒不敢言。当你很想在教育教学上做出成绩，在短期内崭露头角，而学生偏偏淘气捣乱不好好学习，影响了班里的纪律和成绩名次时，你会感到生气、愤怒和寝食不安。当你面对日益激烈的竞争环境，拼命想保住自己多年才取得的地位与荣誉时，你会感到几分担忧和焦虑。……

这种种负性的、消极的心理感受就是所谓的心理压力和挫折感受。这种心理压力和挫折的感受就有可能引起应激反应。

## 二、何谓应激

一般情况下，人们在感到有心理压力时，都会引起一些不同寻常的心身反应。如在感到紧张、焦虑的同时，会出现心跳加快、血压升高、反应速度加快、活动效率提高或降低等表现。这就是所谓的应激反应。

应激的产生是一种典型的心理—生理现象。先是由于紧张情绪的出现，使得大脑的情绪中枢处于兴奋状态，随即向内分泌系统发出指令，使肾上腺分泌出大量肾上腺素，刺激血压升高、心跳加快，使肝脏分泌出大量的糖供给血液，提高血糖水平，给大脑和肌肉输送更多的能量，从而使人的反应更加机敏，更有力量。由于在应激状态下人能够在很短的时间内充分调动自身的全部潜能，所以常常会表现出一种超乎寻常的力量。

### 典例阅读

土耳其地震后，许多房子都倒塌了，各国来的救难人员不断搜寻着可能的生还者。两天后，他们在缝隙中看到一幕不可置信的画面——一位母亲，用手撑地，背上顶着不知有多重的石块。一看到救难人员便拼命哭喊着："快点救我的女儿，我已经撑了两天，我快撑不下去了……"她七岁的小女儿，就躺在她用手撑起的安全空间里。

救难人员大惊，卖力地搬移在上面、周围的石块，希望尽快解救这对母女，但是石块那么多、那么重，怎么也无法快速到达她们身边。

媒体到这儿拍下画面，救难人员一边哭、一边挖，辛苦的母亲一面苦撑等待着……透过电视、透过报纸，土耳其人都心酸得掉下泪来。更多的人放下手边的工作投入救援行动。救援行动从白天进行到深夜，终于，一名高大的救难人员够着了小女儿，将她拉出来，但是……她已气绝多时。母亲急切地问："我的女儿还活着吗?"

以为女儿还活着，是她苦撑两天的唯一理由和希望。这名救难人员终于受不了，放声大哭："对，她还活着，我们现在要把她送到医院急救，然后也要把你送过去!"他知道，如果母亲听到女儿已死去，必定失去求生意志，松手让土石压死自己，所以骗了她。

母亲疲惫地笑了，随后，她也被救出送到医院，她的双手一度僵直无法弯曲。

以上事例以及成语中所说的“急中生智”“狗急跳墙”，都是应激反应的典型表现。

## 三、压力与应激对健康的影响

压力引起应激，应激状态下，人们可能会有一些超常的表现，但这些超常表现都只是一种短暂的辉煌，不可能持续很长时间。顶住水泥墙保护孩子的妇女在被发现后，进入休克状态，几天几夜不能苏醒；经历了一场决定终身前途命运的大考后，有时整个人进入虚脱状态……这是因为，在应激状态下的超常表现是动用人体大量储备能量的结果，而这种储备能量一经消耗掉，短时间内是很难补充的。每次动用储备能量都是对身心潜能的极大消耗，经常动用潜在能量，会降低对应激源的抵抗能力，加速人的衰老过程。如果在应激过程中出现了整体功能的减弱，适应水平下降，就有可能出现心理崩溃。

对中小学教师来说，面临地震、遇到猛虎、扑灭大火一类强烈的应激情境是不多的，但是过大的工作压力、激烈的职业竞争、人际关系的冲突、调皮学生的捣乱等一般的应激情境则是经常的。这种应激强度虽小，但由此引起的小烦恼会像“肉中刺”一样挥之不去。这种小烦恼、小应激，日积月累，极有可能发生应激反应综合征，其主要症状为长期持续的疲劳、恋床、四肢乏力、腹痛腹泻、记忆力减退、性功能减退、淋巴结肿大、经常性感冒、无名低烧等，由于患者大多数并没有明显的器质性病变，所以医生很难确诊。假如有人经常性失眠，极易疲劳，怕去某些地方，怕见某些人物，总是心惊肉跳，烦躁不安，注意力难以集中，记忆力减退，不必要地重复检查动作，那么就有理由怀疑自己是“心理感冒”了，这是应激反应综合征的先兆。

有研究表明，在各行各业中，最易患这种应激反应综合征的人群依次为飞行调度员，大、中、小学教师，企业经理，驾驶人员和警察。教师位于第二位，仅次于飞行调度员！

## 四、应激是怎样产生的

应激对于我们既有积极作用，又有消极作用，但假如单单从身心健康的角度来说，消极作用是主要的。一个经常处于应激状态下的人很难保持身心健康，因为他们可能会出现以下不良循环：长期处于应激状态—心身反应—心理障碍—心理疾病—更强的应激状态……

因此我们最好避免进入应激情境。

可是事实上这是不可能的，客观世界不以人的意志为转移，外部事件每天都在层出不穷地发生。我们既然无法把自己封闭在真空之内，我们也就无法与应激源完全隔绝！

那么要想避免或减少应激反应，是否还能另辟蹊径呢？当然可以！

首先来分析这样一个事实：面临同样一件外部事件（应激源），对一些人来说会产生强烈的应激反应；而对另一些人来说，小应激而已，片刻之间烟消云散；而还有一些人则可以安然无恙，波澜不惊。这是为什么？

这是因为从应激源的出现到应激反应的产生，不是直接的，而是间接的，这里面有一组中介机制在起作用。这组中介机制主要包括四个因素，即认知评价、个性特征、社会支持、应对（应付）方式。应激是否产生，如果产生了，其强度有多大、持续时间有多长，都与这四个因素有关。下面我们来看一看，这四个因素是如何起作用的。

1. 认知评价

认知评价指对外部事件（应激源）的价值判断和意义评价。这是一个举足轻重的因素，对应激的产生与否及强弱和持续时间长短起决定作用。

比如，同事之间开一些过火的玩笑，有人认为是朋友之间善意的调侃，并不造成对任何一方的伤害，而有人认为是对自己的侮辱，结果闹出令人难堪的大事情。

比如，学生直呼教师名字或者把教师的名字大大地写在黑板上，有的教师认为这是学生对自己的大不敬，于是大动肝火、暴跳如雷，产生强烈的应激反应；而有的教师会觉得名字本来就是一个符号，只是用来让人称呼的，况且要是在国外，学生对教师直呼其名，根本就是司空见惯，学生叫教师名字也许正说明学生把自己当成朋友。这样一来，就绝不会产生应激反应。

又比如，公开课前夕，有的年轻教师把这个事件看成是决定自己前途命运的大事，生怕弄砸了，影响自己在领导和同事心目中的印象，影响自己的专业发展，如热锅上的蚂蚁坐立不安、惶惶不可终日；而有的教师并不在乎别人怎么看，只是把公开课当成是展示自己才能的舞台，为了追求成功他会积极认真地准备，但他不会为此而紧张焦虑、手足无措以致失去生活的乐趣。

可见要避免或减少应激反应的发生，最根本的是对外部事件要有正确、合理的、恰如其分的认知，只有从认知观念上解决问题，才能真正解决问题。也就是说，应激不应激，取决于个人怎么看！

2. 个性特征

不同个性的人对于同一应激事件，引起的感受可能是截然不同的。内向的人感受性比较高，特别敏感，遇到并不是很强的应激源也会长期心境不好，郁郁寡欢；外向的人大大咧咧，心里藏不住话，偶有不如意，高着嗓门宣泄一番，也就烟消云散了。知道这一点，我们可以分析自己的个性特征，克服个性上的弱点，有意识地调动心理调节的主观意识，以预防强烈应激反应的产生。

3. 社会支持

面对负性的外部生活事件（应激源）时，具有广泛的来自家庭、社会、朋友、领导、同事等各方面的关心和支持（包括物质上和精神上，主要是精神上

的），甚至哪怕有人耐心地倾听你诉说，也会使你避免产生应激反应，至少可以减轻应激反应的强度，缩短反应持续的时间。而缺乏这种支持的人要避免或摆脱应激反应的困扰则要困难得多。了解这一点，我们遇事绝不要闷在心里独自挣扎，而要充分利用和调动各种社会支持系统的资源来求得帮助。

4. 应对方式

在反应产生之前，我们通过改造认知评价、克服个性缺陷、争取社会支持等途径，尽可能地避免应激产生。但是一旦外部事件已经构成了对自己的威胁，在主观体验上已经产生了痛苦，比如亲人亡故、婚姻破裂、竞争失败、人际冲突等，也就是说，应激已经产生了，该怎么办？分析自己的主客观条件，根据自己的应对风格采取适当的应对方式来减轻事件对自己的负性影响，或缩短应激反应持续的时间，尽快地渡过难关。粗略地分类，应对方式从消极到积极可分为六类：退避→幻想（做白日梦）→自责→合理化→求助→解决问题。

以退避和自责为主的应对方式是消极的、不成熟的，如祥林嫂就是一种典型的自责型人格；以求助和解决问题为主的应对方式是积极的、成熟的，如失败了就说“吃一堑长一智”；而合理化是一种混合型的应对方式，典型的就是酸葡萄心理，如被人欺侮了就说“好汉不吃眼前亏”“虎落平阳被犬欺”，丢了钱财就说“破财消灾”“福兮祸兮”。

遇事采取积极应对或消极应对，很难评判它们的好与坏，关键要看该应对方式对你自己是否合适，能不能使你缓解痛苦。如果能够缓解痛苦，要分析你想要的是什么，用该种应对方式对人生价值的自我实现是否有利。也就是说，消极应对不是绝对的不好，它对缓解你的痛苦有可能是一剂灵丹妙药。但如果你一味地采取消极的方式应对，可能会影响你的人生价值的自我实现。同理，积极应对可能对自我实现有利，但也不是绝对的好。如果明明是很难实现的目标或很难改变的现实，你还非要到处求助，非要强求解决问题，则可能会遇到更多的挫折和痛苦。

知识卡

### 教师压力大暗含八大危险

中国教师职业压力和心理健康调查结果显示，有34.60％的被调查教师反映压力非常大，有47.60％的被调查教师反映压力比较大，两者加起来占到了被调查教师的82.2％。39.20％的被调查者面临压力，有工作倦怠、心理健康等各方面的生存状况不佳等问题；只有28.80％的被调查教师心理健康状况比较好。女教师往往压力更大，在家庭责任、社会责任与职业责任面前往往面临更多更大的矛盾。

任何一个职业都有压力，这很正常。但是当这个职业中的人感受到压力太大，甚至超过八成的人都感受到压力大的时候，我认为，这个职业就充满危险了，超八成教师感觉压力太大暗含八大危险。

之一，教师职业的吸引力将会降低。幸福轻松是人们的共同追求，这是正常心理。因此，如果行业压力大，必然不吸引人们做这个行业，教师行业压力大不利于汲取优秀人才充实教师队伍，不利于教师队伍整体素质的提高，而教师素质难提高，则教育质量难提高。

之二，教师地位难提高。尽管提高教师地位喊了这么多年，但是，现在教师地位还是没有提高起来，为什么？教师压力大是很重要的原因。谁愿意做这么大压力的工作呢？

之三，素质教育难推进。教师压力大就没有心思去思考教育改革、教育方法、教育创新，很显然，这样，素质教育就会失落，这个基本教育方针就有落空的危险。

之四，师生关系恶化。现在老师和学生的矛盾突出，什么原因？普遍认为，教师压力大、教师心情不好是很大原因。教师学生关系恶化是教育和谐发展的大敌，应该引起我们的警醒。

之五，教师心理不健康。教师压力大必然导致教师心理畸形，比如，为升学率而教育、为金钱而教育、为家长权力而教育，因此导致课堂批评学生失常的事故也频繁发生。教师的心理不健康，将直接导致教育的不健康、学生的不健康，这是十分危险的。

之六，教师缺乏正确的荣辱观。现在我们提倡树立社会主义的荣辱观，但教师在巨大的压力下是建立不起正确的荣辱观的。在实际竞争中，分数就是光荣，成绩就是荣誉，为了这些，教师很可能在思想上出现偏差，教师的荣辱观发生问题了，学生还会有正确荣辱意识吗？

之七，教师职业道德发生滑坡。其实，教师是从学生时代过来的，本应该有比较高的职业道德，但是在巨大的压力下，他们的职业道德发生了滑坡。这种滑坡危害的不仅是教师这个行业，还是整个教育形象、教育效果。

之八，学校关系不和谐。学校本来应该是一个团结和谐的地方，但教师在巨大的压力下，相互之间矛盾重重，这种不和谐的教师关系是很难为和谐社会培养建设性人才的，这也会影响当前社会的发展。

教师压力过大最终压垮的不仅是教师队伍，而是整个教育、整个民族的发展潜力，这应该引起全社会的重视！

## 第二节　挫折与适应

### 一、人真能万事如意吗

平时，我们在朋友见面时寒暄或在贺年卡上总爱写“祝君心想事成，万事如

意”等，可是这果真能实现吗？很难！大多数情况下只能是一个美好的幻想和善意的祝愿。人生不如意事十有八九。

我们希望在成长和发展过程中有一个理想的条件，可是事实上，理想的条件是相对的，不理想则是绝对的；

我们希望生活在一个良好和谐的人际环境里，可是事实上，和谐是相对的，不和谐是绝对的；

我们希望保持心理平衡，天天有个好心情，可是事实上，平衡是相对的，不平衡是绝对的；

我们都有各种各样物质和精神方面的需要，并希望满足自己的需要，可是事实上，需要的满足是相对的，不满足是绝对的。

世界在不断地发展变化，人的需要本身也在不断地发展变化，任何人的需要都不可能百分之百地得到满足。

这种由于各种干扰和影响而使得目标不能实现、需要不能得到满足的情境，在心理学里叫作挫折情境。人们遭受挫折后所产生的消极的情绪体验叫作挫折感，也叫心理挫折。心理挫折因需要不能得到满足而产生，又成为导致心理压力、引起消极情绪体验的重要原因。

## 二、前进路上是否绕开挫折走

既然在人的成长和发展过程中，挫折是不可避免的，那么我们还得分析挫折对人的成长和发展到底是好事还是坏事。

现在，我们试着从主客观两方面来考察挫折对人生的影响。

从主观上看，挫折带给人们的心理感受大多不好，大多与消极、不愉快的负性心理体验相联系。一些重大的挫折常会使人烦躁不安、苦闷异常甚至痛不欲生。从这个角度来说，挫折是坏事，挫折不利于人的成长和发展，也不利于人的身心健康，因此人们都希望绕开挫折，避免挫折。假如有谁喜欢寻找挫折，那会被认为是自讨苦吃的傻瓜。

可是从客观上看，我们还应该看到问题的另外一面，那就是心理压力和心理挫折对一个人来说，既有消极的影响又有积极的影响。压力可以成为产生心理问题的原因（应激源），也可以成为奋发图强的动力；挫折可以使人感受到种种不愉快的体验，也可以增强人们对消极情绪的控制力和抵抗力，锻炼顽强的毅力和坚韧、自制、吃苦耐劳的意志，诚如孟子所言：“天将降大任于斯人也，必先苦其心志，劳其筋骨，饿其体肤，空乏其身，行拂乱其所为，所以动心忍性，曾益其所不能。”

拜伦说：“逆境是到达真理的一条道路。”

别林斯基说："不幸是一所最好的大学。"

培根说："奇迹多是在厄运中出现的。"

布朗说："一个人如果没有任何障碍，则将永远保持其满足和平庸的状态，既愚蠢又糊涂，像母牛一样怡然自得。"

一次，几个老同志相约，一起到外地看望曾在一个单位工作过的老朋友。这次活动中大家都发现这样一个现象：凡健在的大都是遭受不公正待遇甚至几经磨难的人，而"先走一步"的或疾病缠身的，又偏偏是仕途通达、少有挫折的幸运者。奥妙何在？可能苦难对于人的精神和健康而言，也是一笔不可多得的财富。

道理并不难理解。一个饱受磨难而最终挺过来的人，总是眼睛向下看，对自己的生活条件要求不高，对社会和他人更无奢求，对所遭受的不公正待遇没过多抱怨，对仕途的坎坷也不耿耿于怀。更多时候，他们是以平静似水的心态去面对一切，放开眼界"向前看"，只要"大难不死"就知足常乐，自得其乐，加之适当的锻炼，从而赢得了心理和身体的双重健康。从这个角度讲，这不是一笔巨大的财富吗？

苦难既是一笔"天赐"的财富，不可人人均得，但可以通过"人为"手段来获取。其办法就是善于比较。譬如，把自己设想成一个经历过"大难不死"的人，把生活的标准降低一些，常跟不如自己的人去比，这样一来越比越知足，越比越平衡，越比越有自豪感和成就感。因此，要珍惜和善待"苦难"，包括一切困难、挫折和不公正待遇，有它相伴不完全是坏事，即使抗争不过，也未必就是失败者。中央电视台《综艺大观》有一句口号叫作"乘胜追击，乘败休息"。人生也是如此，成功了，百尺竿头更进一步；失败了，养精蓄锐，蓄势待发，以求"东山再起"，这也是一种乐趣。

因 1972 年 6 月 17 日"水门事件"而最终在 1974 年 8 月 8 日引咎辞职的美国前总统尼克松说过一句发人深省的话："失败固然令人悲哀，然而，最大的悲哀是在生命的征途中既没有胜利，也没有失败。"尼克松不怕失败，因为他知道还有未来。下野后，他不甘沉沦，既虚怀若谷，又百折不挠，孜孜不倦地做了许多有益的事，终于重新找到了人生价值，重新获得了世人的尊重。

如上所说，压力与挫折对任何人几乎都是不可避免的，但是，如何面对压力与挫折？不同的人可以有不同的选择。它既可以成为前进道路上的绊脚石，使人一蹶不振，又可以成为继续前进的加油站，让人置之死地而后生。一个心理健康的人，不是没有经历任何挫折与失败的人，而是能够正确对待挫折、战胜挫折，最后走向成功的人。既然压力与挫折就像吃饭、睡觉一样，是人生道路上必经的驿站，那么我们就不要消极地逃避它，而要积极地面对它，想办法利用它，使它

成为完善自我的一种锻炼机会。

但是话又说回来，如果挫折过于强大，则有可能伤及个体的身心健康，需要运用心理应对策略和自我防卫机制，帮助自己渡过难关。

前文所说的那个中学教师因觉得自己对校长被撤职负有责任，甚至是微不足道的一点，最后因强烈自责而自杀身亡……如果他们当初能有一点心理自我调节的意识，如果他们能够想一想“何事纷争一堵墙，让他几尺又何妨，万里长城今犹在，而今不见秦始皇”，那么，只要过了那一刹那，岂不海阔天空？悲剧不就不会产生了吗！

同样的打击和灾难在不同人身上会引起截然不同的反应，这与当事人的心理承受能力有关，也与其人生态度有关。谁也没法改变突如其来的不幸，至于这种不幸引起的内心体验，却是可以因自己的自觉调节而大相径庭的。

## 典例阅读

从前，印度有个国王，很会治理国家，经常微服出巡了解民情，他的国家因此国泰民安。国王有个能干的丞相，每当遇到重大事情，国王都要先听听丞相的意见。

一天，天突然下起大雨来，国王问：“这场大雨好不好?”

丞相说：“好，大雨一过，街道尘埃洗净，空气清新，国王您可以享受雨过天晴的美景，又可深入民间巡视民情。”国王听了很高兴。

外出巡视前，天气非常炎热，国王问：“这样热的天，出门好不好?”

丞相说：“好，这样的天气是印度少有的，国王出巡，可以了解一下百姓在这种炎热天气下到底做什么。”国王觉得有道理，便高兴地出门去了。

国王与丞相有个共同的嗜好——打猎。每次打猎时，国王都有丞相陪伴。

有一次，国王在检查猎器时，不小心斩断了拇指，赶忙问丞相：“我的拇指断了，好不好?”丞相说：“好!”

国王听了大怒，下令将丞相关起来，并问他：“现在你被关在牢里好不好?”

丞相说：“好，很好!”国王气坏了：“既然你认为很好，便在这儿待几天吧!”说完气呼呼地走开了。

过了两天，国王要去打猎，碍于面子又不想释放丞相，只好一个人单独骑马走了。平时，丞相熟悉地理环境，经常是满载而归。那天，国王几个钟头下来竟毫无所获，他不甘心，便骑马四处寻找猎物。

不久，太阳西下，飞鸟归巢，国王累了，下马走着。这时，他发现迷路了。突然一不小心跌进一个捕捉动物的陷阱。那陷阱很深，国王三番五次想爬上来都失败了。过了不久，一阵脚步声越来越近，国王大声呼救，上面的人将他救了起来。想不到那些都是邻国食人族的土人。

三五个土人将国王带回部落，族人都满心欢喜。国王被绑在柱子上，一堆木柴熊熊燃烧，土人兴高采烈地跳舞，他们正准备杀了国王吃肉呢！国王因语言不通无法交流，心想这次肯定在劫难逃。

仪式开始了，酋长指示众人坐下。一名巫师开始“祭礼”，他用清水喷在国王身上，然后仔细检查他身体的每个部位。当检查到国王的手指时，他大声叫喊，摇头叹息，众人不知其所以然。巫师对酋长说：“我们族人只吃完整的动物，这只动物少了一根手指，是不祥之物，我们不能吃它！”

酋长立刻查看，果不其然，少了一根手指，于是下令放了国王。在千钧一发之际国王捡回了一条命。

回国后，国王马上赶到监牢去见丞相，抱着丞相失声痛哭：“现在我才知道断了一个手指确实是件好事，它救了我的命，我错怪了你呀！”

过后，国王又问丞相：“我把你关了十多天，这好不好呢？”“好，很好！”“为什么呢？”国王不明白。“陛下，如果你不抓我进监牢，我一定会跟你去打猎。若是我们一起被食人族抓去，你因为断指而保全生命，但我必死无疑，因为我很完整啊！”

国王茅塞顿开，他悟出了一个道理：每件事都有好坏两方面，是好是坏就看你从哪个角度看。正所谓：塞翁失马，焉知非福；福兮祸所伏，祸兮福所倚。

一位老人，饱偿人间世态炎凉，饱经磨难，精神几近崩溃，身心健康受到了严重摧残。可是事情过后，有一次站在西安秦始皇兵马俑坑道旁，心胸一下子豁然开朗：两千多年前叱咤风云的秦始皇留下的遗迹如今不过是一个供人观赏的风景旅游点，两千多年在人类历史长河中才不过短暂的一瞬间，更何况我们在人世间遇到的这一点点磨难！历史是那么伟大，我们是那么渺小，有什么大不了的呢？一切都会过去，天不会塌下来，地球照样会转；即使天塌下来，还有大地撑着呢！不管遇到什么困难，明天早上，太阳照样会升起在地平线上！这样一想，还有什么不能释然的呢？

其实，生活就像一面镜子，人们从生活中看到的东西是自己心态的映照。假如你的心态是黯淡的，那生活在你的眼里就会是黯然无光的；假如你的心态是晴朗的，那么生活在你的眼里就会是充满阳光的。如果一个人总是带着无奈、怀疑、恐惧、忧虑去生活，那无疑是在煎熬生命。反之，一个人倘若能生活在充满生之喜悦中，就会发现生活原来是这样的美好，他的心情就会一片宁静。

## 第三节　面对挫折，怎样使自己坚强起来

尽管如此，有很多事情是说起来容易做起来难，说别人容易说自己难。

面对压力和挫折做出怎么样的反应，这是区分一个人心理健康与否和心理素质好坏的重要标志。作为一个现代社会的教师，我们面临的压力和挫折比其他职业的从业人员要大得多，也多得多，因此，我们必须能够承受各种压力和挫折，做到坚韧不拔、百折不挠。但是光有这个是远远不够的，它会使我们活得很累。我们还要善于运用各种合理的自我调节方式来减轻心理压力，保持心理健康，想办法使自己在压力状态下、在挫折情境下，过得更轻松，活得更坚强。

面对挫折，怎样使自己坚强起来、快乐起来呢？不妨从这几方面去尝试。

### 一、百折不挠，坚持不懈

在挫折与失败面前，可以有两种选择：一种是浅尝辄止，见硬就回；一种是百折不挠，坚持不懈。

不管是哪种选择都是有利也有弊。选择前者，可以少碰钉子，减少挫折，避免产生心理问题，但是成功的机会却因此而减少了不少；选择后者，可以大大增加成功和实现自我的机会，但是得时刻准备吃苦头、碰钉子，也有可能产生心理问题。

人们把选择前者称为懦弱，选择后者称为坚强。不管选择哪一种，应该说，从心理健康的角度说，很难说孰好孰坏，都是一种活法，根据自己的人生目标和个性特征，只要适合自己就行。但是有一点，若是想获得成功，最好选择后者。也就是说，做一个坚强的人，适应复杂的社会生活，勇敢地面对困难与挫折，百折不挠，坚持不懈地追求成功。

而要使自己成为一个成功的人，必须具备三个条件。

*1. 要有远大的志向，这是支撑人们不屈不挠、顽强拼搏的精神力量*

坚强的性格只属于那些具有远大志向的人。林肯曾经说过："喷泉的高度不会超过它的源头，一个人的事业也是这样，他的成就绝不会超过他的信念。"因此，如果渴望成功，不妨把人生的目标定得高远一些，即使经过全力打拼也没有实现，至少要比目标定得太低的人实现得多。这就好比乘一列火车，心雄志高的人，加上才华、勤奋、机遇，就像乘上了一列高速火车，在有限的生命时间里，一定会走得更远，他所欣赏到的人生景色也一定是最壮观雄伟的。

当拿破仑还是一个少尉的时候，工作之余，他的同伴们便开始寻欢作乐，他却在埋头读书，如饥似渴地读着那些对他的将来有用的东西：大炮的原理和历史、战争、哲学、文化、法律、天文、地理、气象学等。拿破仑知道自己将要乘上人生哪班车，车速有多快，为此要做什么准备，因而他终究成为英雄。

2. 要有宽阔的胸怀

应该说，不论怎么样的不幸和灾难，都不会超出人所能承受的范围。雨果有句流传千古的名言："世界上最广阔的是大海，比大海更广阔的是天空，比天空更广阔的是人的胸怀。"有了这种比大海和天空更广阔的胸怀，还有什么苦难包容不了，还有什么挫折不能面对呢？有了这种广阔的胸怀，我们才能"用笑脸来迎接悲惨的命运，用百倍的勇气来应付自己的不幸"。

3. 要有顽强的毅力和不服输的精神

莎士比亚说过："千万人的失败，都失败在做事不彻底，往往做到离成功尚差一步就终止不做了。"

毛泽东也认为，最后的胜利往往就孕育在再坚持一下的努力之中。

跌倒了，爬起来，整整衣冠往前走；再跌倒了，再爬起来，揉揉膝盖再往前走！"失败是成功之母"这句格言在这里是再确切不过的了。远大的志向、宽阔的胸怀、坚强的毅力，是战胜挫折与失败的三大法宝。特别是当重大挫折与失败降临的时候，这三大法宝兴许能帮助我们度过人生最大的磨难。

## 典例阅读

在1974年寒冷的冬季，我被宣判最高刑期20年，罪名是反"旗手"江青。大墙之下，知识分子的政治犯中，有的经受不住劳动的重负，有的忍受不了生活的羞辱，有的承担不下家庭的断裂，有的控制不住精神的崩溃，往往会丧失了生活的力量，走上自绝之路。

有一个捕前是工程师的犯人，多次企图自杀未能实现。我知道了他的情况后，要劝阻他。但怎样才能使这个心如死灰的人恢复生的愿望呢？我终于找到了一个和他攀谈的机会，下面是我和他的一段对话：

"你今年多大岁数了？"我问。

"37。"他答。

"我——57了。"我说。并问："你判了多少年刑期？"

"15年。"他答。

"我——判20年刑期。"我说，并继续问："你被捕前是干什么的？"

"工程师。"他答。

"我——是大学教授。"

我注意到他有些惊讶，便接着明知故问："你读了几年书?"

他看着我，答："大学毕业。"

"很好。"我停了一下，看着他的眼睛，温和地说："那么就是说，你读了16年的书：小学6年、中学6年、大学4年，共16年。"接着，我非常严厉地说道："现在，请你看看我，想想我；请你看看你，想想你！你心中的书，你读过的16年的书，你读过16年书中的知识，都真的被狗吃掉了吗？你想自杀，你不觉得羞耻吗?"

说完，我掉头而去，不再理睬他。

可是，我没有走几步，便听到了他哭出声来。我心中一块悬石落地，我相信他不会再去自杀了，"男儿有泪不轻弹"啊！

果然，就是这一次谈话后，他放弃了自杀之念。我又找到了一个和他谈话的机会，这一次比较轻松了。我问他："你怎么这样愚蠢呢？你为什么一再想到要自杀呢?"

他有点赫然地说："我当时想自杀，还不完全是我忍受不了这里的一切，还主要因为我的爱人向我提出了离婚，我想不通！"

我一听，立刻向他表示祝贺："这可是好事，可喜可贺。"

"怎么是好事，有什么可贺的?"我说："你为什么没有想到，今天在我们的处境下，对我们的家庭，对我们的亲人，我们唯一能够做出的贡献，唯一能够提供的帮助，就是提出离婚。你为什么没有想到，在社会上，'反革命家属'的压力是多么可怕，你为什么不帮助他们解脱这个可怕的压力？你还能为你的亲人做些什么呢?"他似乎没有想到这点，想说什么，我拦住他，接着说下去：

"在我被判处20年刑期后，我做的第一件事，就是立刻写信给我的妻子，提出离婚要求，我要做我在目前情况下唯一能做的事情，以解脱他们可怕的压力。

我的妻子在接到我的信后，立刻携带3个儿女赶到这里。当我走进接见室里，看到我的妻子坐在那里，子女站在旁边。当我也坐下后，我的妻子拿出了那封我要求离婚的信，放在我的面前。然后对于女说：'现在你们都跪下，要求你们的爸爸把这封信收回去！'我的3个儿女都泣不成声地跪下了。我的妻子不再说话，她沉默地坐在那里，等着我。

我看着我的妻子，看着跪在面前的儿女，我没有说话，从桌上拿起了那封信，当着妻子和子女们的面，把它一撕两片，抛掷在地。我们谁也没有哀求，没有解释，也没有安慰。因为，在那一刻，在我们之间，连一个字都是多余的！

只是在这时，我的妻子才泪如泉涌地握住了我的手，这是一双被苦难磨搓得非常粗糙的手，但却是一双充满感情的手。我握住它，我们都不说话，一股暖流从我心底升起。会见的时限到了，我站起来，只说了这次会见唯一的一句话：‘那么，让我们都坚持下去吧，记住：永不绝望！’”

听完我这段叙述后，那个工程师泪水模糊了。

——景克宁《永不绝望》

## 二、淡泊名利，宁静致远

看起来好像与第一个方法有些矛盾，其实不然。

作为一个现代社会的人民教师，尤其是年轻教师，要树立远大志向和目标，这没错；目标一经确立，就要百折不挠，坚持不懈地去努力，一步一个脚印地向目标迈进，这也对。可是万一这目标永远也达不到怎么办？万一这目标好像漂浮在水面上的救生圈，越是努力它离我们越远怎么办？

理想和现实之间总是存在距离，常常若即若离。

由于每个人的能力水平、志向水平、动机水平、思维方式和外界环境等方面的差异，并不是每个人定下的任何目标都能实现的，我们必须对志向和目标做一个理智的分析。

从成功学的角度来看，为了开发人的潜能，增加成功机会，主张期望水平应当高一点。所以每届师范院校学生毕业，母校的教师们大都会寄语他们，希望他们“立下愚公移山志”“小荷崭露尖尖角”，争取在三五年里面“冒出来”，教师等着他们的好消息。

可是从心理健康的角度来看，为了避免人们在遭受挫折失败后引起强烈的心理挫折感甚至心理障碍，更多的时候是建议他们降低不适当的期望水平，重新调整目标，学会放弃。

处理和平衡两者的关系，这是一种科学，也是一种艺术。

确实，对于教师来说，目标很重要，心理平衡也很重要；成功很重要，幸福、快乐也很重要。

要保持这两者之间的平衡，就要将“树立远大目标，百折不挠”与“淡泊名利，宁静致远”相结合，而且必须是有机地结合。

也就是说，不想当将军的士兵不是好士兵，不想当学者型教师的教师不是好教师。为了成功，我们要有雄心壮志，努力拼搏。但是努力了，奋斗了，既定目标达不到，就要及时调整目标，学会放弃。

为避免不必要的烦恼，我们要效仿古人，淡泊名利，宁静致远。正如《三国演义》开篇词：“滚滚长江东逝水，浪花淘尽英雄。是非成败转头空。青山依旧在，几度夕阳红？白发渔樵江渚上，惯看秋月春风。一壶浊酒喜相逢。古今多少事，都付笑谈中！”

既然如此，就不必太在意，一切看得开一点。但是淡泊名利，并不是说看破红尘、消极避世，或无所作为、及时行乐。一个人如果没有目标，人生航程就会迷失方向，就会浑浑噩噩、一事无成。这里指的淡泊名利，是说为了让自己有健康的身心，要不断调整自己对功名利禄的认识，即所谓不可不求，不可强求。

如何把握这个“度”？最好的办法是同时确立两个层次的人生目标。

一是最高目标：在主客观条件许可的范围内，积极地、主动地、努力地、充满热情和兴趣地去做自己认为有价值的事，尽最大可能追求卓越，追求自我实现，追求事业成功，追求为社会、为人民贡献些什么，留下些什么，对教师来说，就是争取成为一个学者型或准学者型教师。

二是基本目标：追求人生平平安安、平平淡淡、平平稳稳、平平凡凡。对教师来说，教好书，育好人，努力完成教育教学任务，保证全家基本的物质生活和精神生活，全家和睦、幸福、安康。

这两个层次的目标之间有着怎样的一种关系呢？

基本目标是最高目标的基础和条件，最高目标是基本目标的延伸和发展。

没有最高目标，会影响你的潜能的发挥。假如你有强大的潜能，由于胸无大志而被埋没，你对不起父母和国家，也对不起你自己。但是由于主客观条件的限制，最高目标也不是人人都可以实现的。现在有了基本目标作为人生目标的下限(底线)，即使最高目标达不到，心理也就平衡了，情绪也就稳定了，内心也就安宁了，身心可能也就更健康了。

## 典例阅读

### 《托起明天——新世纪中小学教师的修养》(节选)

我很好强，不管干哪一行，都要力求干得比别人好，即使有朝一日形势所迫不得不当清洁工，我同样会要求自己当个优秀的清洁工。这种强烈的自尊心和好胜心促使我在并不如意的客观条件下不断进步。但是，这有一个前提：把身心健康放在第一位，心里总是提醒自己，身体健康、心情舒畅、子女有前途，有这三条，别无他求。这样一来，哪怕最高目标达不到，哪怕在其他许多方面不如意，也能够及时调整心态，来它个精神胜利法，就不会心理失衡。

1999 年至 2000 年间，我有两个具体目标。一是听从领导的劝告，申报特级教师；二是宝贝儿子报考中央美术学院。应该说，两个都是人生的最高目标。

为了达到第一个目标，我认认真真准备：刻苦练习普通话，通过测试得了个“二甲”；精心备课，在自然状态下一次性拍摄成功课堂教学实况录像；搜集多年来发表和获奖的教育教学成果……做了这一系列的基础工作后，我就把这事放下了，一切顺其自然。假如评上，当然喜欢，能得到社会的承认，会产生一种成功感、满足感、幸福感，并促进自己百尺竿头更进一步；假如评不上，也很正常，人家特级教师个个都是教学技艺炉火纯青、文章著作傍身的高手，我哪够得上哪！于是我想，评不上是正常的，评上反倒是不正常了。某一天，我在菜场买菜，从同事口中得知自己果然没评上，到省教育厅这一关被淘汰了。这时，说一点不难受那是假话，尽管有充分的思想准备，仍有一阵微苦又酸的惆怅涌上心头。等我买好菜回到家，一切恢复正常。特级教师不就是一个符号、一个标签嘛！不是特级教师又怎么样？我还是我，我还是令人尊敬的人民教师，我还是可以追求卓越，学员还是喜欢听我的课，我的科研成果还是可以照出不误。假如真的背上特级教师的包袱，那可真是太惨了，压力多大呀！如今我保持本色，“大马拉小车”，轻松自如，多好！更何况，还有一个更大的希望，更大的奔头在前面：儿子的前途比自己的虚名不知道要重要多少倍呢？

然后是第二个目标：静等儿子的高考消息。儿子今年能考上吗？完全不一定！为了到时候不至于打击太大，我又开始心理调节：考不上是很正常的，中央美术学院那么难考，全省也是凤毛麟角，儿子又是提前一年参加高考，又不用功，要能考上，那才真叫不正常哩！所以我对儿子说：“你放松一点，考得上最好，考不上更好。”儿子吃惊地看着我。我说：“你今年考上，可以省去我一年的培养费，你又提前一年进入大学，会获得更多的发展机会，当然最好；不过你今年即使考上，肯定是成绩平平，如果明年再考一年，人会更懂事，专业会更成熟，成绩也许会出类拔萃，那不是更好吗？所以别紧张，考不上，我决不会骂你，反而会安慰你，给你买好吃的，然后创造条件明年让你再考。”

我们母子以超然的心态度过了最难熬的几个月。即使是高考那几天，小家伙都要每天弹一阵吉他再进考场，结果却出乎意料的好。直到儿子接到中央美术学院的录取通知书，我才宣布，其实我是那么强烈地希望他今年就能如愿以偿！

两个目标中有一个实现了，而且是更重要的目标实现了，我感到由衷的高兴。退一万步说，即使一个也没实现，那又怎么样呢？一家人健康快乐地生活在一起，多享受一年天伦之乐，还有什么比这更幸福的吗？

假如我们平时面对挫折与失败都能像案例中的主人公那样去调节，不是可以减少许多压力与困惑吗？

## 三、灵活应变，另辟蹊径

平心而论，所有的中小学教师，不管是否出于本人自愿，既然走上了教育岗位，谁也不喜欢得过且过，被别人称作“教书匠”，谁都希望事业有成，得到鲜花和掌声。可是，在平凡的岗位上做出不平凡贡献的教师毕竟是少数，大部分教师只是在平凡的岗位上默默无闻地做出平凡的贡献而已。

即便如此，也要最大限度地挖掘自己的潜能，才不枉到人世间来走一遭。如此我们还是得有人生目标。

目标有长期目标和具体目标之分。

长期目标是指与人的生存和发展有关的具有重大意义的根本目标，这些目标通常都与人的某些基本需要相联系。如在走上工作岗位时定下目标，争取在二十年内，要使家庭生活更加富裕舒适，有自己的房子；要使自己的头脑更加充实，内涵更加丰富；要取得事业的成功，争取成为全省或全市范围内的骨干教师；要受到领导、同事、学生、家长乃至全社会的尊敬，等等。

具体目标则是通向长远目标的一个个台阶。比如，通过三年函授学习达到大学本科学历，使自己的头脑更加充实；通过学习教育理论，钻研教材教法，向优秀教师学习以及自己的领悟反思，提高教育教学艺术，五年内争取得一个优质课一等奖或二等奖；参与教育科研，争取一年发表或获奖一篇学术论文等。

这些设想很诱人，我们确实需要不断规划自己，不断反思一下：我是谁？我在哪里？我要往哪里去？一步一步地把自己引向最高目标。但是，在现实生活中，并不是所有的美好愿望都一定能实现的，这是一个不以人的意志为转移的严酷事实。但是某一个具体目标不能实现，并不意味着最终目标不能实现。条条道路通罗马。假如某一个具体目标失败了，不要气馁，分析主客观条件，想办法通过不同的途径来达到预定的目标；当我们在某个方面遇到反复多次失败与挫折时，不妨变换一下努力的方向，寻找一些可以代替原有目标的新目标，开辟一些有更大成功希望的新途径。

有一个优秀毕业生因成绩优秀留在县城学校工作。她牢记母校教师的毕业赠言：在三五年里面“冒出来”，尽快成为某一范围的教学能手。想不到一年多后无声无息，学生调皮捣蛋，班级纪律欠佳，教学毫无起色，她心急火燎，生怕自己成为碌碌无为的教书匠，在焦虑状态下体罚了学生。因为这件事她受到了严厉批评，并在全校教职工大会上公开检讨。接下来几年，她终年忙忙碌碌、手忙脚乱，尽管在知识和学历上不断提高，可课堂教学的水平和技能却起色不大。实习时，在优秀教师指导下上出来的实习汇报课曾经技惊四座，如今仍请优秀教师指导，可她有时连指导教师的意图都难以领会了！由于心理问题，她的潜能的发挥受到了限制！

由此我们看到了学校教育的不足。

确实，我们在每一届毕业生离开母校之前，都要满腔热情地寄语他们，希望他们出类拔萃、崭露头角。果然，每届都有那么几个毕业生不负众望，短期内成为全县、全市乃至全省教学新秀。可是对大多数教师来说，眼巴巴地看着同学出类拔萃，自己却心有余而力不足，他们就极有可能产生消极的情绪体验，出现焦虑、自卑、抑郁等心理问题。

当我们意识到这一点后，我们找那个优秀毕业生却不是优秀教师的学生来谈，我们把她作为课题组帮助的重点对象。我们帮她分析：在那种强手如林的学校里，要想在教育教学上一下子冒出来是不大可能的，必须一步一个脚印地走，急不得，否则欲速则不达；所谓冒出来，并非一定要得什么优质课奖，评为教坛新秀，其实条条道路通罗马，做学生思想工作、教育科研、少先队工作等，也能冒出来，要想办法独辟蹊径；根据你的实际情况，目前可以把突破口放在心理健康自我教育上，要有意识地调节自己的情绪，注重内心体验，学一学有关理论，写一写心理认知作业，做一个教师心理健康自我教育的典范，这大概也可以冒出来！

我们给这个年轻教师建议的方法就可以称作：灵活应变，另辟蹊径。她接受了我们的建议，并身体力行，从而对她自己的生活质量、工作效率和成长速度产生了积极的影响。

**四、发奋图强，不断升华**

在遭到重大挫折后，有的人会产生消极的行为反应，如攻击，用攻击性的语言或行为来释放内心的不快。但与此同时，由于攻击，可能要面临新的矛盾，付出更大代价，由此产生新的压力，遭遇更大的挫折。

有一个高中教师，多年前在职称评定中经历了不公平竞争，失败了。他咽不下这口气，满腔怒火冲进校长室，拍桌子、摔东西，与校长发生激烈的争吵。过后，校长的儿子年轻气盛找上门来兴师问罪，揪住这个教师的衣领打了他一个耳光。然后他又去找校长算账。如此这番互相攻击了几个回合，严重影响了干群关系。照正常情况，这个教师的职称问题即使那年解决不了，第二年无论如何也会解决，可是由于这场沸沸扬扬的闹剧，第二年、第三年职称问题一直解决不了，直到调出这所学校。显然，这是多么得不偿失！

还有的人会产生积极的行为反应，如升华，就是在经历了挫折和失败后，经过痛苦的斗争，把消极体验转化为奋发图强的动力，在更高的层次上去满足未能满足的需要，从而恢复心理平衡的反应方式，即所谓“化悲痛为力量”。古今中外这种例子不胜枚举。《史记》记载：文王拘而演《周易》；孔子厄而作《春秋》；

屈原放逐，乃赋《离骚》；左丘失明，厥有《国语》；孙子膑脚，《兵法》修列；不韦迁蜀，世传《吕览》；韩非囚秦，《说难》《孤愤》；《诗》三百篇，大抵圣贤发愤之作也。这些都是升华行为的典型。

歌德失恋后想结束自己的生命，可是最后他战胜了自己，用失恋的切肤之痛和真实体验写出了传世之作——《少年维特之烦恼》。

奥斯特洛夫斯基因残酷的战争和恶劣的环境伤残失明，他曾想自杀，但最后还是战胜了自己，并在护士帮助之下，以常人难以想象的毅力写出了不朽著作——《钢铁是怎样炼成的》。

现在，我们假如再次问自己：如何面对挫折和苦难？引用一位作者的话：“你战胜苦难，它就是你的财富；苦难战胜你，它就是你的屈辱。”因为，假如遇到挫折、失败和磨难后你选择攻击或消沉，那么你可能从此一蹶不振；假如在挫折、失败后你选择升华，则磨难可能会帮助你成就一番光辉的事业！

命运掌握在自己手中，如何选择全在于你自己。

## 知识卡

### 教师压力测试

题目：某一天校长告知你“今年你被列为高职低聘的对象了”，你第一时间想到的是什么？

A. 预料当中，明年努力点再竞争上岗。

B. 立刻找校长理论，查明原因，为什么会是我？

C. 发泄自己不满的情绪（找倾诉对象，把不满发泄到别人身上等）。

D. 离开这所学校或跳槽。

E. 其他表达方式。

选择A：你一点压力都没有，你是个快乐的教师，你的人缘非常好，但你与家人的关系可能比较紧张，你明年还有可能再落聘。

选择B：你有点压力，你是个好强的人，有点能力，教学业绩比较好，你与某些同事的关系不是很和谐（可能是个别领导），但你与家人关系比较融洽。多与领导沟通你会有意外的收获。

选择C：你的压力很大，教书带给你的快乐很少，你的人缘虽然很好，但你解决问题的能力有待加强，你与家人的关系一般。改变你的工作方式，转机才会向你招手。

选择D：你的压力有点大，教师可能不是你最好的职业，你有很强的校外关系，有极强的洞察事物的能力，你能处理好各种人际关系。机会随时会向你走来。

选择 E：请给你的压力作评估。

## 第四节　压力状态下使自己轻松起来

如前文所述，变革的形势让每位教师都感受到了前所未有的压力。压力是影响心理健康的关键因素，适度压力能引起我们的积极反应，压力过度则可能导致种种身心失调现象。这些身心失调反过来又“放大”了心理压力，最终可能形成心理危机。

几乎每一位教师都感到压力很大，一半以上教师已经因压力过大而影响了工作心情，进而影响到身心健康。要做一个健康、幸福、快乐的人民教师，就必须想办法减轻压力。

可是如何来驾驭压力呢?

曾有人对我们的教师心理健康自我教育研究课题提出异议，认为要想通过课题研究减轻教师心理压力，增进教师心理健康，谈何容易！除非你们能够给教育增加大量投入，给学校增加人员编制，给教师缩短工作时间、增加工资收入、改善工作生活条件、提高社会地位，否则一切免谈!

问题是，这连珠炮似的一连串问题我们一个也解决不了。我们不是制定政策的人，我们也不是掌握经济大权的人，但是我们是具有较高文化修养的人，我们是为祖国花朵塑造灵魂的人，那么我们至少也应该可以统率自己的灵魂。

既然我们没有办法改造客观世界，我们就来改造自己的主观世界。

既然压力和挫折是无法避免的，我们就来想办法排遣和减轻它。

有以下各种方式可以供你选择，但是否有效却在于你自己。

### 一、接受现实，随遇而安

不少教师的烦恼来源于工作和生活的不如意。比如，别人住着独门独户的小别墅，而自己三代同堂，拥挤不堪，甚至连结婚新房也无法布置；许多初中、高中的同学一年收入比自己高出一倍甚至几倍，而自己这点工资来得艰难去得快；别人的孩子成绩优秀一路过关斩将升入重点大学，自己的孩子成绩不好而且还不听话；别人年纪轻轻评上了高级职称，而自己临近退休还是屡战屡败，评优永远沾不上边；别的教师暑假顺利调进了城，自己却几十年如一日，还得在偏远山区干下去……比来比去，想来想去，越比越气愤，越想越恼火，结果只能使自己陷在恼怒和痛苦的泥潭里不能自拔，以至于整个世界都变成灰色的，整个生活都变成黯淡的。

每个人所处的环境和条件都不同，世界又总是多变的，如果你不想把自己弄得太痛苦，那么就要正视现实，接受现实。如果你有能力或条件，也可以尝试一

下改变现实；如果办不到，则应该想办法改变认知，从心理上接受现实，随遇而安。

有个师范院校中文系毕业班学生写信给某教授，她说正面临毕业，同学们都认为教师工作又累又苦，报酬又低，尽管新闻媒体大力宣传，但教师地位还是不高，因此很少有同学心甘情愿当教师。她问教授对这个问题怎么看。

教授给她回信："教师工作又累又苦，报酬不算高，地位不甚理想，这都是事实，而且一般情况下，鲜花和掌声很少会光顾教师。但是还有一种事实，教师工作能得到其他许多非世俗所能理解的精神财富，如果你发奋努力出类拔萃，鲜花和掌声也可能会环绕你，这是其一；其二，当年你高考时填报师范院校应该是你自己的选择，而不是别人强迫你的，当时你是怎么想的？不过现在你还可以有第二次选择：社会日益走向多元化，大学毕业生就业也越来越趋于多元选择，假如你有机会和能力，可以重新选择，假如你没有这样的条件和能力，那你就得为你自己的选择负责，心平气和地走上教师岗位，随遇而安地干下去，并且尽可能追求卓越。这你可得自己想清楚哦！"

比如职称没评上，这是一个无法改变的既定事实，不管你如何抱怨、愤怒、委屈、不服气，都无济于事，唯一的办法就是正视现实、承认差距、寻找不足、继续努力去创造条件。怨天尤人毫无用处，努力了仍无法改变，则接受现实，随遇而安。能做到这一点，就能从许多无谓的烦恼中解脱出来了。

## 二、合理宣泄，缓解压力

经历过一场暴风雨后，水库里的水太满了，对大坝形成过大的压力。为了保证大坝的安全，必须通过洪口泄洪，放掉一部分水，以减轻大坝所承受的压力。

同样，当压力与挫折向我们袭来时，我们心中的消极情绪不断淤积，对身心健康也会形成威胁。为了保护心理健康，我们也必须找一个心灵的泄洪口，通过合理宣泄的方法将压力释放出去。通常可以通过以下这些方式来释放压力。

1. 找人倾诉

每当我们遭遇不幸，有了烦恼和委屈时，心里像压了一块大石头，感到喘不过气来，如果找个亲人、同事、领导或知心朋友，把心中的不快一股脑儿倒出来，即使对方不能给你什么解决问题的建议，只要他能当个忠实的听众，你倾诉完了心里顿觉一阵轻松；如果有些烦恼不能"向外人道"，则可以通过一些心理咨询热线电话倾诉；有些很内向的教师，既没有可以推心置腹的朋友听其倾诉，又不愿意打热线电话，那么可以自己向自己倾诉，比如拿几张白纸，不管三七二十一地信手涂鸦，把自己的气愤、悲伤、烦恼、委屈甚至攻击性冲动性的念头和想法写下来，或者用写日记的方法向自己倾诉。

2. 自我宣泄

当你独自一人时，可以毫无顾忌地宣泄，包括一些对社会和他人没有危害的退化行为：你可以将自己的心理年龄退化到儿童时代，在没人的地方放声大哭（内向的人则一个人躲在房间里饮泣）；在空旷的地方声嘶力竭地大喊（内向的人则使劲唉声叹气）；将一些不太值钱的茶杯之类的东西使劲摔打，让它发出很响的声音（内向的人则用力绞手绢、撕本子）……但是有一条，这种退化行为尽量不要在大庭广众之下发生，尤其不能当着学生的面宣泄，否则不仅有损教师的斯文形象，还会对学生造成心灵伤害。

3. 音乐调节

工作之余，听听音乐，手握话筒，高歌一曲，可以释放心中的压力和郁闷。

4. 运动调节

健康有益的运动可以达到消耗体能、转移注意、释放消极情绪的效果，尤其是一些比较激烈的带有抵抗性的运动，如拳击、足球、跑步等项目。在许多电视连续剧和电影里，导演常设计了一些情节，主人翁失恋了、失败了、失去亲人了，在极度的痛苦或悲伤之下，在拳击沙袋上猛打，拔出刀剑乱舞，或在飞沙走石的暴风雨中疯狂地奔跑等，其实导演懂得一些心理学知识，就是让剧中角色通过剧烈运动来宣泄不良情绪。

## 三、审时度势，学会放弃

如前文所说，世上不如意事十有八九，“心想事成”“万事如意”只是一种美好的祝愿。因主客观条件所限，每一个人的大部分需要是得不到满足的，我们的很多目标是根本无法实现的。若我们经历了多次努力后仍然失败，就应该审时度势，准备放弃。

放弃并不是一件轻而易举的事。我们下决心要做某件并不容易的事，这是一种勇敢和果断，而要下决心放弃做这件事，这也是一种勇敢和果断。

“君子有所为而有所不为”，必须想清楚自己要的到底是什么。

“伤其十指不如断其一指”，太贪心的人到时候往往一事无成。

“鱼，我所欲也，熊掌，亦我所欲也；二者不可得兼，舍鱼而取熊掌者也”。有时候，鱼和熊掌不可兼得，条件所限，舍熊掌而取鱼也；有时候，鱼和熊掌概不可得，安贫乐道，青菜豆腐汤足矣！

有些生性要强的人，什么都想得到，各方面都想比别人强，实际上这是做不到的。如果非要做到不可，就是给自己设置了一个永远也无法实现的目标，他们的一生注定没有快乐可言。如果能及时领悟到这一点，毅然放弃这个虚幻的目标，就会一下子如释重负，轻松自如。

有一个教师，每每为申报特级教师而奋斗，每每都欠那么一点点火候而落选，但他仍是锲而不舍。这次特级教师评选的必要条件之一是普通话测试必须过关。这一来可惨了。这个教师年龄偏大，方言土语早已根深蒂固，不管他怎么苦练都过不了关，而且可以断言，今后几年他再继续练下去，也很难过关。他这一次彻底地绝望了，“难道我这辈子真的就与特级教师无缘了吗？我真的是心有不甘啊！”

他用自己的双手为自己制作了一副心灵的枷锁。为什么非要当特级教师呢？特级教师不就是一个符号、一种标签吗？你不当特级教师，人家不是也承认你是个优秀教师吗？你不是同样得到社会的首肯、学生和家长的尊重吗？平静地接受这一事实，教好书、育好人，在大马拉小车的轻松自如中，细细品味人生的精妙所在，岂不快哉！

**四、自得其乐，自我放松**

当我们被压力折磨得痛苦不堪的时候，可以通过一些行为上的改变而放松自己。也许这些行为是琐碎的，但却是获得良好情绪的有效方法。例如，参加文体活动；改变面部表情，对自己微笑；改变行走姿势，抬头挺胸，昂首阔步；进行肌肉放松训练；整理书桌或衣柜，让一切井井有条；找个朋友尽情地倾诉，等等。这些行为能宣泄情绪，或转移注意，或产生积极暗示。经常运用，能增强自我对情绪的调控能力。久而久之，这些策略就会成为个体的一种反应机制。

同时，我们最好意识到，世界上有许多资源可以为我们放松压力所用。

美学家认为，世界上并不缺少美，缺少的是发现美的眼睛。同理，生活中并不缺少欢乐，缺少的是发现欢乐的眼睛。

每当我们被工作和生活的压力弄得疲惫不堪时，每当我们遭受重大打击，觉得人生黯然无光时，日月山川、花草树木、鸟兽虫鱼……自然界赐予我们的一切，社会生活中发生的一切都可以让我们找到乐趣，从而通过自我调节使自己的心灵得到解放，精神得到松弛。如果我们能自觉而有意识地利用这些资源，生活和工作的重负就很难把我们压倒。

## 典例阅读

### 教师苦　教师累　教师压力知多少

我从师范毕业至今，伴随着教育改革的步伐一路走来，给我感受最深的，就

是身上的包袱越来越沉，甚至到了不堪重负，步履维艰的程度。中国教师，在枪林弹雨中前行。

**分数压力重千斤**

过去常喊：分，分，分，学生的命根；而今是：分，分，分，教师的命根。考勤要打分、教师道德要打分、所教科目成绩要打分、参加教研活动要打分、课堂考评要打分、备课要打分……无处不用分数来衡量，分数几乎无处不在。每到期中、期末，大榜一公布，某某人得了多少分，张三比李四差多少分。俗话说，人要脸，树要皮，谁不想分数打得高一点，名次排得好一点。于是，分便成了老师追求的目标，它成了能力和荣誉的象征，并且已经超过了金钱的价值。有首歌唱道：爱拼才会赢。想要好分数吗？那就得拼。

**评比压力重千斤**

校内竞争已不稀奇，校外打拼正火热。随着新一轮课程改革的实施，各项评比此起彼伏。备课评比、说课评比、展示课评比、课件评比……一项项评比，不仅涉及个人的荣誉，更主要的是牵涉到学校的荣誉、集体的荣誉。于是，不仅是被选中的参赛者全力以赴地准备，其他同仁也出谋划策，帮助他进一步完善。即使如此，被选中者也是惴惴不安、提心吊胆，唯恐由于自己的不足、失误而影响了学校的声誉，给学校抹了黑。

**下岗压力重万钧**

随着教育体制、人事体制改革的深入，教师下岗分流已是大势所趋，迫在眉睫。教师原本是一项事业，一项育人的伟大工程，但当工作成为生活的第一保障时，教师便演变成一种职业。面对工作难找、钱难挣的严酷事实，教师虽不是许多人心目中理想的职业，但毕竟也是一份收入不错的工作。于是，为了避免被第一批分流下岗，教师需要努力地打拼。弄文凭、搞论文，凡是有希望能获取的证件，绝不敢遗漏一个；同时，想方设法提高学生的考试分数，从而确保自己在学校诸多教师中应有的地位。

分数、评比、下岗，都是竞争的一种手段。从好处说，它可以激发人们积极进取的精神，培养和提高教师的教育教学能力；从坏处说，千斤重担压在老师心头，这不仅增加了教师的心理负担，给身心健康带来严重的危害，而且从教育教学的角度看，背着如此沉重的包袱，教师又怎么会轻松的、愉悦地投入到教育教学中呢？

新一轮课程改革正在如火如荼地进行中。我们在减轻学生负担、关心学生身心发展的同时，是否也应该关心一下教师的身心健康呢？

## 思考题

1. 压力与应激对健康有何影响？
2. 什么是应激？应激是如何产生的？

3. 结合自身实际，说明如何在压力状态下放松自己。

4. 以自己所在学校为例，调查一下教师在压力和挫折方面的实际情况，并给予相应的解决办法。

## 课外阅读

### 用微笑面对压力

尽管我们对自己、对别人都常用万事如意来表示祝福，但世上真正总能遂人意的事却很少，尤其是在职场上，不知道什么时候领导的一把怒火就会烧到自己的身上。那么，此时又如何面对如此大的压力呢?

任何人都不是完美的，因而存在各种缺陷是在情理之中的。所以，我们不必对领导求全责备，也不必对自己求全责备。当面对领导大发雷霆时，何不试着对他微笑呢?

对领导微笑是调理上下级关系的润滑剂。没有什么比微笑更能传达一个人对周围事物的反应。也许微笑并不是解决问题的根本，但有可能领导受到了感染也会心神愉悦。对于我们来说，也就打开了一扇大门，或许就只是因为这个最简单的微笑，而使事情变得简单化，同时幸运之神也悄然地来到了面前。

微笑在工作中必不可少。每天对自己微笑是对自己最高的奖励，生活不但因为有了真诚而变得美好，更因为微笑而灿烂，尤其是发自内心的微笑更是有着无穷的魅力。因此，当你面对不满和愤怒的时候，不妨露出真诚的微笑，去倾听对方的苦恼和愤怒，这如同用和风细雨去面对干枯的土地一样，不仅可以化解危机，还可为自己赢得机会，获得他人发自内心深处的尊重。

面对领导的愤怒，不妨站到他的角度去思考、去分析，首先想到也许真的是自己错了，应该向领导道歉，应该真诚地接受批评和指导。当自己用豁达、虔诚和歉意的微笑面对他时，相信他也有着和你一样的情感，也会如我们理解他一样理解我们。他自然也会从他的角度转换到我们所处的环境中来，察觉到我们的不易。

由此可见，解决问题需要的是方法，而不是“以其人之道还治其人之身”，当愤怒对抗不了愤怒时，何必硬撑到底？给对方一个微笑，或许就真正能够化干戈为玉帛。一个优秀的领导应是颇具大度胸怀的，虽然他可能会因一时的错误而愤怒，但他会因为我们真诚的微笑而逐渐熄灭怒火，并在心目中树起对我们宽厚处世的尊重和赏识，这就可能会让我们在事业与人格获得双赢。

自信而坦荡的微笑，是我们获得良好人际关系的通行证，也是化解压力的减压阀。

# 第四章　教师的情绪与调适

## 名言欣赏

一个人心态要稳定，要正确对待自己，找准自己的人生坐标，不要越位也不要自卑，要对社会有种感激之心，只要做到这个，很多事情就迎刃而解。

## 导读

早在1946年召开的国际心理卫生大会就提出，心理健康的人在情绪方面应是十分调和的。马斯洛认为心理健康的人能够进行适度的情绪表达与控制。可见良好的情绪表达与控制能力是心理健康的标志之一。教师稳定而积极的情绪不仅是顺利开展教育教学工作、提高教学有效性的重要保证，而且是全面提高教师队伍的素质和促进师生双方心理健康发展的客观需要。因而研究教师的情绪问题及其调适有重要的理论和现实意义。本章首先介绍教师情绪问题的类型、表现、诊断及成因；其次，为了帮助教师从根本上消除不良情绪的困扰，我们还将探讨有关情绪调适的理论和方法。

## 要点提示

◆教师情绪的类型与诊断
◆教师情绪的成因
◆教师情绪的调适

## 告别抑郁的女教师

**心理案例：我真的是抑郁症吗**

晓雅得抑郁症啦！这个消息在晓雅的同事和亲友中传播着。

晓雅是谁？晓雅是一位中年女性，某所中学的骨干教师。

还是一个多月前的时候，晓雅老师就开始情绪低落，郁郁寡欢，百无聊赖，状态非常不好。到后来，晓雅坚持不了，就休病假了。终日闷在家里，晓雅老师的情绪更不好了，每天无精打采，不爱说话、不爱出门、不爱见人。再后来，晓雅老师说这样活着有什么意思？这可把家人吓坏了，赶紧给晓雅老师治疗。最后，医生就按抑郁症给晓雅老师拿药了。

此后，大家便把晓雅老师当成了抑郁症患者。可是，吃药没有让晓雅老师的症状减轻，她的心情依然很低落、郁闷。这可怎么办？这一天，终于在朋友的建议下，她开始了心理咨询。

在心理咨询中，晓雅老师诉说了自己心中的故事。原来，她的抑郁事出有因。

晓雅老师闹抑郁之前，在学校里遇到了一件不愉快的事情。那是将近年终的时候，按照惯例学校要评选“先进工作者”。晓雅老师是个工作认真、上进要强的人，最近连续几年在评选中获得荣誉称号。这次评选在大家报名参评之前，校长找到了晓雅谈话，说她去年刚刚评上了同样的荣誉称号，今年是不是就不报名参评了，把机会让给年轻老师，反正这也不是多重要的事情。晓雅老师心想也是，自己确实人到中年了，要不就让给年轻人，于是就答应了领导。

教职工大会上，校长自然要讲讲这次评选的重要意义。晓雅老师听着听着就坐不住了，心想既然这次这么重要，凭什么不让我报名？凭什么不让我参评？散会了，回到办公室的晓雅正心里不平，又有同事来说，“我看就你够格，别人都不行，你怎么不去报名?”这下，晓雅老师不平衡的心理终于忍不住了。

于是，晓雅老师当即找到校长，没说两句话就大吵大闹起来。结果自然是不欢而散。最后，学校决定不再报名，大家海选。结果晓雅落选，一位并不被她看好的同事当选。本来选谁不选谁也许没什么，可已经有了前面的事儿，面对这样的结果，又有一些传闻说那位同事拉票了，这更加重了她的郁闷。

人的心情是个很奇怪的东西，就像多米诺骨牌一样，一旦心情郁闷了，接下来发生了一连串的让她郁闷的事儿。郁闷来郁闷去，她终于坚持不住了，于是开始休了病假，于是被当成了抑郁症患者。

说到这里，晓雅老师提了一个问题：我真的是抑郁症吗?

**心理把脉：抑郁离抑郁症很远很远**

为了弄清这个问题，我们有必要区别一般抑郁状态、抑郁性神经症、抑郁症几个概念。这三个概念都说到人的抑郁情绪，但是，它们又有明显的不同。

一般抑郁状态，指的是人的一种短暂的消极情绪状态，如郁闷、忧伤、沮丧、缺少快乐、心情不佳等。所谓喜怒哀乐人之常情，一般抑郁状态就是这样的人之常情，只不过这个“情”是一种消极情绪而已。与抑郁性神经症和抑郁症明显的区别在于，一般抑郁状态具有明显的情境性。就是说，往往是某些生活事件或情境引发了抑郁情绪，随着时过境迁，抑郁情绪就会淡化和消失。

抑郁性神经症，指一种以持久的心境低落状态为主的中轻度抑郁，常伴有焦虑、躯体不适感和睡眠障碍，但无明显的精神运动阻滞或精神病性症状，没有妄想和幻觉，不出现躁狂，工作、学习和社会功能无明显受损，有自知力，有求治要求，也被称为“恶劣心境”。有时也会觉得活着没意思，却又害怕死亡。抑郁性神经症，与生活事件和个性特征都有直接关系。

抑郁症，是指一种以情感持续性低落为基本特征的内源性精神病。其主要症状特点是：持久的情绪低落、思维迟缓、言语行为的减少，以及伴随的躯体症状。就是说，抑郁症属于情感性精神障碍的范畴，有明显的精神运动阻滞，有自罪观念，有妄想和幻觉，自知力严重缺失，患者不承认自己有病。有的患者有自杀倾向，但他们并不害怕死亡。还有的有躁狂或抑郁的发作史。

总之，一般抑郁状态、抑郁性神经症与抑郁症的区别是非常明显的。

一方面是程度的不同。一般抑郁状态程度最轻，时间短；抑郁性神经症较重，时间长；抑郁症最重，时间更长。一方面是性质的不同。一般抑郁状态和抑郁性神经症，都有引发抑郁的生活事件，没有精神病性症状；抑郁症则没有引发抑郁的生活事件，有明显的精神病性症状。

单从程度的不同看，一般的抑郁状态和抑郁性神经症，离抑郁症就是很远的；如果再考虑性质的不同，一般抑郁状态和抑郁性神经症，离抑郁症就更远了。

**心理处方：学会转换思维方式**

现在回到晓雅老师的问题上来。

我们不难看出，晓雅老师的抑郁是事出有因而导致的一般抑郁状态，至多也就是有些抑郁性神经症症状，根本算不上抑郁症。她被戴上“抑郁症”帽子确实是蒙冤了。

经过心理咨询，晓雅老师对生活事件有了新的认识。

她说：看来凡事都怕换个角度想想。校长特意找我谈话本身，不就说明我的工作成绩是被大家肯定的吗？否则，人家何必找我谈话让贤？至于大会上讲评选的重要意义，不过是一般程序，也不是故意诓骗我。想开了这些，结果也就不再那么重要了。

人的情绪状态与思维方式直接相关。一旦学会转换思维方式，情绪状态也就转变了。由于认识转变了，不久晓雅老师就走出了抑郁的阴影。

看来，不是谁“抑郁了”就可以变成抑郁症的。不能把抑郁症当个“筐”，什么抑郁都往里面装，更不能随便给谁扣上“抑郁症”的帽子。

## 第一节 教师情绪的类型与诊断

教师情绪问题是由于教师不能合理地应对日常生活中或教育教学工作中的负性生活工作事件，未能积极妥善地处理由此引发的不良情绪而出现的一系列身心失调的状态。一般来说，人的一切心理活动都带有一定的情绪色彩，良好的情绪能提高人的认识活动效率和意志活动水平，不良的情绪则会降低人的活动能力。教师职业活动是一项富有创造性的活动，没有乐观向上的情绪，教师的教育机智就无从发挥，更难以得心应手地组织教学活动。教师情绪问题由于其隐蔽性而易被忽视，在有些情况下，可能教师自身也难以意识到自己正遭受不良情绪的侵扰。因此，很有必要探讨一下教师情绪问题的类型及其表现，使存在这些情绪问题的教师在了解自身情绪状态的基础上能够有意识、有目的、有针对性地采取积极的应对措施加以调节和控制。

### 一、情绪及职业适应

1. 情绪的概念

情绪是人对客观事物是否满足主观需要而产生的态度体验，是伴随着特定的生理反应与外部表现的一种心理过程。情绪的产生由三部分构成：主观体验、外部表现、生理唤醒。主观体验即个体对不同情绪和情感状态的自我感受；外部表现通常称为表情，包括面部表情、姿态表情和语调表情；生理唤醒是指情绪产生时的生理反应。

2. 情绪的类型

对于情绪的分类，不同学者有不同的看法。通常，喜、怒、哀、惧被认为是人类最基本的情绪，这些情绪与人的基本需要相联系，是与生俱来、不学就会的。还有的分类方式是将大量情绪分为互不联系的具体的情绪，如焦虑、抑郁、嫉妒、快乐、高兴等。

按照情绪对人的影响，可以把情绪分为积极情绪和消极情绪。如高兴、愉快、欢乐、喜悦、轻松、欣慰等都属于积极情绪，而悲伤、害怕、恐惧、不安、紧张、苦恼、忧郁等属于消极情绪。

按照人对情绪的适应，可以把情绪分为正常情绪和不良情绪。所谓正常情绪是指个人在情绪方面积极的良好的适应状态。它具有三个特点：正常的情绪是由适当的原因引起的，并且这个原因是主体所能意识到的；情绪反应的强度，应和引起它的情景相称；当引起情绪的因素消失之后，反应应视情况而逐渐平复。不良情绪则包含两层不同的含义：一是指过分强烈的情绪反应；二是指持久性的消极情绪。

3. 教师情绪与其职业适应

职业适应，作为人的社会适应的一个重要方面，是指在积极的职业价值指导下所形成和维持的职业心态、职业能力、职业关系等与职业劳动及其环境之间的和谐状态。苏联教育家马卡连柯认为，不能控制自己情绪的教师不能成为良好的教师。教师情绪对教学过程、课堂气氛、自身心理及学生心理健康都有潜移默化的影响。积极的情绪状态有利于取得良好的课堂教学效果，同时对教师本人及学生的心理健康都有良好的促进作用；消极情绪则起相反的作用。教师情绪与其职业适应是相互作用的，积极的情绪状态有利于教师对其职业活动的适应，同时良好的职业适应又促进教师积极情绪的产生。

（1）教师情绪与课堂教学效果的关系

a. 情绪对教师教学过程的影响。教师、学生、教学过程是构成教学实践活动的三个基本要素。教师对学生的影响是以教学过程为中介的。教师情绪状态是否健康稳定，直接影响教学过程的顺利进行。情绪心理学的研究表明：个体在情绪良好时更容易发现分类的原则并使用这些原则去整合、回忆新的信息，与心境状态一致的信息由于享有共同的情绪状态而更易于被提取。积极心境会加速对有关材料的加工，促进思维的流向，使人不费力地回忆起许多材料，从而简化信息输出的复杂性。因此，积极的情绪和良好的心境，有利于教师迅速准确地提取教育信息，并加以归类和整合，传递给学生。如果教师在低沉、郁闷的不良心境下授课，则思路阻塞、思维迟缓、无创造性可言，甚至语无伦次、不知所云，本来安排很好的教学程序，准备得很好的教学内容，都讲不好。

b. 教师情绪对课堂气氛的影响。教学活动是师生双方的智力活动，同时也是一种充满情感的、心灵碰撞的过程。课堂上，教师的喜怒哀乐总是感染着学生，不同的情绪就会出现不同的效果。如果教师表达的是积极的增力情绪，则学生会满怀信心，轻松愉快地投入学习。这种情感的共鸣反馈给教师，使教师也心

情舒畅，从而更好发挥教学水平；相反，如果教师上课垂头丧气、有气无力，把消极的减力情绪带入课堂，动不动就乱发脾气，必将造成学生心情紧张，注意力分散，思维抑制，反过来又使教师心情更坏，从而在教师和学生的心理上都造成情绪障碍。付全新（2001）曾对1861名高中生进行“教师的情绪对你的学习是否产生影响”和“若有影响，请简述产生何种影响”的问卷调查。调查结果显示：52%的学生认为“影响相当大”；44%的学生认为“影响较大”；4%的学生认为“基本不影响”。产生的影响，归纳起来主要是：当看到教师表情麻木或明显烦躁不安时，心中顿感紧张、惶恐不安，怕教师发脾气，怕教师提问，担心若被提问而答错会遭到教师的训斥。当见教师满面笑容、和颜悦色地来到教室时，顿觉轻松和兴奋，学习积极性也提高。

c. 教师情绪对学生学习效果的影响。教师的情绪也直接影响着学生的学习行为、学习效果。有人对上海市某中学初二学生十节语文课进行了部分观察统计，结果揭示了情绪状态对学生智能发挥水平和学习效率的影响。郝春红等在小学四年级学生的语文、算术课上进行了有关情绪与学习效率之间关系的自然实验研究。他们先创设两种情绪背景，然后分别在课后及时考察学生的掌握情况。结果发现，无论是语文课还是算术课，都是快乐情绪下的学习成绩优于不快乐情绪下的学习成绩，且差异显著。教学实践也证明，一名学习比较好的学生，如果课堂上受到教师的严厉批评，整节课就会呆头呆脑地坐在教室，影响其智力的正常发挥。

（2）情绪对教师身心健康的影响

教师对自身的情绪若不能及时调控，就会产生情绪困扰而影响心理健康。一些不良的情绪困扰对教师的身心健康及工作、生活都有着一定的影响。许多研究表明，不良情绪是身心健康的大敌。我国最早的医学经典《黄帝内经》就有关于“喜伤心，怒伤肝，忧伤肺，思伤脾，恐伤肾”的记载。现代医学研究发现，人类疾病中，由心理因素、身心失调引起的心因性疾病占50%～80%。当人们产生焦虑、悲伤、惊恐等不良情绪时，往往伴有一系列的生理变化过程。如果在一定范围内发生变化，这属于正常现象，随着情绪的平息，一切变化就会恢复正常，不至于引起内脏功能失调。但经常处于不良情绪状态中，则会造成机体系统的功能紊乱，出现植物性神经系统功能、躯体运动功能以及内分泌系统功能障碍。因为紧张、焦虑、悲哀、抑郁等不良情绪，会激活体内有害物质，击溃机体保护机制，破坏人体免疫功能，因此致病。湖南医科大学精神卫生研究所的一些学者在1987年曾调查过245例癌症住院病人，并以232例住院结核病人作对照。发现癌症病人中间66.9%病前有负性情绪，81.2%病前经历了负性生活事件，而对照组分别为15.5%和69%，两者差异显著。日本学者对大量在职职员的调查发现，经常生气、发怒、攻击性很强的人以及非常压抑的人，其抗癌免疫细胞的免疫力下降。教师中常见的失眠、食欲减退、高血压、头昏、呼吸困难、胃痛腹泻、泌尿道或胃肠道不适等身体的症状等都和焦虑、紧张、抑郁、烦恼等不良情绪有关。

（3）教师情绪对学生心理健康的影响

心理健康是青少年走向现代化、走向世界、走向未来建功立业的重要条件，培养学生健康的心理是素质教育的重要内容。宽容、情绪稳定持久的教师使自卑怯懦的学生昂起了自信的头，使孤僻多疑的学生绽开了笑脸，使暴躁易怒的学生有了平和的心态。相反，情绪不稳定甚至喜怒无常、脾气暴躁的教师则使学生出现程度不同的心理问题。心境不好的教师常表现得烦躁、易怒、喜怒无常、情绪不稳定，而这些易使学生变得自卑、消极，甚至产生心理冲突。

戏剧大师斯坦尼斯拉夫斯基认为，当演员来到剧院的时候，他应该把个人的不快与隐私都留在戏剧门外，因为在剧院里，他整个人是属于艺术的。教师也应当这样，来到学校，他整个人就属于学生，属于整个教育事业。因此，教师在任何情况下，都要沉着冷静，不能意气用事。尤其是在遇到不顺心的事情时，应时刻提醒自己要有宽广的胸怀，把自己的烦恼和忧愤放在教育活动之外，更不能迁怒于学生。

（4）职业适应良好的教师的情绪特征

职业适应良好的教师在教育教学工作中总处于快乐、饱满、振奋的主导情绪状态中，他们在课堂教学中的情绪基调是稳定、充实、强有力的。职业适应良好的教师也会遭遇负性情绪，但他们不会让负性情绪左右自己，甘当负性情绪的奴隶，更不会将自己的怒气转嫁到学生身上，而是主动控制、调节自己的负性情绪，将烦恼怒火抛之室外，迈进教室时是面带笑容的、心情是愉快的、态度是亲切和蔼的。

总的来说，职业适应良好的教师具有如下的情绪特征。①情绪的省察力：清晰地意识到自己正处于哪种情绪状态中。②情绪的了解力：清楚地了解某一情绪发生的缘由。③情绪的摆脱力：能使自己摆脱不良情绪的困扰并能恢复积极情绪。④情绪的运用力：运用情绪带来的信息和力量，以提升处理事情的能力。

职业适应良好的教师还具有下列情绪品质。

a. 情绪倾向的高尚性。职业适应良好的教师对教书育人有一种执着的追求并有高度职业责任感。他们忠诚教育事业，热爱教育工作，对教书育人有着浓厚的兴趣，随时随地关心学生的身心发展，同时职业适应良好的教师总是津津乐道地钻研所教的学科，精益求精地研究和改进教育教学方法。

b. 情绪体验的深刻性。职业适应良好的教师对教育事业在整个社会发展中所处的地位和作用，对教育的任务和目标，对教育对象、教育方法等的认识是正

确而深刻的，对教育教学工作所产生的情绪也是强烈而深刻的。

c. 情绪表达的坚定性。情绪的坚定性与情绪的深刻性是密切联系的。一般说来，职业适应良好的教师的情绪往往是稳定而持久的，而不是容易变化的。

## 二、教师情绪的类型及表现

近年来，教师体罚学生的负面事件时有发生，因此教师的心理健康日益受到众多学者的关注，许多专家学者以及科研人员开展了这方面的调查研究。教师常见的情绪问题也从这些研究报告中反映出来。如《文汇报》1995 年 11 月 7 日报道，辛普里研究发现，美国教师中有 1/3 的人存在情绪困扰。2000 年 4 月初，国家中小学心理健康教育课题组用 SCL-90（症状自评量表）对辽宁省 14 个地市的 168 所城乡中小学的 2292 名教师进行抽样调查，结果表明：69%的教师自卑心态严重，此外还存在嫉妒情绪突出、焦虑水平偏高等现象。温卫宁（2000）运用 SCL-90 对柳州地区 40 所中小学的 477 名教师进行测评，结果表明，量表各因子得分均显著高于全国成人常模；在各因子得分大于或等于 3 的检出比例中，排在前四位的因子是强迫、人际敏感、抑郁和偏执。北京芙蓉 EQ 教育与应用研究中心所主持的一项针对农村中小学教师心理健康状况调查的结果令人忧虑：18%的人有抑郁症状，13%的教师有焦虑症状，2%的人症状严重。姜德斌、张道新、李作佳（1988）对山东省某县级市 7 所中学及 12 所小学的 518 名教师进行抑郁症状调查，结果表明中小学教师抑郁症状发生率为 15.38%（中学教师为 18.15%，小学教师为 11.95%）。综合以上调查研究结果，结合教育实践中反映出来的问题，可以总结出当前教师常见的情绪问题主要有自卑、嫉妒、焦虑、抑郁、消沉等。

1. 自卑

案例：青年教师田某，身高只有 1.60 米，28 岁了还没找到对象。不知从什么时候起，他觉得自己这也不行那也不行。本来他的课很受学生欢迎，但他现在却怀疑学生上课时的小声说话是在议论自己的课讲得不好，因此大发脾气，让这些学生立刻滚出教室。

诊断：这是一种自卑的表现。自卑是自我情绪体验的一种形式，是个体由于某种生理、心理上的缺陷或其他原因所产生的对自我认识的态度体验。日本学者关计夫将教师自卑感划分为经济上的自卑感、地位的自卑感、职业的自卑感、精神紧张导致的精神疾病的自卑感等。

表现：自卑者以消极的眼光看待自己，轻视自己或看不起自己，对自己的能力或品质评价过低，担心失去他人尊重。自卑的教师在教学工作上表现为唯命是从、因循守旧、缺乏创新和活力；在课堂上表现为不愿让学生发现自己的弱点而表现出傲慢，当学生触及其弱点时，就会暴跳如雷，加倍惩罚学生；个性表现为性格闭锁、死气沉沉、缺乏朝气；逃避现实，对自己不擅长的学科，采取逃避态度。

分析：自卑心理的形成既与家庭环境和父母对子女的养育方式有关，如从小处于压抑的环境，遭到父母或兄弟姐妹的歧视；也与当事人的某种心理创伤（如在竞争中失败、在大庭广众下蒙受羞辱）有关；同时也与自己不太注意克服性格中的弱点（如胆小、怯懦、过分利己、心胸狭窄、优柔寡断）有关；还与当事人的身体缺陷有关。

2. 嫉妒

案例：在美国留学的王玲经过 5 年苦读，终于拿到了美国数学博士学位。在美国求职时，凭借自身优势，在众多竞争对手中脱颖而出。王玲与某学校签订的试用期为 6 年，试用合格后可以转为终身教授。6 年来对她的审核好评如潮，转为终身教授应该是水到渠成的事。可没想到的是人事委员会中 7 名成员中有 4 名投了反对票。原来他们心里极为不平衡：作为一个外国人，居然是教师当中学历最高的，居然在学生中引起一片好评，居然得到巨额的科研经费，做访问学者，参加国际会议。

诊断：王玲在转为终身教授时遭遇挫折，一个原因是种族歧视，另一个深层次的原因就是嫉妒。嫉妒是看见别人在某些方面高于自己而产生的恼怒的情绪体验。

表现：由于工作上的利益冲突导致有些教师以自我为中心，耻居人下。看见别人好就生气，把别人获得的成绩看成是对自己的威胁。比如竞赛中如果别的教师所教的班取得了好名次，就在言语上冷嘲热讽，说是这个教师运气好，他班上的学生聪明等。行为上疏远、冷淡，如路上相遇，这个教师和他打招呼，他故意不理，有时还故意和这个教师作对等。

分析：产生嫉妒之心，实质源于自卑。原因是在比较中发现别人优于自己，而又认为自己无力超过别人，于是就滋生嫉妒心态。嫉妒者的人生哲学是“我不行，你也别想行”。反映到现实中，就是自己无所作为也不让别人有所为，一旦发现别人在一些方面超过自己，就产生羡慕而又不甘心、为自己达不到而恼怒、憎恨别人的嫉妒心态。

3. 焦虑

案例：某校一个三十多岁的教师为了得到学校的认可，耗费大量时间用于备课，公开教学前的一个多月她基本上是在忧虑重重中度过的。期中、期末两次考试的名次与成绩又是得到领导、同仁认可的关键因素，因此复习课的全力以赴使她精疲力竭、常常失眠，无法摆脱。

诊断：这是因压力过大而导致的焦虑。焦虑是当个体主观预料将会有某种不良后果产生或模糊的威胁出现时而产生的一种不安情绪，并伴有忧虑、烦恼、害

怕、紧张等情绪体验。焦虑有反应性焦虑和神经质焦虑。反应性焦虑是一种暂时而波动的情绪状态，它由可以知觉到的外在危机引起，具有客观性、意识性，是每个人都会碰到的一种体验。而神经质焦虑则是由于长期的焦虑体验的累积，在人格特质中残余成为一种相对稳定的成分，成为一种根深蒂固的人格特质。神经质焦虑患者终日毫无理由地忧心忡忡、如临末日，随时随地，在任何无关的情景中都会感到焦虑，而且这种焦虑具有潜意识性，它源于不合理的冲动或心理冲突，因此主体不能清楚地意识到。

表现：情绪上，表现为紧张、烦躁不安、压力感等主观的不适感觉；生理上，表现为颤抖、心悸、冒汗、头昏、呼吸困难、睡眠有障碍、食欲不振、胃肠道不适等身体的症状；认知上，表现为注意力不集中、记忆力减退、疏解压力的功能降低、社会功能减退或丧失等。

分析：焦虑是教师职业中常见的一种心理疾病。教师常常因工作任务繁重、社会期望值太高、自身条件受限所带来的精神压力而产生焦虑；或因社会上某些人特别是领导对教师的错误评价产生焦虑；或因工作压力而产生焦虑；或因自己身体状况欠佳、体弱多病、子女的就业与再就业困难、大龄而未寻到中意的伴侣、人际关系紧张等具体事件而产生焦虑；或因教师的个人兴趣与教师职业的矛盾冲突而产生焦虑；或因人到中年成绩平平而产生焦虑。这种焦虑心理，不仅影响教师的正常工作，而且还影响教师正常的日常生活，甚至由于长期内心冲突、焦虑过度而形成焦虑人格，对教育事业产生失望情绪。

4. 抑郁

案例：大伟是某中学教师。大学时代他是学校篮球、手球与中长距离赛跑健将。热情、富于责任感的个性使他所教的班级考上第一志愿学校的学生多，因此受到学生家长的敬重。但是，一段时间来，他却郁郁寡欢、闷闷不乐，似乎什么事情都激不起他的热情和兴致。

诊断：大伟的这种状态是抑郁的表现。抑郁是一种感到无力应付外界压力而产生的消极情绪，并伴有厌恶、痛苦、羞愧、自卑等情绪体验。

表现：抑郁有正常抑郁和异常抑郁。异常抑郁又有神经性的即外源性的，以及精神性的即内源性的两种。几乎所有人都曾有过抑郁的体验，这大多数是一种心境状态，相对比较微弱，具有弥散性和情境性。往往是时过境迁，抑郁也便不治而愈。抑郁患者临床表现通常为情绪低落、闷闷不乐、思维迟缓、郁郁寡欢、缺乏活力、不愿社交、干什么都提不起精神，对生活缺乏信心，工作无动力，对学生漠然，体验不到快乐，食欲减退、睡眠不好、莫名其妙地烦躁不安等。从外部看表情冷漠、倦怠疲乏。

分析：抑郁症的发生不是单一因素的孤立作用，相关分析表明，其心理健康状况、一年内负性生活事件、个性特征等因素，对抑郁症状的发生有密切的关系。有些教师患上抑郁症，也可能是以下原因：一是好强，太追求完美，压力太大；二是生活太过单调，少与人交往，思想闭塞，再加上社会对教师不公正的待遇、评价，使教师情绪受到压抑，不论是忧伤、喜悦、痛苦和欢乐都没有充分宣泄；三是工作力不从心，人际关系不协调，意志消沉；四是体弱多病，或家庭遭到巨大的不幸，或因体内生物性因素造成情绪低落。性格内向孤僻、多疑，生活中遇到意外打击，长期努力而得不到回报的人容易陷入抑郁状态。

5. 消沉

案例：有这样一个教师，平时工作尚认真负责，由于不擅长交际，别人年终考核时都能评上优秀，甚至有些表现一般的，因上下左右关系不错，也能评上优秀，而他一直与优秀无缘。至于先进则更是别想，导致这个教师产生心理不平衡，产生得过且过的情绪。

诊断：由于各种各样的原因引起的消沉情绪，许多教师都曾体验过。消沉是一种极其消极的情绪，一般是由于外界令人失望的强烈刺激所引起的，比如失恋、被领导批评、晋升职称失败等可能使人的心理失衡，进而对人生和未来悲观失望。

表现：情绪明显低落，对什么都不感兴趣，烦躁、悲观、抑郁；有时还伴有生理上的反应，如头痛、失眠、厌食、消化不良等；压抑自己的情绪，不让它表现出来或发泄出来，容易使精神萎靡、身心疲劳，工作、学习效率降低。教师除有以上表现外，还表现为：备课不认真，马马虎虎、应付过去就行，讲课提不起精神，批改作业一目十行、粗枝大叶，对学生提问或辅导不热心、不耐心，对工作敷衍了事、得过且过等。

分析：产生消沉情绪的原因比较复杂，形成的时间也比较长。其中既有教师自身的原因，如工作态度不端正、责任心不强、缺乏职业道德，也有外部原因，如不被重视、领导对工作成绩评定不公、晋升职称不顺利、遭遇家庭变故，等等。

## 三、教师情绪的诊断

### 1. 教师情绪诊断的常用方法

情绪问题诊断的常用方法主要有观察法、心理测量、谈话法、临床检查等。在实际的临床诊断中，通常是综合运用多种方法来收集更多的资料。

（1）观察法

观察法是在自然的条件或环境下，有目的、有计划地对教师的外貌形态、表情举止、动作行为等进行考察记录，然后根据直觉经验或一定的标准对教师情绪

问题类型与特点做出评估的方法。

观察法是情绪问题诊断的一种方法，也是心理研究与诊断中的基本方法，同时也是人们日常生活与人际交往过程中经常加以运用的一种方法。

（2）调查法

调查法是用书面的形式来收集资料的一种方法，即调查者就调查项目编制成题目或表格，分发给被调查者填写，然后收回问卷加以整理、统计与分析研究。常见的问题的类型有：a. 开放式问题，如“请列出最近一周内你的情绪状态”；b. 选择题，如“最近一周内你的情绪状态是什么（悲伤、抑郁、焦虑、烦恼、高兴、其他）”；c. 等级评定，如抑郁自评量表采用五级评定，即没有、很少有、有时有、大部分时间有、绝大多数时间有。

（3）谈话法

谈话法就是通过面对面的交谈来了解情况、收集资料的一种方法，也叫面谈法。谈话法不仅是日常思想政治工作和心理诊断工作常用的一种方法，也是在学校心理咨询、心理诊断中一种最基础和重要的方法。

（4）临床检查法

情绪失调常引发一系列的身体症状，因此可通过生理上的一些指标来加以判断。如神经性焦虑常表现出下列生理症状：呼吸急促、心跳加快、血压上升、出汗、尿频等。

2. 教师情绪常用的诊断工具

（1）症状自评量表

症状自评量表（Symptom Checklist-90，简称 SCL-90）是由上海铁道医学院吴文源引进并修订的，近年来，在国内心理健康调查以及临床心理诊断中应用十分广泛。SCL-90 包括 90 个题目，具有容量大、反映心理症状面广、能准确反映被试者的病情及其严重程度、省时（一般 20 分钟以内可完成）、易操作等特点。适于中等化程度以及高于此程度的任何意识清醒的被试。

该量表要求被试回答近一周内的身心状况，共测查 9 个因子：a. 躯体化；b. 强迫症状；c. 人际关系敏感；d. 抑郁；e. 焦虑；f. 敌对；g. 恐怖；h. 偏执；i. 精神病性。

（2）康奈尔医学指数

康奈尔医学指数（Cornell Medical Index，简称 CMI）是美国康奈尔大学有关专家编制的。该调查表的内容分为两大部分：第一部分为心理健康方面的内容，主要调查不良适应、抑郁倾向、焦虑倾向、过敏倾向、激怒倾向、紧张倾向；第二部分为身体健康方面的内容，主要调查视听器官、呼吸器官、循环器官、消化器官、肌肉骨髓系统、皮肤组织、神经系统、泌尿生殖器官、疲劳程度、疾病频度、既往病历、生活习惯。此外在调查表中设有测谎题。

康奈尔医学指数中的心理健康项目，能有效地区分心理正常者与精神官能症者，但身体健康项目的效度却不如前者。在解释测验分数时，需要把各个分量表上的原始分数转化为百分等级，然后根据测验指导手册中的有关标准进行解释与辅导。

(3) 张氏抑郁自评量表

在心理咨询中常用张氏抑郁自评量表（Zhang's Self-Rating Depression Scale，简称 SDS）判断来询者的抑郁程度。张氏抑郁自评量表是美国杜克大学医学院张威廉（W. K. Zung）1965 年编制的，由 20 个问题组成，使用方便。根据所测结果，可以使咨询或治疗人员做出是否需要药物或心理治疗的判断。

(4) 焦虑自评量表

焦虑自评量表（Self-Rating Anxiety Scale，简称 SAS）是美国杜克大学医学院张威廉 1965 年编制而成的，由 20 个问题组成，最大的特点是简便省时、易于掌握、能迅速反映出被测者个人主观感受到的焦虑程度。

教师情绪问题是由于教师不能合理地应对日常生活中或教育教学工作中的负性生活工作事件，未能积极妥善地处理由此引发的不良情绪而出现的一系列身心失调的状态。

情绪问题诊断的常用方法主要有观察法、心理测量、谈话法、临床检查等。在实际的临床诊断中，通常是综合运用多种方法来收集更多的资料。

综合国内外有关调查研究结果，结合教育实践中反映出来的问题，可以总结出当前教师常见的情绪问题主要有自卑、嫉妒、焦虑、抑郁、消沉等。

教师情绪问题常用的诊断工具主要有 SCL-90、康奈尔健康调查表、抑郁自评量表和焦虑自评量表。

知识卡

### 教师情绪焦虑可请“情绪假”

据《中国教育报》报道，身体不舒服导致心情烦躁、家中有事带来情绪焦虑……当老师在上课前有这样那样的情绪问题时，可以申请调课，也可以请半天假，由学校的领导为其代课。沈阳市皇姑区岐山三校日前在教师中推行的“情绪假”引起社会关注。

“‘情绪假’就是教师消极情绪回避制度。”做了十多年班主任，又当了 10 年校长的赵美君对老师的感受特别理解。新课改对教师的要求提高、家长的高期望值、过长的工作时间和不能与之成比例的工资待遇等，都容易使教师出现心情烦躁、情

绪低落等心理问题。以前老师情绪不好时，除了上课前深呼吸自我调整外别无他法。要想课堂气氛活跃，要想学生心理健康，老师的心里首先要充满阳光。

实施“情绪假”，家长们对此反应如何？岐山三校向家长发出800张问卷征集对“情绪假”的意见，收回来的690张问卷中，赞成的占92%，家长们觉得“情绪假”有利于孩子们愉快地学习。

另外8%的家长表达了他们的担忧：老师放假了，孩子们的课不就落下了吗？为了不耽误课程，“回避制度”里立下规矩：在教师“回避”期间，由学校的中层以上领导负责代课。记者看到，“回避制度”里明明白白地写着：“凡代课领导日常要通读教材，尤其要侧重备好分管学科的课，随时随地准备进入课堂。”

也有老师表达了不同的意见。有老师认为，“情绪假”不符合中国国情和教师心理特征，有作秀之嫌。

## 第二节 教师情绪的成因

人的情绪总是倾向或针对一定的对象和方向，而不会无缘无故地产生或变化的。情绪的产生和变化来自主客观方面的影响，如社会变革对教师职业的冲击，教育改革对教师提出的越来越高的要求，教师是否热爱本职工作，个人在学校所处的地位和享受的待遇，同事之间是否和睦团结，工作条件、工作成效是否称心，家庭经济状况如何，以及教师本人身体健康状况等，都在不同程度上给教师的心境以好的或不好的影响。

### 一、社会因素

1. 教育改革的冲击

人类社会进入21世纪后，人们越来越感到国际间的竞争实际上就是科学技术的竞争，而科技的竞争，归根到底是教育的竞争。因此各国都把教育和教育改革放在首要战略位置来考虑。因此教育改革的力度不断增大，范围不断扩展，这种改革的力度和范围是前所未有的。由于教师是教育改革的参与者和实施者，全社会把教师素质看成是教育改革成败的关键，从而要求教师更新自己的教育观念、知识结构、教学内容、教学方法、教学手段、教学形式等，不断提高自身素质，而教师深感自身素质与社会对教师职业的新要求、高要求不相适应。教师在提升自己的学历、能力及知识方面要付出极大的精力和财力，由此，产生心理的负担和紧张焦虑的情绪也就在所难免。

2. 社会高期望与多角色负荷

知识经济时代社会对人才要求的变化和素质教育的实施引起教师角色的变

化。教师已经不再只是单纯的知识传授者，还是学校集体的领导者、模范公民、父母的代理人、学生心理健康的维护者等。各行各业对人才规格的高要求使得社会期望教师胜任每一种角色，为社会培养出全面发展的高素质的人才。注重升学率以提高自身声誉的学校把学生的成绩作为评价教师的指标甚至是唯一的指标。社会竞争的激烈则使得家长把家庭的幸福和孩子的未来寄望于教师。当教育质量不高、学生出现问题时，社会、学校、家长自然都把责任归罪于教师。而多种期望和教育对象本身的复杂性、多样性，使教师在多重角色下不堪重负。

3. 教师的社会地位、待遇偏低

教师虽然是为国家培养下一代的工作者，社会也把教育改革的成功实施寄望于教师，但是长期以来，我们的社会舆论和教育主管部门未能正视社会转型对教师地位的冲击，仍习惯以中国传统的教师道德规范要求教师，从而使他们被定位于安贫乐道的社会群体，较多地强调教师尽义务，要求教师无私奉献，而较少关注教师的社会地位、物质生活中的实际困难。教师在社会政治生活中显得无足轻重，教师的意愿是教育行政部门包办代替的，尤其在社会生活中，教师的权益没有受到专门的保护。

改革开放以来，国家虽然为提高教师的经济待遇一直不懈努力，教师的经济待遇也确实得到了一定程度的提高，但教师的经济待遇与舆论相比，却有“雷声大、雨点小”之嫌。教师劳动的复杂度、繁重度、紧张度都比一般职业劳动者大，教师的经济收入与其他行业的相比，相距甚远。一些地方侵犯教师权益、拖欠教师工资的现象依然存在。在精神生活方面，由于经济条件的限制，教师也不能充分享受现代社会较高层次的精神生活。相反，不少教师还要利用闲暇为生计而奔波，从事较低层次的体力劳动或服务。

## 二、学校因素

1. 学校管理和激励机制的不完善

在良好的学习、工作环境里，教师时刻都可能产生的良好情绪。但现在一些学校的管理和激励机制还不是很完善。如学校的工作安排及评价不当，有些学校安排工作时不能人尽其才。评优选先、晋级晋职难以做到公平、公正等，这些都使教师的情绪恶化。

2. 工作负荷过大

一项对 3714 名教师的调查表明，31.5％的教师认为工作负荷非常重，46％的教师认为很重，23％的认为一般，只有不足 1％的教师认为较轻。在全球基础教育倡导小班化的同时，我国部分中小学班额仍超过国家标准的 45 人。在这种情况下，小学教师每周平均授课 15.31 节，有 46％的人超过 18 节，平均每天在学校工作8.93个小时，在家备课1.63个小时。中学教师面临中考、高考压力，工作负荷更大。国家素质教育有关政策出台后，教师面临的挑战增加了，要参加计算机、英语的考试，要不断地接受课程考核，要矫正自己的普通话发音，还要学习制作课件的种种方法。减负后，教师又增新负，在有限的时间里要加大课堂容量，提高课堂效率。人的精力是有限的，因此，面对种种工作挑战，中小学教师的压力可想而知。高校教师在职称评聘过程中的竞争也是十分激烈的，既要有教学质量和时数的要求，又要有科研成果的要求。而目前高校的职称是有岗位限制的，其中教学科研型的教授占比例的10%～15%，副教授占35%～40%。因此，由此给教师所带来的精神压力是很大的。同时，随着科学技术水平的不断提高，社会对高校的人才规格和质量也在不断地提出新的要求，进而对教师的学历水平也提出了更高的要求，这更是给教师已有的压力又添加了一份重量。

3. 人际关系紧张

教师在学校中所处的人际关系较复杂。要处理和领导、学生、学生家长的关系，还要处理教师相互之间的关系。同事与领导的支持、谅解、友善、鼓励，使教师产生归属感，更加热爱教师工作，安心本校工作。否则会使教师产生消极的心理背景，产生相互推卸、埋怨、排斥等情绪问题。校园是教师生活的重心，学生是教师的重要教育对象。然而校园的环境与学生的心态在近些年已经有了相当幅度的变化。开放社会的一些不良风气的冲击，以及当今社会多元化的价值观念对儿童和青少年心理的影响，使得教育工作难有成效。有的教师付出数倍于以往的精力来应对学生，却不能收到预期的效果。同时，随着现代社会信息资讯的不断发展，教师不再是知识的绝对拥有者，在许多方面，可能学生比教师知道得更多，这无疑也对教师的职业权威产生了冲击。教学中的竞争、教育理念的不同、个性的不同，可能导致同事间的人际关系紧张。学生家长的不信任或指责、家庭成员的不理解与不支持，都会使教师有一种无形的人际压力，长期处于人际关系紧张的状态下，会令人心情忧伤、烦闷、抑郁。

## 三、家庭因素

1. 家庭成员的关系

（1）与子女的关系

现代家庭一般是父母在外工作，这就可能造成亲子关系的冷淡。因为在量上，教师和子女接触的时间相对较少；在质上，由于工作繁重，教师不能深入了解子女的情感需要。另外就是教师对待子女，有的时候和对待学生一样，很多教师的子女都觉得母亲（父亲）缺少其他父母那样的亲切感，感觉他们要求太高、太严肃。如果亲子关系不和谐，必定会影响到教师本身的情绪。

（2）与配偶的关系

繁忙的工作使家里人相聚的时间减少，关系趋向疏离，冲突增多。有些教师角色调适不好，即在学校里是教师，回到家里是妻子（丈夫），这个时候就要求教师必须调整自己的角色地位。如果对待丈夫（妻子）也像在学校里对待学生一样严格或者权威，就容易使夫妻之间产生摩擦，就是因为这种“角色窄化”，即无论在学校还是在家庭都扮演一种角色，容易引起家庭矛盾，甚至夫妻关系出现问题，影响到教师的情绪。教师的家庭大多数是双职工家庭，平时自己要忙自己的工作，下了班又必须料理家事，几乎很难有全家相处谈心的时间，到了寒暑假又不易做妥善的安排。因此，家庭中总要有人必须在这种生活状态中牺牲自己的权益，甚至造成难以弥补的损失。如果做出牺牲的一方经常觉得自己的付出很多，心理上找不到平衡的话，时间长了就会产生抱怨的不满情绪，这也会导致教师情绪问题的产生。

（3）与亲戚的关系

一个由于婚姻而与配偶的亲戚产生的婚亲关系有时候是很微妙的，处理不好就会导致夫妻之间的摩擦。比如，夫妻间在对待对方的父母、兄弟姐妹、亲戚朋友时，稍有不慎，就可能引发夫妻矛盾。因此，夫妇之间在与对方的亲人交往中必须注意其中的微妙关系，保持适当的平衡。否则，难免顾此失彼，也会因此连带出一些情绪问题。

2. 家庭事件的影响

（1）家庭状况的不满意

比如，家庭的收入。教师的待遇一般不是很高，如果家庭收入相对偏低的话，那么很难满足时代转型所带来的物质生活的提高。有的时候教师的休闲娱乐等精神需要的满足就会出现问题。这些当然不可避免地影响到教师的情绪，严重的会使得教师处于一种长期的压抑状态，甚至对自己产生负面的评价，出现情绪问题。再如，住房紧缺。没有足够的生活空间会使得教师产生难以描述的不安定情绪。

（2）子女的教育抚养问题

传统的大家庭已经改变，过去强调长幼有序的传统权威人际关系已经变成重视人人平等、互敬互爱的现代民主的人际关系。因此过去许多家庭中的生活和教育方式已经受到了挑战。根据一些研究和观察，现代的父母更需要来自外界的支持和帮助，因为教育孩子已经成了一个复杂的过程。由于教师在家庭中还扮演着父母的角色，他们也同样期待自己的子女能够成长为他们想象中的标准。但是，不是每个孩子的成长都那么顺人意，当子女的表现不是很让人满意的时候，教师的情绪就会受到很大的影响，甚至会责问自己为什么可以教育好别人的孩子却教育不好自己的子女。这种观念会成为一种压力，使得教师处于焦虑不安的状态中。

另外，一些突然的家庭大事的发生更可能直接影响到教师的情绪。如果调适不好，就可能产生情绪问题。比如，两地家庭的出现造成夫妻感情的疏远；家庭成员的伤病、经济的突然拮据等都会很大程度地造成教师的精神压力。

## 四、自身因素

1. 先天因素

普卢特奇克（Plutchik，1980）观察人们在社交情景中复杂的情绪反应，认为人格特质和情绪是相同的。他认为，一种人格特质就是一种倾向或者一种气质，以特定一致的情绪反应对人际间的关系做出反应。他进一步指出，当人们展现出某一种人格特质的时候，相对应表现出来的行为几乎是固定的。所以，一个有敌意的人不会和其他人一样只是偶然生气，他会经常生气。一个从小就退缩的孩子长大了可能有抑郁倾向。

总之，根据一些观察和研究，性别不同，个性不同，天生的气质不同，习惯的行为反应、经历的社会化过程也不同，情绪方面的经验也会有所差异。

2. 已有情绪体验

教师已经形成的情绪体验对教师目前的情绪表达和反应也有一定的影响。一些研究（Kas-hani，Hoeper，Beck & Corcoran，1987；欧阳仪，1998）认为，父母教养方式与儿童的人格和情绪发展都有密切关系，积极的教养方式使子女拥有较多快乐的情绪体验，较少有退缩与神经症状出现；反之，消极的教养方式则容易阻碍子女的正常发展，形成适应困难。例如，在一项针对 174 个成年人忧郁症患者的研究中发现，这些人评定自己的父母是敌意的、疏离的和拒绝的，而对这些病人的亲友、兄弟姐妹访谈，确定病人父母确实采取否定、敌意的教养方式。如果父母从小要求很严格，形成了完美倾向，他就会对自己提出比别人高的要求，这样当目标达不到的时候，他自己的情绪反应就会更强烈。也就是说，如果教师本身的成长就出现了这样那样的问题，那么成人之后，就是做了教师以后也一定会把这种已有的情绪反应泛化到自己的职业和生活中去。

3. 身体健康状况

好的身体是情绪快乐的一个条件，很难想象一个常年卧病在床的人每天都情绪高涨，所以，身体健康对于情绪也是一个非常重要的影响因素。20 世纪 90 年代以来，有人（Clesse & Martison）选取了大量的有关研究进行分析，得出临床上被诊断为抑郁的人健康水平较低的结论。一位身体健康状况不好的教师每天疲惫无力、缺乏活泼朝气，那他就比别人更容易消沉和自卑。

4. 挫折耐受力

教师在教学过程和生活当中都会不可避免地遇到不顺心的事情，如果教师缺乏忍耐、忍让、包容与容忍，对这些小事斤斤计较、耿耿于怀，消极和沉闷就会在心底积压，长此以往就会使得教师认为活着太累，并产生职业倦怠的心理。

情绪是和诸多方面的主客观因素是密切联系的，生活和工作的各个方面都可能引发情绪的波动。有些情绪反应是正常的，只要疏解得当，就不会演变为情绪问题。但是，如果这些不良情绪反应持续下去，又不采取有效的调节措施，长此以往就可能成为问题，影响教师的工作和生活，并会间接影响学生的成长。

人的情绪总是倾向或针对一定的对象和方向，而不会无缘无故地产生或变化的。情绪的产生和变化主要受到来自主客观方面因素的影响。

具体来说，教师情绪问题主要有：受教育改革的冲击、社会高期望与多角色负荷，教师的社会地位、待遇偏低等学校因素的影响；受学校管理和激励机制的不完善、工作负荷过大、人际关系紧张等学校因素影响；受家庭成员的关系、家庭事件等家庭因素的影响；受先天因素、已有情绪体验、身体健康状况、挫折耐受力等自身因素的影响。

知识卡

**教师情绪对教学效果的影响**

同一位老师教着不同的班级，教学效果却迥然不同。您是否注意到教师的议论、情绪也影响了学生？

课堂气氛是在课堂教学情景的作用下，学生群体基于需要产生的情绪情感状态，它是影响教学效果的重要因素。

过去一年的教学经历，使他强烈地感到教师情绪会严重影响教学效果。

刚教初一 6 个班时，1、3、4、5、6 班学生的习惯非常好，和任课老师特别亲，上课时师生间配合默契、相得益彰，收获颇丰。2 班有几个活跃调皮的学生，他们总是在老师板书或不注意时递东西、说话，惹得全班学生齐声大笑。他开始批评 2 班的学生，发泄对孩子的不满，课堂气氛越来越沉闷。

评选“我最喜爱的老师”时，2 班只有几位学生选他，其他 5 个班选我的票很多。期末测试 2 班及格率是其他班的一半，平均分和最好的班相差 10 分。是不是与他经常批评 2 班学生有关？是不是与他上课时的不良情绪有关？要让 2 班的学生继续“亲其师，信其道”，他必须调整自己在 2 班上课时的情绪。责任心强的班干部李小明，不断进步的王小鹏，“历史通”于小东……每位孩子每节课都被他表扬。“说得太棒了！”“谁来帮帮他”“你再想想看”等成了我的口头禅。他在课堂上的情绪变化了，学生的学习热情也随之高涨起来。

经验告诉他，教师要注意从以下方面调控情绪。

①用爱与宽容把握情绪。爱是一切的源泉，多和学生沟通，化干戈为玉帛，变荒漠为绿洲；学生出现问题非常正常，教师要平静、睿智地处理突发事件，用爱与宽容调控课堂。

②用信任与赞扬激发情绪。人性最本质的渴望是肯定。多赞扬学生，挖掘学生的多元智能，让学生喜欢老师和所教的学科，形成正螺旋状态，创设课堂最好的育人环境。

③用欢乐和成功塑造情绪。“成功是欢乐的，是一种巨大的精神力量，它能使学生产生学习的强烈愿望。”成功不应是优等生的专利，要为各知识层次的学生创设表现自我的机会，提出不同的“成功标准”。对待“学困生”，要优先点拨辅导，有微小进步，及时表扬，使他们尝到成功的喜悦，积累自信，逐步找回失去的学习动力，用好情绪塑造好学习。

④用目标和期望克服不良情绪。学生的个体性、差异性、独特性决定了老师要给予班级、学生不同的合理的目标和期望。老师不能乱加议论，不负责任的言论会扼杀学生的前途。陶行知先生说：“你的教鞭里有瓦特，你的冷眼里有牛顿，你的讥笑中有爱迪生。”一名好老师应利用相关效应使学生和班级获得新生。

## 第三节　教师情绪的调适

### 一、教师情绪调适的基本理论

心理学家对情绪问题进行了大约一百年不懈的研究。但是，因为情绪是一个非常复杂的过程，所以，至今尚无任何一种理论可以全面解释情绪，也没有任何一种理论可以囊括情绪调节的全部要义。由于各个学派研究的重点和解释的角度不同，于是形成了许多解释情绪的理论，如精神分析论、行为论、认知论、生理医学论等。下面简单介绍几种与情绪调适有关的代表性理论。

1. 认知论的观点

现代情绪心理学研究认为，情绪产生是由环境事件（刺激因素）、生理状态（生理因素）、认知过程（认知因素）三个条件所制约的，其中认知因素是决定情绪性质的关键因素。20 世纪 60 年代初，美国心理学家沙赫特（S. Schachter）和辛格（J. Singer）曾以实验证明，对身体生理状态变化的认知性解释是构成情绪经验的主要原因。而理性学派也同样强调人的认知对情绪的影响。

情绪的认知论的观点的基本假设是人们的情绪根源于他的信念、评价与解释，认为大部分的情绪困扰起源于责备，我们内化了许多导向自我挫败的非理性想法；认为情绪不会因为表达出来后就消失不见了，而是需要驳斥那些引发负面情绪的非理性信念，并且努力将上述不合理的思考方式转化成合理的方式，才能有适当的情绪反应。

20 世纪 50 年代，艾利斯在美国创立了合理情绪疗法。合理情绪疗法的基本理论为 ABC 理论。

(1) ABC 理论

如前所述，合理情绪疗法的理论要点是：情绪不是由某一诱发性事件本身所引起的，而是由经历这一事件的个体对该事件的解释和评价所引起的。

通常，人们会认为人的情绪及行为反应是直接由诱发性事件 A 引起的。举例来说，教师生气，通常我们会认为是由于学生没有完成作业这个事件导致的。但是该理论指出，诱发性事件 A 只是引起情绪及行为反应的间接原因，而 B——人们对诱发性事件所持的信念、看法、解释才是引起人的情绪及行为反应的更直接的起因。比如前面的例子，这个理论认为引起教师愤怒的不是学生没有完成作业，而是教师的理念——学生都应该完成作业，不然就值得生气。

也就是说，人们的情绪及行为反应与人们的信念有关。合理的信念会引起人们对事物的适当的、适度的情绪反应，而不合理的信念则会导致不适当的情绪行为的产生。当人们坚持某些不合理的信念，长期处于不良的情绪状态之中时，最终将会导致情绪问题的产生。因此，艾利斯认为每个人都要对自己的情绪负责。他认为，当人们陷入情绪障碍之中时，是他们自己使自己感到不快的，是他们自己选择了这样的情绪取向的。不过有一点要强调的是，合理情绪疗法并非一般性地反对人们具有负性的情绪。比如一件事失败了，感到懊恼，有受挫感是适当的情绪反应。而抑郁不堪、一蹶不振，则是所谓不适当的情绪反应了。

(2) 不合理信念的特征

对于人们所持有的不合理的信念，韦斯勒（Wessler）等曾总结出下列三个特征，即绝对化的要求、过分概括化和糟糕透顶。

a. 绝对化的要求这一特征在各种不合理的信念中是最常见到的。对事物的绝对化要求是指人们以自己的意愿为出发点对某一事物怀有认为其必定会发生或不会发生的信念。这种信念通常是与“必须”和“应该”这类字眼联系在一起的。比如“我的课必须都讲好”“学生必须听我的话”“大家都应该理解我”，等等。怀有这样的信念的人容易陷入情绪困扰。因为客观事物的发生、发展都是有一定规律的，不可能按某一个人的意志去运转。合理情绪治疗就是要以合理的思维方式代替这种极端的思维方式，以减少当事人陷入情绪问题的可能性，并帮助他们学会以合理的方式去看待自己和周围的人与事物。

b. 过分概括化是一种以偏概全的不合理思维方式的表现。艾利斯曾说过，过分概括化是不合逻辑的，就好像以一本书的封面来判定一本书的好坏一样。过分概括化的一个方面是人们对其自身的不合理的评价。比如一些教师的某一堂课上得不好，往往会认为自己“一无是处”“一钱不值”，是“连课也上不好的失败老师”等。以自己做的某一件事或某几件事的结果来评价自己整个人，其结果常常会导致自责自罪、自卑自弃的心理以及焦虑和抑郁的情绪。过分概括化的另一个方面是对他人的不合理评价，即别人稍有差错就认为他很坏，毫无可取之处等，这会导致一味地责备他人以及产生敌意和愤怒等情绪。比如，如果一个教师看到一个学生上课睡觉，就觉得这样的学生不可救药、难以调教，那就会产生愤怒和敌意的情绪。

艾利斯主张不要去评价整体的人，而应代之以评价人的行为、行动和表现。合理情绪治疗强调“评价一个人的行为而不是去评价一个人。因为在这个世界上，没有一个人可以达到完美无缺的境地”，所以艾利斯指出，每一个人都应接受自己和他人是有可能犯错误的人类一员。

c. 糟糕透顶是一种认为如果一件不好的事发生将非常可怕、非常糟糕的想法。比如，当一个教师认定如果有学生在他的课上不好好听讲是十分可怕的事情，根本没有办法接受和解决，这种想法就会导致这个教师陷入不良的情绪体验（如焦虑、悲观、抑郁等）恶性循环之中而难以自拔。

艾利斯指出，这是一种不合理的信念，因为对任何一件事情来说，都可能有比之更坏的情形发生。当他把自己遇到的事情定义为最糟糕的事情时，他就是自己把自己引向了极端的不良情绪状态之中了。糟糕透顶常常是与人们的绝对化要求相联系而出现的，即在人们的绝对化要求中认为的“必须”和“应该”的事物并未像他们所想的那样发生时，他们就会感到无法接受这种现实，无法忍受这样的情况，他们的想法就会走向极端，就会认为事情已经糟到极点了。合理情绪疗法认为非常不好的事情确实有可能发生，尽管有很多原因使我们希望不要发生这种事情，但没有任何理由说这些事情绝对不该发生，并且，发生的事情不见得就是百分之百的糟糕。

这些是引起人们情绪困扰的不合理信念的特点，合理情绪疗法就是要改变人们的这些看法，让合理的信念来指导人们的行为。

2. 精神分析学派的观点

弗洛伊德的精神分析学派是历史最悠久、影响也比较深远的经典理论之一，后来又出现了新精神分析理论。虽然两者强调的重点、对于人们内在动力的观点不尽相同，但是同样都强调内在看不见的心理动力。所以，后者也称心理动力学派。下面我们介绍以弗洛伊德为代表的情绪理论的驱力模式。

弗洛伊德强调心理动力对行为的驱动，认为行为受控于潜意识本能驱力与过去经验。如果本能驱力没有得到舒解的话，带来的压力将会继续在潜意识里维持甚至增长，长期压抑本能驱力会产生更大的紧张和压力。所以，弗洛伊德认为通过宣泄才能释放紧张的情绪。例如，平时积累太多的愤怒，一旦爆发，可能会捶桌子、丢东西或打人等。

精神分析学派把人格结构分成本我、自我、超我三个部分。本我是追求满足本能的需求，遵循快乐原则。超我是社会的规范和价值观，遵循道德原则。而自我是调节本我和超我的，可以根据环境和现实情景来使得本我和超我取得平衡，遵循现实原则。

本我、自我、超我之间的冲突会引起焦虑。弗洛伊德认为焦虑是一种紧张状态，他把焦虑分为三种形式：现实性焦虑、神经质焦虑、道德性焦虑。现实性焦虑是源于对外部世界中存在的危险和威胁的害怕。人处于危险情景下，很自然地就会有现实性焦虑，而焦虑的强度和威胁的强度成正比，感受到的威胁越大，就越是焦虑。神经质焦虑是因为无法控制本能驱力，而造成某些有害于自己的冲动或者做一些会让自己遭受惩罚的事情，所以，常常会感到一种莫名的紧张或者不安。道德性焦虑则是当个体违反良心、社会规范或者父母训诫之后感到的害怕。

如果自我无法理智地控制焦虑或者采取适当对策解除危机的话，个体将会以自我防卫机制，如压抑、否定、合理化等来应付焦虑，以避免自我受到打击。防卫机制是在潜意识里运作的，常是应对焦虑的方式，所以，防卫机制其实在一定的时候也扮演重要的角色，让我们不至于常处于焦虑状态中而无法正常运作，是我们潜意识中要保护我们自己的生存之道。然而如果长期采用这种自我防卫机制，也容易使得我们无法真实地认识自己，甚至限制自己的真实发展。一旦这种自我防御机制成了一个人应付所有现实问题的方式的时候，甚至可能会导致心理障碍。前面我们讲到了教师情绪要受到很多因素的影响，这些因素可能导致教师焦虑的产生，正如弗洛伊德所提示给我们的，当教师面对这些不良情绪又找不到合适的发泄途径的时候，就有可能采用防卫机制，比如，产生职业倦怠心理等。

3. 完形学派的观点

这一学派认为，一个身心健康的人往往能敏锐地察觉自己的躯体感觉、情绪和需要，从而妥当地组织自己的行为，使自己的情绪得到宣泄，需要得到满足，身心功能得到正常运转。相反，一个有心理障碍的人不但不能敏锐察觉自己的躯体感觉、情绪和需要，而且会压抑它们。他们往往将那些不希望看到的心理活动压抑住，长期的压抑不仅使这些感觉、情绪和需要得不到正常的表达和满足，更会引起焦虑、抑郁等神经症征状。而且，这些感觉、情绪和需要长期与意识分

离，会使人越来越丧失与周围环境积极沟通和保持建设性联系的能力，如此形成一个恶性循环。

完形学派重视个人对于此时此刻（here and now）的觉察，所谓觉察就是能够了解我现在正在想什么，感觉什么。由于人们对不愉快的经验或痛苦的感受都倾向于用逃避的方式应对，因此对自己的状态和需求也逐渐不清楚，所以通过情绪感受的直接表达可以帮助人们觉察内心的实际需求。完形学派提出了未完成事件（unfinished business）概念，其实就是包括悔恨、愤怒、痛苦、焦虑、悲伤、罪恶等没有表达出来的感受。虽然这些情绪未被表达出来，也并未被充分体验，但是在潜意识里却与鲜明的记忆或想象互相联结。人们常常为了生存或暂时让自己好过一点儿，于是将某些经验很自动化地储存在记忆中的角落，然而未被解决的情绪或未被照顾到的需求一直存在着，而且在潜意识里左右着人们的行为反应。所以如果刚好现在的某些经验触动了某个按钮，过去未完成事件的情绪将会一下子全都涌出来，甚至宣泄而出，以至于造成过度反应或错误知觉。

完形学派认为未完成事件在不知不觉中会带入现实生活中或衍生出一些不必要的片断情绪，因此，这些未解决的情绪就会阻碍我们的感觉或者知觉，而扰乱以现在为中心的察觉，让我们无法真切认识与接纳自己、他人与现实，进而妨碍自己与他人有效的接触。由于大多数人宁愿逃避体验痛苦的情绪，而不愿意做必要的改变，所以完形学派鼓励个体在此时此刻不是谈论自己的情绪，而是确实在此时此刻体验自己心中的情绪，完形学派认为只有充分体验自己的情绪之后，才能有可能去改变与成长。因此，当教师处于不良的情绪状态中的时候，不妨宣泄出来，这对于情绪调节是一个比较简单合适的方式。

**知识卡**

### 女教师情绪的自我调控

女教师是中小学教师队伍中的主力军，她们在教育教学活动中表现出来的喜、怒、哀、乐、忧、惧等情绪，以及由这些情绪造成的心理氛围，必然会对教育教学的效果以及学生的身心健康产生积极或消极的影响，同时也影响着她们自身的心理健康。因此，培养女教师积极愉快的心境，控制、调节不良消极情绪是学校管理者和女教师本身都需要注意的问题。

**学会自我疏导，消除不良情绪**

女教师要保持愉快、稳定的情绪，除了要有一个宽松、和谐、温暖的外部环境之外，更重要的是还必须创设一个良好的内部心理环境，随时调节、控制自己的心情。当产生负面情绪时，女教师要学会自我疏导。常用的方法：宣泄，即让消极情绪充分地表露发泄出来，比如向亲友倾诉、写日记、流泪痛哭等；移情，即当情绪紧张、焦躁、愤怒、痛苦之时，去听听音乐、看看电视，做点别的事等，让感情迁移，使心情平静下来；再如运用一些心理防卫机制，像“酸葡萄心理”“甜柠檬心理”，等等，也能帮助减轻或消除令自己不快的情绪。当然，这种防卫机制不能多用，更不能完全依赖，因为这毕竟是一种消极的调控方式，它本身并不能使问题得以解决。

**培养良好品德个性，营造积极心境**

女教师不能总是等负面情绪累积得不能承受了才去宣泄，不能总是被动地去抵御、化解消极情绪；相反应当在平时就注意营建一个开朗、乐观的心境。因为有积极心境的人，就能更多地体验愉快和满足，不易受负面情绪的感染。积极的心境来源于良好的品德和个性。比如女教师热爱教育事业、热爱学生，有春蚕红烛的献身精神，那么就会以苦为乐、以苦为荣；她们的胸怀开阔、兴趣广泛、为人友善，那么好的心态就会平和，不会患得患失、斤斤计较，对生活充满信心和希望，因而耐挫力也更强。因此，女教师平时要注意树立正确的世界观、人生观，注意陶冶情操、塑造性格，形成优良的思想品德和个性品质。

**建立良好的师生关系，焕发童心**

师生关系是女教师职业生活中占主导地位的人际关系，由师生关系带来情绪体验成为女教师主要的情绪内容之一，它能长期影响女教师的心境。比如，对抗型的师生关系使女教师产生挫败感、失落感，体验到焦虑、愤怒和无奈等负面情绪。因此，女教师要努力建立起和谐的师生关系。建立和谐的师生关系，关键在于热爱学生、尊重学生、平等对待学生。其次，女教师要全面关心学生的思想、学习和生活，了解学生的兴趣爱好，做学生的知心朋友。女教师还要多参与学生的活动，这既能促使师生相互了解和理解，有助于师生关系的融洽，同时也能使女教师焕发童心，长久地保持愉快的心情。

## 二、教师情绪调适的基本方法

积极的情绪是个人活动的动力，会提高学习和工作的效率。对一切情绪进行压抑，不仅无益于学习和工作，而且会造成情绪障碍，导致心理疾病。所以，情绪调适不是主张无条件地压抑情绪，不是否定一切情绪的价值，而只是对那些有碍于身心健康的情绪反应进行控制。情绪调适不是对有害情绪进行简单消极的压制，而是采取积极疏导的态度。

1. 觉察自己的情绪

根据完形学派的观点，重视此时此刻的觉察对情绪的调适非常重要。想要有效地调适情绪，第一步就是要正确地觉察自己的情绪，不管处于什么样的负面情绪中，先暂停、中断目前的情绪，跳出来，让自己先冷静一下。注意自己此时此刻的情绪，去感觉和体会自己的内心感受。对于教师，很多客观条件要求他们能置自己的感受于一旁，而要重视学生的状态，他们自己也一般都把眼光放在知识和学问上，很少关注自己的内在体验，使他们自我感觉的觉察力比较迟钝。如果不能觉察自己内心的情绪，人通常会把注意力放在外在的事物上，因此更容易被外界环境所左右，以至于被情绪的波涛冲昏了头脑。2002 年 6 月，云南昆明寻甸县一个小学教师因受到校领导不点名批评而气愤难平，为泄私愤，放火焚烧校舍，造成 8 名住校学生被烧死，4 间教室、7 间宿舍被烧毁的犯罪事实……这样无法觉察情绪的人，常常意气用事，因为一时的冲动做出无法挽回的蠢事。

当对情绪不够熟悉或者不够了解的时候，常常无法明确地辨别自己的情绪。比如，有的时候，人会觉得不舒服、不愉快，至于“不舒服”到底是什么，却也说不出来，这个时候不妨问自己：“什么让我不舒服？是愤怒、悲伤、挫折、害怕还是羞耻？如果是接近愤怒的感觉，是不平、敌意还是愤恨？”……这样可能使原本模糊的感觉具体明确起来。

如果情绪复杂，还应该学会分化出复杂情绪的主要部分。比如，学生上课说话，教师生气大骂，但探究背后的情绪，可能是觉得学生不听课而自己讲得那么认真，让他很是失望和受挫，不过后来很快就转化为生气的情绪，表现出来的也是生气的反应，因为他觉得在学生面前承认或者表现出挫折情绪，等于暴露自己是脆弱的，这样就没有面子。因此，为了避免师生的冲突，教师要学会辨别自己的真正情绪，才能真正解决问题。

关于探索自己真正情绪的方式，可以灵活多样。比如心情日记，就是在日记中记录发生的事情，对自己情绪的觉察（对情绪发生原因的分析）、自己的想法，或者想到的和过去经验的任何联系，都可以写。

2. 探索引发情绪的原因

根据认知论的观点，通常造成我们某种情绪的原因，主要是来自于我们对于事情的看法或想法，因此，探明引发情绪的原因也是调适情绪的根本。

### 典例阅读

午后，老师正在讲台上认真地讲课，看到学生们个个无精打采，有的看窗外风景，有的不由自主地转笔，有的趴在桌子上……这个时候，老师看到 A 生拿出武侠小说来看，气愤的老师开始大骂每个学生。A 生被骂得心情也很不好，于是，就倔强地依旧把小说摆在桌子上。老师开始情绪失控，边骂边撕毁了小说，还把A生拉起来，扬言要开除他。整个一节课老师几乎都在发火。

教师情绪反应是失望、受挫，由于被激惹而发怒。有效调适情绪除了要觉察和分化这些情绪之外，就是要分析自己生气的原因。了解了原因，那么解决的方法也就呼之欲出了。情绪的原因主要来自于对事情的看法或想法，因此，要学会洞悉那些左右情绪的想法。比如，上面的情景中，教师的发怒可能是因为“学生都应该认真听课”“我在认真讲课，如果他们不听，就是不守本分，就是对我的不尊重”，这样的想法让他在事情发生的时候不能正确地分析和处理什么是真正引发情绪的根本。

3. 掌握情绪调适的方法

情绪所引起的反应是复杂的身心反应，要完全控制很难。但是，我们可以在情绪来临时，主动去观察我们的情绪，了解情绪问题产生的原因，然后利用一些有效的方法去调节自己的情绪，以免在情绪来临时表现得过分强烈，以致失去理智。

(1) 身心松弛法

当遇到难以应付的场面的时候，会引起教师的紧张、焦虑。此时往往心跳加快、手心出汗，这个时候先不要急着去做决定，先闭目片刻，咬紧牙关，深吸气，屏气一小会儿，长长地吐出一口气，再深吸气，把紧张和焦虑随呼气一起吐出去。这是最简单的放松方式，是随时随地都可以进行的。

如果条件合适，比如在比较舒适的办公室或者家里的时候，还可以进行一下放松训练。放松就是通过逐渐松弛全身各部位的肌肉组织，使周身上下消除紧张，以控制应激、促进健康的技术。这里介绍比较简单的逐步肌肉放松法。

放松前先坐在带有靠背的椅子上，头和背靠在靠背上，双臂自然下垂，双手搭置膝上，双脚放平，小腿与大腿、大腿与臀部成直角，双目微闭，注意力集中于身体动作。①上肢放松：双手用力紧握，两臂缓缓举起，当与身体成直角时停留片刻，双臂用力，体会上肢的紧张感觉，然后等到双臂感到疲劳时，缓缓放在双膝上，此时尽量使臂部和手的肌肉放松，体会上肢肌肉的放松的感觉。重复练习上述动作1～3次；②腰部放松：用力挺胸直腰，使胸部肌肉和脊柱关节处于紧张状态，坚持1～2秒，体会紧张的感觉，缓慢放松肌肉和脊椎关节，体会肌肉、关节松弛的感觉。重复练习上述动作1～3次；③下肢放松：双足用力，蹬踏地板，臀部似有离开座椅抬起的感觉并停留1～2秒，使下肢肌肉及髋、膝、踝关节处于紧张状态，体会紧张的感觉，缓缓放松下肢，使肌肉、关节放松，体会松弛的感觉。重复练习上述动作1～3次；④颈部放松：用力收颌挺颈，使颈部肌肉和关节紧张坚持1～2秒，体会紧张感觉，缓缓放松，体会颈部松弛感觉。重复练习上述动作1～3次。

放松过程可以根据场合和个人的习惯来安排放松的顺序和时间，放松练习全过程中要注意体会紧张与松弛的感觉。通过一段时间的练习，当处于紧张焦虑之中时，回想放松的感觉也可达到完全放松的状态。这样就可以心平气和地去处理问题，迎接挑战。

（2）宣泄

案例：2002 年 5 月，性格孤僻的甘肃教师携枪来到他向往已久的首都完成自杀之旅，幸好刚到北京西客站就被民警发现。原来，这个有着 17 年教龄的教师，由于性格孤僻，没有朋友，自觉和社会格格不入，深感抑郁、无人理解，于是选择了这样一个方式想终结生命。

根据精神分析学派的理论，情绪的适当宣泄可以使情绪能量得到释放，用以恢复身心机能的平衡和稳定。如果情绪积压过多得不到适当的宣泄，则容易造成身心的紧张状态，时间过长或者强度过高，还可能造成身体的某些病变。情绪宣泄首先要学会表达感情，面对社会角色的期待，教师总是被要求要控制自己的所有情绪，以学生为重，这逐渐钝化了情绪表达的技巧和方式。其实，必要的情绪表达远远比压抑自己更好。

倾诉是一种比较好的宣泄方式。倾诉就是找一个值得信赖的人将心中的想法与苦闷都讲出来，可以舒缓不良情绪。罗杰斯认为，人不仅可以交流内心的思想，还可以交流内心的各种各样的情绪，包括内心的冲动、模糊的感受，甚至难以启齿的秘密，都可以交流和沟通。加强沟通，可以缓解压力，释放内心能量。将心中的委屈、压抑、担心、焦虑通通说出来，去说给那些愿意倾听并且真心实意提供帮助的人。如果难于启齿就写下来。总之，只有吐露那些困扰着自己的东西，才能感到轻松。这样的宣泄可以消除紧张的情绪，暂时把注意力从不快乐的事情上转移开，朋友能够帮助分析事情的原委，使当事人点燃自信，更加理智。有时候一名合格的心理医生是最佳人选，有时候大声朗读也是一种宣泄的方式。当然，无论哪种形式，都该适度而合理。

另外，完形学派也强调合理的宣泄，还提出了宣泄的一种技术，叫作空椅技术。完形治疗就是格式塔治疗，是由佩尔斯（P. S. Peris）创始的。完形疗法关于负性情绪情感的解释与治疗对于克服羞耻感、罪恶感有重要启发。其中，空椅技术应用最广。

空椅技术是使当事人的未完成情节得以宣泄的一种有效途径。空椅技术采用角色扮演与对话练习的方式使当事人将这种对话游戏得以外显。这种技术运用两张椅子，当事人坐在其中一张椅子上，扮演事件一方，然后再换坐到另一张椅子上扮演事件的另一方，并要求当事人扮演的双方持续对话。通过这种方式可以再现当时的情景，再次体验情绪，协助当事人去探触他们潜藏深处的情感，以及连自己都可能否认的一面，他们借此将情感外显化。而且通过角色交换，当事人能够接纳和整合事件双方的感受与体会，使内在的对立与冲突获得较高层次的整合，即学会去接纳这种对立的存在并使之并存，而不是要去清除它。佩尔斯认为其他的治疗法过于强调改变，而改变是不能强求的，应该透过对此种对立的接纳才能产生整合，当事人也才能根本地去除自我折磨的困扰。

教师可以在想象中进行这个过程，在头脑中进行当事者双方的对话。体验自己的情绪，也了解事件另一方（通常是学生、同事和领导）的感受。

（3）转移注意力

有关研究表明（郑希付，2003），随着时间的推移，启动的消极情绪模式的强度在短时间内（3 分钟）快速恢复正常，消极情绪的即时启动效果比较好，但是消失得也比较快，因此，消极情绪的启动效应是暂时的。但是，积极情绪启动后，随着时间的推移，在短时间内（5 分钟），其情绪强度有增长的趋势。所以，当坏心情存在的时候转移一下注意力使这个启动时间过了这 3 分钟，可能带来的伤害就会减少。

1919 年日本慈惠医科大学教授森田正马博士曾经指出，情感活动有一条规律：若将注意力集中于某种情感，则这种情感反而会加剧。一旦有了不良的情绪，人们就希望能加以控制。但是，从操作上来说，直接控制人的情绪是不可能的。因为情绪以及伴随的生理变化都来自自主神经系统的自主调节，不受人的意识所控制，所以，不可能加以改变。因此，此时不如转移注意力。转移注意力就是把注意力从引起不良情绪反应的刺激情景上转移到其他事物上去的自我调解方式。转移注意力有助于改变情绪，将注意力由原来的负面情绪和思绪中转移到其他的事情上，比如出去走走、跑跑步等，暂时离开情绪发生的现场，可以避免情绪的继续恶化。比如，当教师在课堂上无法控制自己的情绪的时候，就可以暂时离开课堂，出去走走，然后再回来处理问题，避免人在激情期思维狭隘。

（4）要学会与不合理情绪辩驳，积极主动地对自己发问

用语言暗示可以改变对事件的看法和情绪反应。比如，教师可以问自己："别人都有失败的时候，是不是我一定不能有？""学生是不是都要按照我的观点去做？""我有什么理由要求事物按照我的旨意发展？"然后逐渐认识到这些已有的观点是不现实的、不合逻辑的。在这个过程中，每个教师自己可以尝试从典型事件入手找到 A，然后一步步抓出导致情绪反应的真正原因 C。这是情绪 ABC 理论的具体应用。比如在列举的情景中教师可以找出对应的 ABC。

A：我在认真讲课，学生都不用心听，各干各的事情。

B：我的课学生就是必须认真听，否则，我无法忍受。

C：我很生气。

然后教师应该分辨出自己的合理信念和不合理信念。前面我们讲到了三类不合理信念的特征：绝对化要求、过分概括化和糟糕透顶。例子中教师的“必须”“无法忍受”等观念正是典型的不合理信念。找出了自己的不合理信念，下一步就是对自己的不合理信念进行批驳，自我指导调整认知：“我一定要做得完美吗?”“我希望学生认真听课，但是，他们没有认真，我就真的无法忍受了吗?”然后尝试以合理的信念来取代自己不合理信念。“我希望学生都喜欢听我的课，但是，有个别的例外也是允许的。”“学生的注意力不集中也有可能是因为天气太热的原因。”“课上同学们不认真听讲，只是说明了我需要努力提高课堂的趣味性，我会努力的。”

但是要注意，驳斥不合理信念并不是找理由安慰自己，也并非引起我们不愉快的想法就是非理性的，生活中遇到挫折、生气的事情也是正常的，但是如果这些情绪严重影响到了日常生活，就可能是因为不合理信念在作怪。因而通过认识的改变，不是让我们没有情绪或者没有负向情绪，而是要有合理的情绪和合理的情绪反应。另外，驳斥不合理信念可能不是一两次就能见效的，也需要有个过程，需要有不断的练习。

总之，不良的情绪反应是人们在应对不愉快事件的基本反应，只要不被不良情绪湮没，有效地缓解和调适不良情绪，就不会产生情绪问题。当然，在调适中要注意采用适合自己的方式。

心理学家对情绪问题进行了大约一百年不懈的研究。但是，因为情绪是一个非常复杂的过程，所以，至今尚无任何一种理论可以全面解释情绪，也没有任何一种理论可以囊括情绪调节的全部要义。各个学派研究的重点和解释的角度不同，于是就形成了许多的情绪理论解释，如精神分析论、行为论、认知论、生理医学论等。

根据完形学派的观点，重视此时此刻的觉察对情绪的调适非常重要。要想有效地调适情绪，第一步就是要正确地觉察自己的情绪。

情绪所引起的反应是复杂的身心反应，要完全控制很难。在教师的日常生活中可以运用的情绪调节的方法有身心松弛法、宣泄、转移注意力等。

## 知识卡

### 教师情绪调查表

尊敬的老师：

为有针对性地改进学校工作，让您在校工作更加顺利，生活更为愉悦，学校设计了这份问卷调查表。您在本表提供的信息只供学校研究有关问题而用。请您放心地如实填写。

请在您认为和您近来在校的工作与生活状况相吻合的表述前打“√”:

1. 最近以来学校同事之间关系越来越和谐了，彼此相处大家都十分愉快；

2. 平时如果工作与生活上有什么问题，我愿意与校长或学校有关领导沟通；

3. 最近一段时间，只要一走进学校我就感到心烦；

4. 不管遇到什么事情，只要一走进教室看学生，我就感到振奋；

5. 无论在校内还是校外，见到校长或学校其他领导，只要有可能我总是尽量避开，最好不要和他们见面；

6. 尽管学校条件还比较有限，但我感到学校的设施设备用起来还是十分方便；

7. 除了本职工作，我很少关心学校其他的事情，学校的大事有校长在操心，用不着我们多管；

8. 学校的教师都在忙着自己的事情，大都不会去管别人的事；

9. 在学校最心烦的是经常听到别人在背后议论我；

10. 我班学生的基础就是比别班的差，学习也不用功，见到他们我常有无可奈何的感觉；

11. 我常常为自己能给学校发展出一些好点子而感到自豪；

12. 对社会上一些人不负责任地议论我们学校，我会感到十分气愤。

对教师情绪调查结果，按其项目出现的频率和比例进行排列。列出教师选择频率最高的3项和比例超过50%所有项目。

• 如果教师调查中高频或高比例项目落在（3)、(5)、(7)、(8)、(9）和（10）中，则应即刻向学校做出教师情绪预警。

• 如果高频或高比例项目落在（3）上，则表明教师对学校总体上比较厌烦。

• 如果高频或高比例项目落在（5）上，则表明学校教师和校长以及校领导存在较大隔阂；

• 如果高频或高比例项目落在（8)、(9）上，则表明学校人际氛围存在一定问题；

• 如果高频或高比例项目落在（10）上，则表明教师有较强的挫折感，教育理念也存在一定问题；

• 如果高频或高比例项目落在（7）上，则表明学校在决策过程中，未能注意发挥教师的作用。

## 教师情绪假，人性化管理还是作秀?

**【数字】现在教师普遍感觉压力大**

作为一种可能是受到最严格监督的职业，中小学教师在今天感受到的压力之大前所未有。《中国青年报》曾报道，在某省举行的大样本调查表明，约有58%

的教师表示自己感到压力过大，经常出现焦虑情绪、强迫症状等心理健康问题。调查发现，30%的教师会因焦虑或情绪低落而上课没精神；18%的教师承认会因为自己心中烦恼而迁怒于学生，还有14%的教师会因为上课气氛达不到自己的要求而情绪失控、朝学生发火，给自己的教学工作和学生的健康成长带来了不小的负面影响。

**【案例】教师“情绪假”出现在校园中**

身体不舒服导致心情烦躁、家中有事带来情绪焦虑……当老师在上课前有这样那样的情绪问题时，可以申请调课，也可以请半天假，由学校的领导为其代课。沈阳市皇姑区岐山三校日前在教师中推行的“情绪假”引起社会关注。

“‘情绪假’就是教师消极情绪回避制度。”校长赵美君说。故事得从去年下学期开学时说起。2005年9月，赵美君出任岐山三校校长。新校长对学校的情况不熟悉，就在学校里做了两次调查。10月的一天，200多名高年级的同学被“秘密”请到一间大教室里，每个人都拿到了一张“征询意见卡”，要他们回答“你喜欢什么样的老师?”调查结果给学校领导们上了一课：那些最受学生欢迎的老师，不是教的学生成绩最好的，而是和蔼可亲、幽默风趣的“大朋友”。另外一份给老师的问卷结果却让人皱眉头：多数老师感到工作压力大，放松不下来。

做了十多年班主任，又当了10年校长的赵美君对老师的感受特别理解。新课改对教师的要求提高、家长的高期望值、过长的工作时间和不能与之成比例的工资待遇等，都容易使教师出现心情烦躁、情绪低落等心理问题。以前老师情绪不好时，除了上课前深呼吸自我调整，别无他法。要想让课堂气氛活跃，要想让学生的心理健康，老师的心里首先就要充满阳光。之后发生的一件事让赵美君拿定了主意。一次，一位姓韩的老师和学生家长发生争执，家长带几名亲戚和同事前来“兴师问罪”。校长室里，韩老师委屈得哭了一个中午，下午有课，她只好抹两把眼泪上课去了。“这课能上好吗?”赵美君心里直打鼓，这让她受到启发——何不给老师放个“情绪假”?

家长们对此反应如何? 岐山三校向家长发出800张问卷征集对“情绪假”的意见，收回来的690张问卷中，赞成的占92%，家长们觉得“情绪假”有利于孩子们愉快地学习。

另外8%的家长表达了他们的担忧：老师放假了，孩子们的课不就落下了吗? 为了不耽误课程，“回避制度”里立下规矩，在教师“回避”期间，由学校的中层以上领导负责代课。记者看到，“回避制度”里明明白白地写着“凡代课领导日常要通读教材，尤其要侧重备好分管学科的课，随时随地准备进入课堂”。这下领导的担子重了，平时既要做好“替补队员”，还要做好“队医”——“代课领导要经常深入年级组，与所分管学科的教师谈话、沟通，帮助教师及时调节心态，解决其在生活和工作上遇到的难题。”赵校长说。

“其实叫‘情绪假’也不太准确”，赵美君解释说。原来，老师提出不能上课时，一般选择调课，即使“放假”半天，老师也通常待在学校里干点别的事。可以到“健身放松活动室”打打乒乓球，也可以到“温馨之家”里听听音乐、看看报纸，还可以到“悄悄话室”直接找校长唠唠嗑，学校还请来了专业的心理咨询师呢！当然，如果老师提出回家调整状态，也是允许的。赵校长说，他们平时就注意从多方面做好老师们的心理健康工作，“情绪假”属于应急制度。

准许教师请情绪假，是学校中出现的新事物。就此制度的提出在杭州市第24期50名小学后备校长培训班中组织了一次讨论，现把不同观点分述如下，以期给校长管理工作提供思考。

**【正面观点】**

“情绪假”充分考虑到了教师和学生的需要，体现了对教师和学生高度负责的精神，这种人本管理的理念值得倡导。

郑老师：首先应看到这位校长已经充分看到了教师的压力与情绪问题，真正考虑到了“教师也是人”，提出了这一人文关怀的举措。确实，当今社会教师的压力越来越大。尤其是新课程实施后，各界对教师的要求越来越高，难怪有不少人感叹“教师难当”！其次这位校长也体现了“以生为本”。学生到学校是来受教育的，没有理由看老师的脸色上课。这一举措保证了学生的受教育权。

邓老师：“情绪假”举措十分好。现在老师的压力太大了，作为教师要搞课题、做研究、写论文、评这评那，对于老师来说实在太累了。什么时候可以让老师们减减压，减轻他们的心理负担，这是学校管理者必须看到的问题。

黄老师：这种做法的出发点是体现教育的人文关怀，不希望教师带着不愉快的情绪进入课堂面对天真的孩子。我估计该校中请“情绪假”的老师不会太多。因为每个教师都接受过心理学学习，都有一定的自我调控能力。其次，老师都很要“面子”，不会因一点点情绪而请这个假，因此不必担心操作性。作为管理者，提出“情绪假”是想传递两点：一是教师们压力很大，学校领导是看在眼里的，也在积极地采取对策；二是老师要学会自我调节，不要因情绪而影响教学、影响学生，而要笑对学生、笑对生活。

张老师：如果说学生减负是人性化举措，那么教师减压也是人性化的体现，应大力提倡。杭州下城区曾进行过一个“阳光教师、快乐少年”的活动，与此类似。这里的“阳光”是指心理上的阳光，无不良情绪。只有阳光的教师才能培育出快乐的少年。那么，“情绪假”对于一些情绪波动幅度大、频率高的教师是好的举措。这是对教师负责，也是对学生负责。

【反面观点】

“情绪假”不符合中国国情和教师心理特征，有作秀之嫌。

汤老师：这是心血来潮的结果！这种假很难与我们中国的国情相接轨。中国人爱面子，喜好把问题掩藏起来。如果这种假确立了反而不太会有教师来请假。因此，我个人以为“情绪假”还是不设为好。校长要“察言观色”，细心地呵护教师，敏锐地觉察出情绪波动，帮助他们调节。

夏老师：情绪假无操作性！不但不利于教师放松，反而会进一步加重教师的心理负担，并对后期工作产生不利影响。对老师的关怀要出于真心！老师来请半天假、一天假应无条件答应。教师不会无缘无故就请假的，要相信教师的素质。

徐老师：“情绪假”这个举措的推出具有很强的人文性，学校充分考虑到了教师的需要，做到了以教师为本，这种理念值得倡导。

但我觉得具体做法不是很妥当。因为学校之所以有校长、中层干部、一线教师这样的分工是根据学校发展的需要、学校本身的特点来定的。如果校长、中层干部都去代课了，那么学校的发展谁来规划、具体工作谁来落实？所以我不赞成在学校中推行这一举措。

教师是一个成年人，应对自己的工作、生活负起责任来。教师的工作对象是学生，就不应该把情绪带到工作中去。但我认为学校可推行既考虑到学校全局，又考虑到教师需要的请假制度。如机动假，在不影响教师年度考核、评先评优的基础上，学校允许教师每学期请两天机动假。教师可根据自己的需要确定请假的时间，只需事先安排好自己的教学工作，又不需要说明具体原因（保护个人隐私），这不是比“情绪假”更人文吗？

周老师：这个制度的建立只能是一种理念的传播，操作起来会有难度。相信不会有几个老师来请这个假。首先，“情绪假”的名称就让人不舒服，难道有“情绪”就可以放下学生、不进课堂，同事会有什么想法呢？老师不可能没有顾虑；其次，如果因为家庭问题有情绪，如何向领导开口请假（哪怕只有一位领导知道）？我认为关于教师情绪调节，完全可以有另外的操作方式，例如，每月给教师 48 小时的调休（前提是安排好自己的工作，到教导处备案），这样不是能给老师更大的空间吗？

吴老师：可以预见的是，该校申请“情绪假”的老师可能为数不多，并且会以老年教师为主。从现在教师的现状分析，大部分教师比较爱面子，一旦请这个假就会担心会不会引发同事及学生、家长的无端猜测。大部分教师在一般情况下宁可自我调解，也不愿公开自己的情绪。

【中间观点】

从人性化管理的角度看，“情绪假”制度值得借鉴，但在方式方法上还可斟酌，要严格管理，加强规范。

孙老师：沈阳岐山三校实施“教师消极情绪回避制度”，是现代学校管理进步的体现，充分体现了该校校长人文化管理的先进理念，受到欢迎也在情理之中。我觉得从人性化管理的角度看，这一制度值得借鉴，但在方式方法上还可斟酌。比如请假的时间、空间再扩大些，请假的名称再含蓄些，索性将人性化坚持到底；同时要加强行政人员的业务培训，以尽量减少因教师请假对教学产生消极的影响。

吴老师：“情绪假”是人本化的管理制度，非常值得倡导。但好制度还应有好的操作。如一定要实施“情绪假”，就必须严格制度，规范操作，否则，好事可能就变成坏事了。杭州天地实验学校也曾实施过这一制度，他们的操作流程就比较规范：自我中请—教导处安排代课或调课—教师回避。和案例中不同的是，天地实验学校没有刻意强调由学校领导来代课，而是安排了同一学科的老师来代请假老师的课。我比较认同这所学校的做法，原因有二：其一，领导不是全才，他们代课教学质量得不到保证；其二，领导事务较多，时间上难以保证。

王老师：教师的情绪当然会影响到学生，如果教师自己的心理状态不佳，那么自然会转嫁到学生的身上。所以，该校能实行“情绪假”，让教师有一个调整心情的机会，这当然是一项“人文措施”。但同时对学校正常的教学秩序肯定会有影响。

校长应在平时多注意教师的心理状态，能经常地帮助教师减压，请专家给教师做心理辅导，教会教师自我调节，这样可防患于未然。

从学校管理的角度看，“情绪假”的推行可能还需要一些配套的措施。例如，代课毕竟不太可行，因为涉及教学进度、内容等方面，次数多了，也确实会像家长们所担心的那样，课的质量会受到影响。还是“换课”更合适。同时，还要注意帮助教师切实解决问题，真正切断不良情绪产生的根源。

**【笔者观点】**

尽管在讨论的过程中，50 位后备校长对“情绪假”这一制度有着不尽相同的看法，但是，对于这一举措所体现出来的对教师的理解和关怀，大家基本上都表示了认同和赞赏。也就是说，今后在这些后备校长的学校中，我们有理由期待出现尊重和厚待教师的、以人为本的学校制度和人文化的管理。从这个意义上看，我们的这次讨论其意义就不可低估。我始终认为，一个不能尊重教师、漠视教师心理状态和生存处境的学校，不可能有真正意义上的教育。从这一意义上说，我们应向目前尚不完美但却致力于给师生以温暖和关爱的学校致敬！

## 思考题

1. 简答教师有哪些情绪问题及其表现形式。

2. 如何诊断教师的情绪问题？

3. 教师的情绪问题是如何产生的?

4. 教师的情绪问题如何调适?

## 课外阅读

### 在工作中控制情绪的技巧

每个人的情绪都会时好时坏，学会控制情绪是我们成功和快乐的要诀。实际上没有任何东西比我们的情绪——也就是我们心里的感觉——更能影响我们的生活了。

**伤心**

人们每有所失，就觉得伤心。当我们觉得伤心时，应设法找出失掉的是什么?这种丧失对自己有什么影响?所丧失的曾经满足过哪些需要?失掉了今后能在哪里取得补偿?

**焦急**

人们在恐怕受伤害或丧失所有时就会变得焦急（忧虑、恐惧、紧张）。

如果我们感觉焦急，就应设法确定自己恐怕丧失的是什么——是不是别人的爱和照顾?是自己对境况和对自己本身的控制?还是自己做人的自尊心和价值感?想一想有什么能帮助自己防止损失或准备应变，不要因为想来太可怕而把它撇开。躲避自己所怕的事，只能把事情弄得更糟，问题更难解决。

**愤怒**

被人得罪了，人们往往会发怒。我们发怒的时候，要自问：“谁得罪了我?怎样得罪的?我对那个人说了些什么?我本来要说些什么?为什么我没有说呢?”

倘若有人触怒了自己，立刻对他讲明，大多数人都会表示歉意并仍要和自己继续做朋友。

**内疚**

愤怒不能适当发泄，就会掉转过来进攻自己。一个人对自己发怒时，他就会心生内疚而对每一件不顺遂的事都归咎于自己。

怎样对付内疚?只要记住大多数内疚来自压抑的愤怒，而愤怒又是因心灵受伤害而产生的，那么解决的办法应该是查出心灵所受的伤害，并找出造成伤害的原因，再把愤怒引回原来它应该发泄的地方。

# 第五章　教师的自我意识与教育效能感

## 名言欣赏

人对社会有两种态度：一种人永远用乐观的、积极的态度看世界。一种人用悲观、消极的态度看世界。实际上这是划分人的心理平衡与不平衡的标准。只要你乐观积极地看世界，这世界就很美好。

## 导读

由于职业的特殊性，教师自我意识与教育效能感的高低直接影响教师的教育教学行为，进而影响到学生的学习和发展。因此对教师的自我意识与教育效能感进行探讨，对提高教师素质、增强教学效果、促进学生的学习和发展有着重要的意义。

## 要点提示

◆教师自我意识及其特点
◆教师教育效能感及其作用
◆教师自我意识与教育效能感的培养

## 心理诊所

### 请换个视角看孩子

**心理案例：孩子怎么这么多问题**

心理咨询室里，一位预约来访的女士，掩不住心里的焦灼，却还是努力让笑

容挂在脸上。我递过水杯，尽力营造舒缓轻松的氛围。

她没顾上喝水，急切地开始了与我的交流："我是一名小学教师，您就叫我小吴吧。早知道您是心理专家，从全国网上找到您的联系方式，就赶紧来访了。马老师，是这样的。我家孩子是个男孩，脑子比较快。那年我正好接一年级新生，就让5岁多的孩子上学了。今年刚9岁，已经上五年级了……"

这不是一个很棒的男孩吗？没想到小吴老师接下来的话却让我大感意外。她叹了一口气说："我当然希望孩子很优秀。可是，孩子后来的表现太差了，学习差，作业差，字写得差，考试成绩也差，而且越来越差，最近一次考试成绩简直太糟了。哎呀，这个孩子问题太多了，最近，还害怕考试了。怕考试你倒努力学习呀，还不肯努力，越来越懒，上课懒得听，作业懒得做，什么都懒得做。孩子怎么这么多问题？孩子到底怎么了？"

就这样，小吴老师几乎没完没了地诉说着孩子的问题，在她的诉说中有几个高频词，除了"差"，就是"懒"，再就是"问题"，好像孩子简直成了"问题孩子"。而且，她越说越痛苦，越说越焦灼，差不多带了哭腔，眼泪就要流出来了。

为了帮她把情绪平静下来，我放慢语速尽力平静地说出了我的感觉："我没有听出孩子有多大问题，为什么当妈妈的这样焦灼，这样着急？"

小吴老师悟性很好，闻听此言立刻平静了许多："是，孩子的老师也劝我别太着急了。我也感觉是我自己心态有问题了……"

"好，说得好。我看孩子没什么问题，倒是你这位妈妈问题不小。妈妈的问题是什么呢？心太高，心太急。"我说出了我的判断，"而且，如果我猜得不错，你自己就是个争强好胜的人，工作上是不是很优秀啊？"

小吴老师看住了我："您怎么知道？不瞒您说，我带的班考试总是年级第一，我个人每年都是先进教师。我心里总是这样要求自己，工作就是要有高目标，就是要力争上游。如果有谁超过了自己，就急得吃不好、睡不好。"

"可以想象，你一定付出了更多的辛苦，甚至承受了更多的痛苦，是吗？"

小吴老师点点头，不说话了。

"也不难想象，对孩子的要求高，一定给孩子也平添了不少痛苦，让孩子丢掉了不少幸福。这让自己又多了一份痛苦，少了一份亲子情浓的幸福。是吗？"

说到这里，小吴老师眼圈一红，泪水终于下来了，声音低低的："是的，真是平添了不少痛苦，孩子痛苦，大人也痛苦……"我递过纸巾，静听小吴老师诉说痛苦的往事。

她陷入了痛苦的回忆中："孩子三年级的时候，看大家都让孩子学钢琴，我也买了钢琴，请了老师。可是，孩子一点儿兴趣没有，一开始就不愿意，勉勉强强学了一些日子，就再也不想学了。为这，也闹过，也打过，可孩子就是死活都不愿学了。看孩子整天情绪低落，萎靡不振，没有了一点生气，不得不中止了练琴。可是，没想到孩子的学习也出了问题，兴趣没有了，成绩下滑了，作业懒得写了。慢慢地，孩子好像对什么都没有兴趣了，什么都懒得做。一年多了，钢琴摆在家里，孩子从来没摸过，甚至连看都不看。我每次看到钢琴，再看到孩子萎靡不振的样子，就难受得说不出什么滋味来……”

**心理把脉：看孩子的视角出了偏差**

沉静了片刻，看小吴老师心绪平静了一些，我静静地说：“我们都知道，兴趣是最好的老师，说起这句话，都以为是一句口号。其实这是一个最朴素的真理。再说，三年级又是孩子成长的一个特殊的转折期，本来就容易出麻烦，需要特别的关注。父母却不管孩子的心理发展特点，凭自己的一厢情愿，不顾孩子是否愿意，强制孩子学习，除了让孩子厌学能有什么好结果？而且泛化的结果，还会让孩子厌倦了整个生活。这是让人警醒的教训啊！”

“是啊，都是我害了孩子。”小吴老师追悔地说，“怎样才能改变孩子？”

要想孩子改变，先要父母改变。父母想要改变，先要知道自己哪里出了问题。那么，小吴老师究竟哪里出了问题？

一是职业角色给孩子的消极影响。从教育实践和心理咨询实践看，教师的孩子往往比别的孩子多一份烦恼。虽然我们都说尊师爱生，问题是，老师可以无时无刻地“爱”学生，学生却受不了老师无时无刻的“爱”。学生总需要远离老师的时刻。一般的孩子能够找到这样的时刻，放学了，回家了，就远离了老师。而教师的孩子就没有这样的幸运了。小吴老师之所以总看到孩子的问题，就是因为是孩子学校的老师。

二是人格特征给孩子的消极影响。小吴老师是个有完美主义倾向的人，对生活、对工作追求完美，期望过高。以这样的心态要求自己，自己的人生会平添烦恼；以这样的心态要求孩子，也就让孩子平添烦恼，进而影响亲子关系。小吴老师的工作优秀，业绩突出，班上的学生当然成绩很棒，就更容易过高要求自己的孩子。所以，对孩子就会心太急心太高。

由于职业角色，对孩子就会监控过多；由于人格特征，对孩子就会要求过高。于是，对孩子就会有较多消极评价，对孩子就会有较多消极情绪。就会把孩子看扁，把孩子看成“问题孩子”，把孩子看成差得很，糟得很。一句话，由于职业角色和人格特征，妈妈看儿子的视角出了偏差。

这就是小吴老师心理问题的症结所在。

**心理处方：换个视角看孩子**

通过沟通，小吴老师一个劲儿地点头，然后看着我问：“那您说我该怎么改？”

我的建议很明确："换个视角看孩子：把否定换成肯定，把褒贬换成欣赏。"

小吴老师为难地笑了："如果孩子能改变了，我一定会改变对孩子的看法，肯定孩子，欣赏孩子。问题是孩子现在这个样子……"

"你是说，孩子现在这个样子怎么肯定他欣赏他，是吗?"我没有笑，"有句话说，如果暂时不能改变现实，我们可以改变对现实的态度。就是说，同样一个孩子，同样的现状，是否定他，还是肯定他，关键不在孩子，而在父母的态度。"

见小吴老师不解地看着我，我知道这时候需要把问题具体化："就说你家孩子的考试成绩，你说他考试成绩差，究竟差到什么程度？一般考试在什么名次?""一般英语前几名，数学上中游，语文最差在中游吧。"小吴老师说。

"这样的成绩居然在妈妈看来是很差了，真不知道妈妈眼里怎样才算好成绩?"随后我话锋一转，"就是说，孩子的成绩总体上说至少属于中游偏上，是这样吗?""是的。"

"一个小学生，比同班同学小一岁多，成绩却能在中游偏上，何况这还是兴趣减退了，心态不好了，名次下滑了，如果状态好的时候是不是会更好？那么，究竟孩子的成绩算差呢，还是算好呢？你说，究竟是该否定，还是该肯定?"小吴老师脸上阴转晴："也是啊，这样看孩子是该肯定。"

我继续说："更重要的是，一旦改变了对孩子的态度，就会给孩子心灵注入力量，就会让孩子重新看到阳光，重新找到生活的热情。结果会怎样？孩子自然会越变越好。所以说，只有改变自己，才能改变孩子。"

告辞的时候，小吴老师脸上有了轻松的笑容："谢谢您！我一定要改变自己，换个视角看孩子。"

## 第一节　教师自我意识及其特点

教师自我意识主要指教师对自己以及自己与周围世界关系的认识和态度。它与教师品格一样，并不是个别心理机能的体现，而是个体心理活动综合机能的表现。同时，自我意识还是教师人格形成的基础，它蕴涵着教师的心理健康水平。

### 一、自我意识的概念、结构与类型

1. 自我意识的概念

迄今心理学界对自我意识概念的界定存在分歧，大体上可以分为三类观点：(1) 强调对作为客体的"自我"本身的了解，把自我意识界定为人们对自己的认识和态度，包含自我认识和自我体验的成分。(2) 强调认识人我、物我关系是自我意识的根本，把自我意识界定为个体对自己和自己与周围事物关系的认识，重在对生理自我、心理自我特别是社会自我的强调。（3）强调自我意识的能动本质，把认识主体和实践主体相结合，从而把自我意识界定为人们意识自我以及自我与客观世界的关系，并通过自身改造，以达到自我实现或完善的过程。不但包含自我认识、自我体验，而且包含了自我控制和调节的成分；不但包含生理自我、心理自我，而且包含了社会自我的成分。

然而，对一个概念的界定应该反映出它的本质。那么对于自我意识概念的理解应该如何来把握其本质呢？我们不妨从以下几个角度来分析。(1）从自我意识形成的心理过程来看，自我意识必然包含了自我认识、自我体验和自我调节，因而它必须强调对作为客体的“自我”本身的了解这样一个心理过程。(2）从自我意识的内容来看，一方面，它必然包含对自我外在、浅层的生理自我的了解和内在、深层的心理自我的了解，另一方面，人的社会属性决定了自我意识还必然包括个体对其社会自我的了解。(3）从自我意识的产生来看，它是当自我分化出作为主体的自我和客体的自我，个体把自己既当作认识的主体，也当作认识的客体的时候产生的，因而它必然涉及主体自我和客体自我的问题。(4）从自我与社会的相互作用以及人的能动本质来看，它又必然涉及投射自我、现实自我和理想自我的问题。总之，通过对自我意识概念的上述探讨，我们认为自我意识是个体在与社会的相互作用过程中产生的，个体在对自身生理、心理及社会关系的认知、体验基础上，不断调节自身行为，力求达到与环境的协调发展和自我完善的过程。

2. 自我意识的结构与类型

从自我意识活动的特点、形式和内容，从自我意识的发展阶段与水平、自我认知中的自我概念及其他一些方面入手，可以洞悉自我意识的结构特点，并由此把自我意识分为不同的类型。

(1）从意识活动的特点来分析

从意识活动的特点看，自我意识可以分为主观和客观两个维度，具体包括主观自我和客观自我。

美国心理学家詹姆斯（James，1891）认为，自我包括主观和客观两个方面。表示主观的“我”(I)，即是“自己认识的自我”，是自我反省时对自己特征的意识；表示客观的“我”（me)，乃是一个包括人的能力、社会性和人格特征以及物质所有物等的总和。

詹姆斯指出了自我的两重性之后，又指出客观的“我”包括物质的客我、社会的客我和精神的客我三个要素，且都包括了自我评价、自我体验和自我追求等方面。

（2）从意识活动的形式来分析

从意识活动的形式看，自我意识可以分为知、情、意三个维度，具体包括自我认识与评价、自我感受与体验、自我监督与控制。

a. 自我认识与评价。个体自我意识的发展经历了从生理自我到社会自我，再到心理自我的过程，自我评价的内容和自我追求的目标也随之发生相应的变化。当自我意识发展到生理自我阶段时，在自我评价基础上，个体主要追求身体外表的完美、物质欲望的满足，以及获得家庭成员的关心与爱护等；当自我意识发展到社会自我阶段时，在自我评价基础上，个体主要追求他人的注意与重视、他人对自己的情感，以及名誉、地位的获得等；当自我意识发展到心理自我阶段时，在自我评价基础上，个体主要追求政治地位的获得、道德水平的提高，以及智慧能力的发展。

b. 自我感受与体验。这是主观的“我”对客观的“我”所持有的一种态度，是个体对自己所持有的一种或积极肯定或消极否定的情绪体验。当客体的“我”满足了主体的“我”的要求时，就会产生自信、自满、自我接受、自我欣赏等积极的自我体验，否则就会产生自卑、羞愧、内疚、自我否定等消极的自我体验。

c. 自我监督与控制。这是个体的思想、情感和行为通过自身特殊的机制而进行的一种自我调节过程，是主观的“我”对客观的“我”所起的制约作用，主要表现为个体对自身行为的发动、制止、监督和调节等。例如，“我要振作起来，每天坚持锻炼”，这是对自身行为的计划与发动；“我要克制自己”“我一定不能在公共场所抽烟”，这是对自身行为的监督与制止；“我情绪很不好，需要出去散散心”，这是对自身情绪的调节。

（3）从意识活动的内容来分析

从意识活动的内容看，自我意识可以分为生理、社会和心理三个维度，具体包括生理自我、社会自我和心理自我。

a. 生理自我。这是个体对自己生理属性的意识，是自我意识最原始的形态，包括占有感、支配感和爱护感。这种意识能使个体意识到自己的生存是寄托在自己的躯体上，从而把自我和非我区分开来。

b. 社会自我。这是个体对自己社会属性的意识，包括个人对自己在各种社会关系中角色、地位、权利和义务等的意识。

c. 心理自我。这是个体对自己心理属性的意识，包括对自己的感知、记忆、思维、智力、性格、气质、需要、动机和价值观等的意识。

总之，个体自我意识的发展经历了从生理自我到社会自我、再到心理自我的过程。自我意识从“客观化时期”发展到了“主观化时期”，从“他律”发展到了“自律”。个体逐渐脱离对成人的依赖，并从成人的保护与约束下独立出来，表现出主动性和独立性，强调自我的价值观与自我理想，自我意识便已经确立起来了。

（4）从意识活动中的自我观念来分析

从意识活动中的自我观念看，又可把自我意识分为现实的、投射的和理想的三个维度，具体包括现实自我、投射自我和理想自我。

现实自我是个人从自己的立场出发对自己目前的实际状况的认识，也称现实自我。投射自我是个人想象中他人对自己的看法，如想象自己在他人心目中的形象，他人对自己的评价等。理想自我是个人从自己的立场出发对将来的我的认识，是个体对自我的期望与追求。

现实自我与投射自我可能会有距离，个体需通过多种途径以达到对自我尽可能全面而正确的认识。理想自我与现实自我之间也会有差距，一方面它可能成为个人行为的原动力和参照系，但不切实际、好高骛远的理想自我与现实自我之间的差距过大，也可能造成个体自我评价过低、效能感不足，从而造成动力的丧失。

此外，有学者还根据意识活动的层次把自我意识分为表层自我和深层自我。个人对自己的身心特征及行为表现有清晰、明确认识的部分，称为表层自我。个人对自己的身心状态及行为只有模糊、笼统认识的部分，称为深层自我。根据意识活动受情绪影响的程度，把自我意识分为理智型自我和情绪型自我。前者的自我观念较少受情绪影响，理智成分较多；后者的自我观念却极易受个人情绪左右，波动较大。根据意识活动的稳定程度，把自我意识分成稳定型自我和变化型自我。前者的自我意识较稳定，后者的变化较大，是随影响因素和个体自我意识水平的变化而变化。根据意识活动受到他人对自己评价的影响程度，把自我意识分为唯他型自我和本体型自我等。唯他型自我容易受到他人评价的影响，从心理场的观点来看，可以将这称为场依存型自我。本体型自我是指不容易受到他人对自己评价的影响，或受他人评价左右的程度相对较小，亦可称之为独立型自我。

## 二、教师自我意识的作用、内容及特点

### 1. 教师自我意识的作用

关于教师自我意识的作用，有研究者作了如下表述：有成效的教师能够通过自我意识获得正确的自我认知，了解自己所处的地位，形成确切的物质自我、社会自我和精神自我，以利于成功地扮演各种角色；有成效的教师能够在自我认知的基础上，有效地进行自我监督，克服与社会道德规范、情感和习惯相悖的思想和行为，以顺应社会的需要；有成效的教师善于进行自我批评，有较强的自我控制能力，自觉抵制各种不利因素的刺激和影响，使自己的情感冲动和行为限制在

合理的范围内；他还能通过自我疏导，从矛盾、冲突和窘境中解脱出来，并重新调整自己的思想和行为，以新的姿态去适应新的环境，自我组织，自我更新，用更高的标准去设计和要求自己，以新的创造去超过自己已取得的成绩。

其实教师自我意识的作用主要表现在两个方面。一方面教师作为普通人，其自我意识水平的提高能促进教师自身的发展，如提高教师的个人修养、人际交往能力等；另一方面教师作为专业的教育工作者，其自我意识水平是搞好教育教学工作的基础和重要条件。教师必须借助自我意识，调节和控制自己在课堂教学中对重点和难点的处理、时间与进度的安排、差生与优生的对待、教师与学生的互动等。假如一位教师在课堂教学中缺乏对自己教学风格的清晰的自我意识，不了解自己的教学表现，他就不可能组织好课堂教学。正如美国心理学家林格伦（H. C. Lindgren）所说，一个教师在教室里所要了解的第一件事就是了解他自己。因此，教师要提高教学水平，增强教学效果，首先就要有清晰的自我意识。

2. *教师自我意识的内容*

前已述及，教师要提高教学水平，首先就要有清晰的自我意识。而教师作为专业的教育工作者，其自我意识的内容除了包括生理自我、社会自我和心理自我外，主要指向其对自身教育教学的意识，特别是对课堂教学的意识。具体表现在以下几个方面：①教学目的明确，并始终围绕课堂目的开展教学活动；②教学内容正确，具有科学性与思想性；③教学方法适当，符合学生的年龄特征和发展需要；④教学语言清晰准确、通俗易懂、富有感情并抑扬顿挫；⑤教学安排计划性强、组织严密、有条不紊；⑥教学气氛热烈，教师注意调节自身的情绪，调动学生的积极情感，使双方都处于积极的互动状态中。

3. *教师自我意识的特点*

根据教师自我意识的作用与内容，教师自我意识一般应具备如下特点：①具有广泛性与教育性。它不但包括自身生理自我、心理自我和社会自我方面的内容，而且还特别包括教师所从事的教育教学工作等方面的内容，这一点是教师自我意识不同于普通人的最突出特征。②教师自我意识的作用具有双重重要性。它不但关系到教师自身素质的提高，而且更重要的是关系到教学效果的优劣，直接影响到学生素质的发展。③教师自我意识水平的提高具有主体自觉性与社会期待性。由于教师职业的特殊性，教师对自我的观察与反思一方面出于自觉，另一方面也来自于社会对教师的期待和压力，这是教师自我意识的又一突出特征。

教师能否真实地、客观地认识自我、对待自我是衡量其自我意识成熟与否的基本标志。成熟教师在自我意识上主要表现出以下几个方面的特征。

从自我认知维度看，成熟的教师一般能在客观的自我观察的基础上，进行实事求是的自我分析，做出恰当的自我评价，能比较客观地了解自己的地位、长处和短处、优势和劣势，形成主观自我与客观自我相统一的自我形象。

从自我体验维度看，成熟的教师一般能通过积极的自我感受，形成适度的自爱、自尊、自强等心理品质，有强烈的责任感、义务感和贡献感，自觉地根据自己的职业信念感激励自己，全身心投入教书育人的活动之中，对自己献身的职业充满自豪感和荣誉感。

从自我控制的维度看，成熟的教师一般能很好地控制自己。主要表现在以下三个方面：①能自觉抵制各种不利因素的刺激和影响，既能使自己的情绪冲动和行为限定在合理的范围之内，又能通过自我疏导，从矛盾、冲突和窘境中解脱出来。②善于进行自我批评，能“见贤而思齐”，提高自己的品格与能力，不断地完善自己。③善于进行自我调节，适应新的环境。有成效的教师，能够不断自我更新，用更高的标准去设计和要求自己，以新的创造去超越自己，以新的姿态去适应新的环境，以达到提高自己的品德修养、业务水平和教育教学能力的目的。

## 三、提高教师自我意识水平的途径

### 1. 通过他人观察与自我观察相结合来认识和提高自我

(1) 他人观察是完善自我认识的重要途径

教师在与他人交往的过程中，个人由自己感官直接感受到自己的一些特性往往必须经过与他人的相同特性相比较，才会有意义，也才能建立起对自己比较全面而正确的自我意识。教师在与其他教师、学生、家长等进行交往的过程中，他人对自己的观察与认识好像一面镜子，使自己对自己是一个什么样的人，能从“外面”来加以认识。因而，他人对个人的态度和评价在自我意识形成和发展过程中有着特别重要的意义。正如“一个人眼力再好，也看不到自己的后脑勺”“不识庐山真面目，只缘身在此山中”的道理一样，每位教师作为社会的一员，每时都在与他人发生这样或那样的交往，所以教师的言谈举止乃至思想品性无一不受到他人的评判。多听听其他教师、学生、家长等对你的认识，了解自己在他们心目中的形象，才能比较全面、客观地认识自己。

但是，他人对我们自己的看法、认识和评价也未必全正确，这要求我们认真对待。由于各种各样的因素，他人对你的看法可能会出现下列情况：①确实是对自己不足之处的客观反映；②帮助自己发现了一些潜在优良品质；③误解；④偏见；⑤过低或过高的评价。所以，当别人对你进行评价时，一定要认真倾听，说你的优点，你要表示谦虚，说你的缺点，你要表示感谢，当然最后还需要你自己冷静地思考、理智地对待。数学家巴伯基和文学家玛阿特曾是同班同学，同时又是班上考分最差的一对学生。有一回他们的老师勒令他们站在椅子上，当众奚落

说："大家瞧！这两个人是没有出息的人，希望大家不要成为他们这样的人！"可是，这个班的学生中后来取得了重大成就的，恰恰就是这两个人。可见，"旁观者未必清"，你对自己的认识与评价才会决定你将最终成为什么样的人。所以，在听取他人的认识和评价的同时，还需要进行自我观察。

（2）自我观察是提高自我意识水平的关键

他人观察是认识自我的间接方式，自我观察是直接认识自己的方式。自我观察又有两种形式。一是通过自己的感官直接感知自己的一些特性，如对自己的身高、长相、美丑、胖瘦、风度、财产等的认识；二是通过内省的方式对自己的心理进行观察的过程。这时个人的意识被分解为主体的我即观察者的我和客体的我即被观察者的我，当主体的我对客体的我进行观察的时候，实际上就是对过去的我进行回忆与分析，从而发扬优点、克服缺点，进一步完善自我。

教师自我观察最主要的是表现在课堂教学中，不仅要善于观察学生，而且要善于观察自己；不仅要观察自己的仪表、风度、教态、板书等，还要观察自己的教学方法、语言表达、教学组织、教学进度、教学内容、教学目的以及自身情绪的变化等；特别要列出观察的重点，观察教师自身的不足，以有利于改进和提高自己。

教师自我观察要注意三个方面的问题。（1）要有自我观察的心向。教师在课堂教学中要具有自我观察的心理准备，要把自我观察当作一项科学研究来对待，提出自我观察的要求，做好自我观察的计划安排，以提高自我观察的自觉性与科学性。（2）要注意自我观察的客观性。我们对客观世界的观察都难免犯错误，在观察自己时更容易美化自己，发生主观代替客观的错误。学生对教师是最直接的观察者，教师一方面要经常与学生交流，另一方面要听取其他听课教师的意见，另外还可以把自己的整个教学过程录制下来，或者采取微型教学录像法对自己的教学过程进行观察和分析，才可能使自我观察更具有客观性。（3）要培养教师自我观察的敏感性。教师要对课堂上发生的一切具有敏锐的感知力和注意分配能力，既要关注自己的教学，又要关注学生的反应，从学生的表情、行为动作上去洞察学生的心理，从而及时发现问题，改进自己的教学。

总之，教师只有具有了自我观察的心向，把自我观察当作一项科学研究来对待，注意自我观察的客观性，培养自我观察的敏感性，才可能提高教师的自我观察能力，从而提高教师的自我意识水平，使教师的自我意识更加完善与正确，以增强教学效果。

2. 通过外部评价与自我评价相结合来认识和提高自我

对教师的外部评价，主要指领导、教师、学生及家长对教师教育教学工作的评价，这些评价具有一定的客观性和全面性。从其评价的内容和效果看，它对帮助教师发现课堂教学中存在的问题，找出原因、纠正错误、提高教学质量是十分必要的。但是，外部评价也有它自身的局限性。①外部评价具有偶然性与非连续性。一般来说，课堂教学的外部评价是学校领导或其他教师定期的或不定期的、有组织的或无组织的进行听课，然后根据听课获得的信息对教师的课堂教学做出评价。这种评价也许来自于一次或两次听课，不可避免地带有偶然性。而且相对于教师的教学过程来说，都是短时间的、间断的，很难保证评价结果的全面性。②外部评价具有掩饰性与非真实性。这种掩饰性来自于人际关系的敏感性。有的评价者在对其他教师进行评价时，出于面子上的问题或别有用心，有时只谈好的一面，对不足之处避而不谈。有时又只谈缺点，对教师的优点故意忽略，这些都造成了外部评价的非真实性。③外部评价还受其他因素的影响。比如事先知道有教师来听课，则教师对课堂教学的精心准备会影响这次评价的结果；突然袭击式的听课又可能造成一些教师的怯场心理，影响教师的发挥。另外，其他一些偶然因素如身体上的不适、情绪上的波动等特殊情况，都会影响教师课堂教学的效果，造成评价的误差。

教师自我评价具有外部评价不可比拟的优越性。①教师自我评价是一种积极主动．的评价，是出于完善自我的动机，在自觉自愿的基础上，对自身课堂教学行为的评价，避免了评价的被动心理和抵触情绪。②教师自我评价是连续、真实的评价，教师可以在上课过程中和课后进行自我评价，可以对自己的每一节课进行评价，并且不会对自己有什么隐瞒和掩饰。③教师自我评价能培养教师积极的自我意识，有利于教师在评价学生时注重学生的自我评价，从而最终有利于学生积极自我意识的形成。④教师自我评价作为一种自我发展的动力机制，对于教师的发展来说，是教师专业水平提高的根本动力。⑤无论是领导评价还是教师同行评价，它们要对教师的行为产生作用，最后都需要经过教师自我评价的机制，通过教师的认同、内化，最终才能起到促进教师素质提高的作用。

因而，只有把领导、教师、学生及家长对教师的外部评价，与教师对课堂教学的自我评价相结合，才可能避免单一评价的片面性，做到对教师评价的全面性、客观性与公正性，否则将会挫伤教师的积极性。

3. 通过对自身活动结果的反思来认识和提高自我

分析自己的活动结果，并以此为依据来评价自己，比较容易建立起较正确的自我观念。而且由于活动结果往往受到他人和集体的评价，从而影响一个人在周围人们中的地位，因而活动结果对于一个人自我意识的形成和发展具有重要的意义。

教师对自身活动结果的反思主要着眼于教学活动的过程。首先，教师计划自己的活动，通过“活动中的反思”观摩所发生的行为，站在局外人的角度来理解自己的行为与学生的反应之间动态的因果关系。其次，教师对“对于活动的反思”和“为活动反思”分析所发生的事件，并得出用以指导以后决策的结论。教

师要进行教学反思，首先要具有反思的意识，而反思意识的觉醒和能力的增强，又依赖于对教育教学真谛的理解和把握，这就需要教师进行系统的理论学习。然而，教师到底应该如何进行教学反思呢？前面已经介绍了布鲁巴奇提出的四种反思的方法，这里不再赘述。有学者提出，教师对自己的教学进行反思，需要从四个方面进行思考，即思得、思失、思效和思改。思得，即思考教师在教学过程中的收获，思考为什么会得到这种满意的结果，不断积累以充实自己，提高自己的教育教学素质和驾驭课堂教学的能力。思失，即思考教师在教学过程中出现的不尽如人意之处，思考造成这一结果的原因，采取矫正或补救措施。思效，即对教师教学的实际效果进行客观而全面的分析和反思，主要是通过学生的练习作业、考试考查、个别询问、解惑答疑等看是否达到了教学目标的要求。思改，即教师通过对课堂教学中“得”与“失”的自我意识，以及对教学效果的客观分析，促使教师进一步思考：造成教学之“失”的原因是什么？教学效果不佳的症结何在？在以后的教学中应该采取哪些措施加以改进？

总之，教师对课堂教学的自我反思，是教师职业成长在外在价值引导下的自主完善的过程，教师主体的积极参与对教师的成长有着非常重要的意义。没有教师主体的自我实践反思意识的觉醒和能力的增强，便难以从根本上提高教师的教育教学能力。

自我意识是个体在与社会的相互作用过程中产生的，个体在对自身生理、心理及社会关系的认知、体验基础上，不断调节自身行为，力求达到与环境的协调发展和自我完善的过程。可以从自我意识活动的特点、形式和内容，自我意识的发展阶段与水平、自我认知中的自我概念及其他一些方面入手，洞悉自我意识的结构特点，并由此把自我意识分为不同的类型。

教师自我意识的作用主要表现在完善自我与搞好教育教学工作两个方面。教师作为专业的教育工作者，其自我意识的内容除了包括生理自我、社会自我和心理自我外，还指向其对自身教育教学的意识，特别是对课堂教学的意识。教师自我意识的总特点表现为内容具有广泛性与教育性，作用具有双重重要性，水平的提高具有主体自觉性与社会期待性。

教师自我意识水平的提高的途径有他人观察与自我观察相结合、外部评价与自我评价相结合、对自身活动结果进行反思等。

## 知识卡

### 优秀青年教师成长的自我意识

每位优秀青年教师都好像一个个闪光的星座，给他定位，承认他的价值，这固然重要。但探求他的运行轨迹，揭示他的成长规律，却更有意义。

**一、优秀青年教师必须有提高的自我意识，并且要有良好的心理素质作保障**

教师的提高，什么时候也不能离开教师的自我提高。无论政府的政策怎样有力，无论进修院校的方法怎样有效，无论教研人员和校长怎样投入，教师提高的时空性和具体性相对来说总是有限的。况且从认识论的角度说，内因是提高的依据。外部环境对每个人来说都是相同的，而成长的速度和个性完善程度主要取决于青年教师自己。这里最重要的就是青年教师成长的自我意识和良好的心理素质。它们贯穿于青年教师成长过程的始终，并起支配作用。

良好的心理素质是多方面的，其中，既包括处逆境不气馁、克服困难的勇气和毅力，又包括乘顺风不骄傲、不被荣誉所淹没的品质。有的青年教师，他可能承受得住失败的打击，但往往经不起成功的考验，取得了点滴成绩，便翘起尾巴，沾沾自喜，目中无人了，甚至把曾经帮助过他的人也忘到九霄云外去了。如果是这样的话，他的出息也就到头了。

**二、自学、苦练、拜师、研究、总结、提高**

（一）学习理论，充实自我。教育理论是青年教师提高的“法宝”。青年教师，不掌握一定的教育理论，到了一定程度就很难再有提高；反之，要想有所突破，就必须不断学习，广泛涉猎，在教海中采珠，在学海里拾贝，逐渐使自己的教学业务“仓库”充实起来。这样，在教学实践中你就会左右逢源，得心应手。

（二）苦练内功，完善自我。青年教师要想成为优秀教师，就必须苦练教学基本功，除此以外，别无捷径。“说、书、做、画、导、演”六大教学基本功，可谓是教师的独门功夫，要想登堂入室，就必须刻苦修炼。十年磨一剑，功到自然成。青年教师还必须不断在风口浪尖上摔打，千万不要放过任何可以使自己提高的机会。

（三）拜师学艺，提高自我。一位优秀青年教师，首先是一位有心人，虚心向别人学习，向前辈学、向同行学、向自己的学生学。这些来自各方面的“老师”，可以帮助你攻克教学中的道道难关，拉着你登上一个又一个台阶，为你指点迷津，助你走出误区。青年教师要自信但不自负，时刻告诫自己：我们每个人都是微不足道的。就连伟大的科学巨匠牛顿在临终前还说他自己只不过是一个在海边玩耍的孩子，偶尔拾到几枚美丽的贝壳而已，离真理的大海还远着哩，更何况作为青年教师的我们！优秀青年教师成长的道路无捷径可循，要说有的话，这就算其中的一条吧。

（四）勇于探索，勤于总结。有的教师虽从教多年，却长进不大；而有的教师虽刚涉足教坛，却后来居上。原因可能是多方面的，但主要在于教师本身，在于教师在实践中是否勇于探索、是否勤于总结。这些对青年教师来说尤为重要：

1. 把备课当成一项研究性工作来做；2. 认真做好每节课后的教学小结，这实际上是教师再备课的过程；3. 随时捕捉自己的“灵感”，一个好的想法一露头，就马上把它记下来；4. 参与一项教改实验，系统地研究、探索；5. 每学期至少进行一次专题总结，撰写一篇教育学术论文。

研究之路，是成师之路，也是成功之路，是转变“教书匠”命运、铸造“学者”之魂的必经之路。你走上了研究之路，才能真正体会到苏霍姆林斯基这句名言的含义：研究的教师是幸福的教师！

**三、优秀青年教师必须加强自我修养，做德才兼备的人**

青年教师要一边做学问，一边学做人。投之以桃，报之以李。给予别人以真诚，别人也会以真诚待你，就连反对你的人，当他良心发现时也会说“这个人不坏”。化对手为助手，减少了对立面，也就减少了你前进道路上的障碍。

法国大作家雨果说得好，世界上最广阔的是海洋，比海洋更广阔的是天空，比天空更广阔的是人的胸怀。优秀青年教师必须襟怀坦荡，光明磊落，包容得下世间万物，有容乃大；忍耐得了诸般挫折，百忍成金。

“独柯不成树，独木不成林。”伟大的事业，需要千万人为之奋斗。带动、影响周围的人，共同提高，这正是优秀青年教师的价值所在。不自私、不保守，乐于助人，是一位优秀青年教师应该具备的品德。其实，帮助别人、指导别人的过程，也是提高自我、完善自我、升华自我的过程。加强修养是优秀青年教师的立身之本。

“宝剑锋从磨砺出，梅花香自苦寒来。”只要你全身心地投入到教育事业之中，那天穹上闪闪发光的“星座”，就一定会有一颗属于你！

## 第二节　教师教育效能感及其作用

教师的教学效能感是教师对自己影响学生学习行为和学习成绩的能力的主观判断，已有的研究表明，它与教师的教学效果、学生的学习状况之间存在着密切的关系。

### 一、自我效能感和教育效能感概述

1. 自我效能感的概念、功能与影响因素

（1）什么叫自我效能感

美国著名心理学家班杜拉（A. Bandura）认为，效能是一种生成能力，它将认知、社会、行为等整合成行动过程，服务于多种目的。效能感是人们对影响自己的事件的自我控制能力的知觉。而自我效能感则是人们对自身完成既定行为目标所需的行动过程的组织和执行能力的判断，它与一个人拥有的技能无关，但与人们对所拥有的能力能够干什么的判断有关系。

从自我效能感的定义中可以看出以下两点：a. 自我效能感不是技能，也不是个体的真实能力，而是一个人对完成特定任务所表现出的自信程度。拥有技能与能够整合这些技能从而表现出胜任行为，两者是有很大差距的。情境因素的威胁往往导致对自我能力的怀疑而使自信心降低，从而影响个体技能的发挥。b. 自我效能感是针对特定任务领域而言的，不是一个人的一般个性品质。尽管一些个性心理学家认为，自我效能感是个体对完成所有任务自信程度的总体评价，但以班杜拉为首的众多学者以实证研究的结果证明了，一般自我效能感与具体领域任务的自我效能感相比，对个体在特定任务领域业绩的预测性差，甚至没有预测性。

（2）自我效能感的功能

自我效能感是对自己操作能力的自我觉知，是一种决定人们的行为、思维方式以及在紧张情境中体验到的情绪反应的最为直接的因素，它以多种方式影响着人们心理机能的发挥。

a. 选择行为。对自我效能的判断，部分地决定着人们对活动和特定社会环境的选择。人们倾向于避开他们认为超出自己能力范围的任务和处境，而毫不犹豫地从事他们认为自己有能力处理的事情（Bandura，1977）。高估自己的能力，可能使自己遭受无谓的失败和折磨，而低估自己的能力，则可能使自己失掉许多奖励性经历而限制了自身的发展。最有效的效能评价，可能是在任何时候都对自己做出稍微高出现有能力的评价，以此引导人们去从事具有现实挑战性的任务，并为能力的发展提供动力。

b. 努力的付出与坚持不懈。在面临障碍和困境时，效能评判也决定人们付出多少努力和坚持多少时间。自我效能感强的人，会付出更大的努力去征服困难；相反，自我效能感弱的人，就会放松自己的努力程度（Bandura & Cervone，1983，1986；Brown，Gould & Jackson，1979）。

c. 思维方式和情感反应。那些感到自己处理问题不得力的人，思维会停留在自身的不足上，并且把潜在的困难看得比实际上要可怕得多（Beck，1976；Lazarus & Launier，1978；Meichenbaum，1977；Sarason，1975）。而那些具有强烈效能感的人，会将自己的注意力和努力分配到环境的要求上，困难能激发他们付出更多的努力。另外，在解决困难、问题的过程中，具有高自我效能感的人倾向于将自己的失败归因为努力不够，而自我效能感较低的人则往往将自己的失败归因为能力不足。

d. 行为的产生者与预告者。自我效能感强的人，愿意接受挑战，困难能激起他们全身心地投入而不是焦虑，能对失败做出有利于成功的归因，他们创造自

己的未来，而不仅仅简单地预告它。与此相反，那些自我效能感弱的人常常躲避困难，面对困难便焦虑不安，把注意力放在自己的不足上，并轻易放弃自己的努力，在行动之前就已经预告了自己的失败。

（3）影响自我效能感的因素

一些研究者对影响自我效能感的因素作了系统的研究，提出了很多因素，主要集中体现在以下几个方面。

a. 对成败的体验与认知归因。亲身获得的成败体验是最具有影响力的效能信息来源，成功会提高效能评估，反复的失败会使个体的效能评估降低，尤其过早地出现失败行为，并且没有任何迹象表明努力不足或存在不利的外部条件时更是如此。

对成功与失败的体验程度存在个体差异，抱负水平高、个体的忍受力弱、挫折经验少、对失败缺乏心理准备、具有某些性格缺陷的人等，在面临失败时其反应强度一般较强，反应的持续时间一般也更长。

成功与失败本身并不是影响个体效能感的直接原因，而是来自于个体对成败的归因。根据海德（P. Heider）的归因理论，如果个体将失败归因于自身的能力不足，则会极大地降低其自我效能感，影响其再次行动的积极性；如果个体将失败归因于自身的努力程度不够，一般对自我效能感不会造成负面影响，反而会激发起个体再次行动的积极性。

因此，失败的次数越多，对失败的体验越深刻，越是归因于内部的稳定因素，越可能降低一个人的自我效能感水平。

b. 替代性和想象性经验。看到或者想象其他与自己相似的人的成功，可以使观察者提高效能的自我知觉。但看到或想象与自己相似的人的失败，尤其是付出很大努力后的失败，则会降低观察者的自我效能感。当一个人对自己某方面的能力缺乏现实的判断依据或知识时，这种间接经验的影响力最大。不过比起直接的成败体验而言，替代性和想象性经验对自我效能感的影响要相对弱一些。

c. 评价与劝说。他人评价、劝说和自我规劝是影响自我效能感的又一信息源，在直接经验或替代性和想象性经验的基础上的劝说，效果显然比缺乏事实依据的言语劝说对形成自我效能感的影响要大得多。另外，这种言语劝说的效果还受到信息来源的专业性、权威性和吸引力的影响。

d. 生理与情绪状态。负向的、消极的生理唤醒或情绪状态，如果恰好与不胜任感或失败感相联系，那么无疑会降低个体的自我效能感。相反，正向的、积极的生理唤醒和情绪状态却有助于增强个体完成任务的信心。

2. 自我效能感和教育效能感的关系

有学者指出，自我效能感就是个人对自己在特定情景中是否有能力完成某种行为的主观判断与期望。这与班杜拉对自我效能感的定义是一致的，两者都强调了在特定情景和特定任务领域中的表现，也就是说，教育效能感是教师在教育领域中的个人自我效能感，因而是教师自我效能感总体中的一个方面，即在教育领域中的体现。

因此，我们可以把教育效能感定义为“教师在教育领域中对教育的作用特别是自己是否有能力影响学生的学习行为和学习成绩的主观判断和信念”。已有的研究表明，教师对自己影响学生学习行为和学习成绩的能力的主观判断与他们的教学效果密切相关。究其原因，可以说是教师较强的教育效能感直接影响其对教育教学的信心和行为。这又被作为一种信息传递给学生，使学生受到感染和鼓舞，成为其学习的一种动力。

## 二、教育效能感的结构和功能

### 1. 教师教育效能感的结构

对于教师的教育效能感的结构问题，在目前的研究中，有代表性的观点是把教师的教学效能感分为一般教育效能感和个人教学效能感。而我们认为，教育是一个种概念，教学是一个属概念，它只是教师教育工作中的一个方面，因此我们把教师的教育效能感分为一般教育效能感和个人教育效能感。一般教育效能感指的是教师对教与学的关系、教育在学生发展中的作用等问题的一般看法和判断。而个人教育效能感包括两个方面，一是指教师对自己的教育在学生发展中所起的作用到底有多大的信心和判断，二是特指教师对自己是否有能力完成教学任务、搞好教学、教好学生的信念，即狭义的教学效能感。

### 2. 教师教育效能感的功能

对于教师教育效能感的功能，目前的研究主要集中在对教师教学效能感（一般教育效能感和个人教学效能感）上。有学者研究指出，教师的教学效能感会影响教师教学的努力程度和坚持性，影响教师的教学策略及其教学方法的改革，影响教师的教学态度。另有研究者指出，个人教学效能感在教学活动中主要有四大功能：a. 决定教师对教学活动的选择及对教学活动的坚持性；b. 决定教师对教学困难的态度；c. 影响新的教学行为的获得和该行为在此后的表现；d. 影响教学时的情绪状态。总的来说，教师教育效能感的功能主要表现在两个方面，即对教师教学行为和学生学习的影响上。目前对教师教学效能感功能的研究主要体现在以下领域。

（1）对教师教学效能感与教师的教学改革意愿、教师的紧张水平以及职业意愿的关系的研究

在教师教学效能感理论的影响下，研究者编制了一系列教学效能感量表，如班杜拉的教学效能感量表、罗斯（Ross）等的教师控制点量表、吉布森

(Gibson)等的教学效能感量表等。运用这些量表，研究者对教学效能感和教师的教学行为的影响进行了广泛的实证研究。结果表明，具有高的教学效能感的教师表现出更积极的教学革新意愿，具有低的人际紧张，喜欢自己的教师职业；而具有低的教学效能感的教师，教学革新意愿消极，具有高的人际紧张，不喜欢教师职业。

（2）对教学效能感在教学活动中的作用的研究

伍尔福克（A. Woolfolk，1990）考察了教学效能感对管理、控制和学生动机定向之间的关系后发现，教师的个人教学效能感越强，教师对学生控制定向越人道，学生的自主性就越强，教学效果也越好。而那些教学效能感低的教师，认为学生必须受到控制且不信任学生，在激励学生时，他们更相信外部奖励的必要性。

（3）对教师的教学效能感与教学监控能力和教学行为、教学策略之间关系的研究

教学效能感高的教师，相信教育能够影响学生的发展，而且认为自己有能力教好学生，因而努力提高自己的教学监控能力；反过来，教学监控能力高的教师，会对自己有更高的能力期望和结果期望，因而教学效能感也较高。

（4）对专家—新手型教师效能感与教学行为之间关系的研究（俞国良，1999）

专家型教师的教学效能感的各个维度与其教学行为的各方面都存在显著的正相关关系，而新手型教师只有个人教学效能感与其教学行为的各方面存在显著的相关，一般教育效能感和效能感总分与其教学行为的相关不明显。回归分析的结果表明，个人教学效能感对教学行为具有预测的作用。这说明，教师效能感对教师的教学行为具有重要的影响。

（5）对教师效能感对学生学习的影响研究

教师效能感会影响学生学习的积极性，影响学生的学习兴趣、学习态度、期望价值、自我效能和情绪情感活动，从而影响学生的学业成就。已有的研究（Bandura，1977；Ashton，1985；Woolfolk，1990，1993）表明，教师对自己影响学生学习行为和学习成绩的能力的主观判断与他们的教学效果之间密切相关。实证研究表明，教师效能感与学生的成绩（Gibson，1984）、学生的动机（Newman，1989）之间存在显著相关。

## 三、教师教育效能感的特点及影响因素

由于学者们对教育效能感的界定不一致，且目前对教师效能感的研究主要是基于教师教学效能感（一般教育效能感和个人教学效能感）的基础上，因而这里

的教师教育效能感的特点及影响因素也主要是从这个意义上来说的。

1. 教师教育效能感的特点

(1) 教师教学效能感在教龄、学历和性别上的差异

俞国良、辛涛、申继亮（1995）研究了不同特征教师教学效能感方面的差异，考察了教师教学效能感在教龄、学历和性别三因素上的差异特点，结果发现，教师的教学效能感在学历和性别上不存在显著差异，只在教龄因素上存在差异显著性的特点。教师的一般教育效能感随着其教龄的增长而呈下降趋势；而个人教学效能感则随着教师教龄的增长表现出上升趋势；在教学效能感的总体水平上，也表现出随教龄增长的上升趋势，但无统计学意义等特点。进一步分析其原因认为：师范大学生及刚走上工作岗位的教师一般多持有“教育决定论”的观点，但随着从教时间的增加，他们的教育观念发生了动摇，认为学生的发展是一个复杂的过程，受多种条件制约，不是教育单方面所能决定的，因而教师的一般教育效能感出现了随教龄增加而下降的趋势；而教师个人教学效能感的上升趋势，则是其教学经验积累的结果。教师随着其教学经验的逐步丰富，他们慢慢地学会了恰当地处理教学中出现的各种问题，教学的自信心不断增强，其个人教学效能感也就表现出上升的趋势。教师教学效能感的两个维度随教龄的增加而变化的趋势，主要显著地表现为师范大学生与已从事教育工作的教师之间的差异。在以已从事教育工作的中小学教师为被试进行研究时，未发现教师的教学效能感随教龄增长而变化的特点。李荟等（1998）以小学教师为被试的研究对象发现，教龄与学历两因素交互作用显著，小学教师的一般教学效能感显著高于其个人教学效能感，表现出与中学教师教学效能感不同的特点。高淑秋（1999）以幼儿教师为被试的研究对象发现，不同学历的幼儿教师教学效能感水平存在差异，由高到低依次为大专、中专、高中。不同学历的幼儿教师教学效能感随教龄增长呈现出不同的模式，存在教龄和学历的交互作用。赵福某、黄希庭（2002）以中学教师为被试的研究对象发现，随着教龄的增加，教师教学效能感出现两头低、中间高的趋势，十年左右教龄可能是教学效能感表现的高峰期。这些研究的结论不尽一致，也许出自于被试的学历、教龄、教育对象的年龄、使用的测试工具的不同等原因，或者说不同学历与教龄的教师，以及幼儿教师、小学教师、中学教师的教学效能感本身就存在差异，有着各自不同的特点，需要进行更加深入的研究和探讨，为教师培训提供借鉴，为教师的发展和成长服务。

(2) 新教师和有经验的教师教育效能感的特点

新教师在教学实习阶段，面对复杂的教学任务，常常会感到一种对“现实的震撼”，最初的乐观情绪遭受打击，往往会损害其教学效能感的建立。他们或者与学生像同伴一样打成一片，进而发现班级失去了控制；或者逐渐变得过于严

厉，单纯依赖课堂管制、外在奖励和惩罚来促使学生学习；有的教师甚而采取一种自我保护的策略，降低教学标准以减小教学任务要求和教学能力自我知觉间的差异。经验丰富的教师的效能感似乎相当稳定，难以发生显著的变化。只有当教师获得了足以挑战其过去经验的新技能时，效能感才处于一种可变的暂时状态。

2. 影响教师教育效能感的因素

依据阿什顿（Ashton，1985）的观点，影响教师教学效能感的因素包括四个水平：a. 宏观系统水平（指社会的信念和习俗层次）；b. 外部系统水平（指教师所在的社区环境）；c. 中间水平（指教师所在学校的主客观因素）；d. 微观系统水平（指教师所教学生的特征）。这种分析比较完整，但又显得比较复杂。

依据班杜拉关于自我效能感信息源的理论，我们可以从四个方面的信息来源分析影响教师自我效能感形成和发展的因素。a. 教师对成败的体验与认知归因。成功的教学经验能提高教师教学的效能感，多次失败会降低之。b. 替代性和想象性经验（又称间接经验）。观看或想象那些与自己相近的教师的成功操作能提高教师的自我效能判断，并确信自己也有能力完成相似的教学操作。反之，看到与自己能力相近的教师的失败，就会降低自我效能信念。c. 他人的评价、劝说及自我规劝。建立在直接经验或替代经验的基础上进行劝说和鼓励的效果最好。d. 情绪和生理状态的信息。比如紧张、焦虑、疲劳和烦恼容易降低教师对自我效能的判断，使教师感到难以胜任教学需要；而良好的生理状态和积极的情绪又使教师信心增长，自我效能感增强。

伍尔福克、霍伊（Woolfolk & Hoy，1993）对影响教师效能感的学校因素进行了研究，他们提出影响教师效能感的学校因素包括制度的完整性、校长的影响、关心与体恤、学校的支持系统、学校的风气和学术的强调等六个方面。辛涛等（1994）也对影响教师效能感的学校因素进行了研究，他们把影响教师效能感的学校因素分为制度的完整性、工作提供的发展条件、学校风气、学校的支持系统、教师关系和师生关系六个维度。研究表明，这六类学校因素与教师的个人教学效能感之间存在显著的正相关关系。其中工作提供的发展条件、学校的支持系统和制度的完整性与教师的一般教育效能感之间存在显著的正相关；总体来说，除教师关系外，其他各学校因素与教师的自我效能感之间均存在显著的正相关。这表明，学校的客观条件越好，风气越正，学校的制度越完整合理，师生之间的关系越融洽，工作提供的发展条件越好，教师的自我效能感就越强。

自我效能感是人们对自身完成既定行为目标所需的行动过程的组织和执行能力的判断，它与一个人拥有的技能无关，但与人们对所拥有的能力能够干什么的判断有关系。自我效能感的高低会对人们选择行为、努力的付出与坚持不懈、思维方式和情感反应以及成为行为的产生者与预告者等方面产生影响。影响自我效能感的因素主要集中体现为对成败的体验与认知归因、替代性和想象性经验、评价与劝说以及生理与情绪状态等方面。

教育效能感是教师在教育领域中的个人自我效能感，是教师在教育领域中对教育的作用特别是自己是否有能力影响学生的学习行为和学习成绩的主观判断和信念。它可以分为一般教育效能感和个人教育效能感。一般教育效能感指的是教师对教与学的关系，对整个教育在学生发展中的作用等问题的一般看法和判断。而个人教育效能感一方面指教师对自己在学生发展中所起的教育作用到底有多大的信心和判断，另一方面特指教师对自己是否有能力完成教学任务、搞好教学、教好学生的信念。

教师教学效能感具有教龄、学历和性别上的差异。影响教师教育效能感的因素很多，不同的学者提出了不同的看法，进行了一些有益的探索。

知识卡

### 教师教学效能感量表

**一、个人教学效能感测题**

1. 我能根据大纲吃透教材。
2. 我常不知道怎么写教学计划。
3. 我备课总是很认真、很详细。
4. 我能解决学生在学习中出现的问题。
5. 课堂上遇到学生捣乱，我常不知道该怎么处理。
6. 某个学生完成作业有困难时，我能根据他的水平调整作业。
7. 我能很好地驾驭课堂。
8. 某个学生不注意听讲，我常没有办法使他集中注意力。
9. 只要我努力，我能改变绝大多数学习困难的学生。
10. 我不知道该怎么与家长取得联系。
11. 要是我的学生成绩提高了，那是因为我找到了有效的教学方法。
12. 对于那些“刺头儿”学生，我常束手无策，不知道该怎么帮助他们。
13. 如果学校让我教一门新课，我相信自己有能力完成它。
14. 如果一学生前学后忘，我知道如何去帮助他。
15. 如果班上某学生变得爱捣乱，我相信自己有办法很快使他改正。
16. 如果学生完不成课堂作业，我能准确地判断是不是作业太难了。
17. 我和学生接触很少。

### 二、一般教育效能感测题

1. 一个班的学生总会有好有差，教师不可能把每个学生都教成好学生。
2. 一般来说，学生变成什么样是先天决定的。
3. 一般来说，学生变成什么样是家庭和社会决定的，教育很难改变。
4. 教师对学生的影响小于家长的影响。
5. 一个学生能学到什么程度主要与他的家庭状况有关。
6. 如果一个学生在家里就没有规矩，那么他在学校也变不好。
7. 考虑所有因素，教师对学生成绩的影响力是很小的。
8. 即使一个教师有能力，也有热情，他也很难同时改变许多差生。
9. 好学生一教就会，差生再教也没用。
10. 教师虽能提高学生的成绩，但对学生品德的培养没有什么好的办法。

## 第三节　教师自我意识与教育效能感的培养

教师自我意识的水平和性质必然影响其教育效能感的水平和性质，并对其形成和发展起着决定性的作用。反过来，教师已有的教育效能感也会影响自我意识的进一步发展，二者是相互影响、相互促进的关系。

培养教师自我意识的方法主要有交往法、对比法、活动法和反思法。培养教师教育效能感的方法主要包括强化法、榜样法、归因训练法和教学策略训练法等。

### 一、教师自我意识与教育效能感的关系

1. 教师自我意识对其教育效能感形成和发展的影响

教师的自我意识与教育效能感之间具有密切的关系，主要可以从以下几个方面来进行分析说明。

（1）从教育效能感的概念角度来看，教育效能感就是教师对自身是否有能力搞好教学、教育好学生的认识、评价与信念。教育效能感的产生必然是教师基于对自己和学生以及教学任务的认识基础之上，对自己能否影响学生的学习行为和学习成绩的能力评价与信念，因而从这个角度来说，教师的自我意识是其教育效能感产生和形成的基础。

（2）从教育效能感形成的四个信息源来看，自我意识的形成给教育效能感的形成提供了信息。教师的成败经验、替代性和想象性经验是个体形成心理自我的过程，他人评价与言语劝说是个体形成社会自我的过程，情绪和生理状态是个体形成生理自我的过程，正是基于对自我生理、心理与社会方面信息的评价，才产

生了教师的效能感。特别是教师在教育教学中的成败经验、替代性和想象性经验，以及他人评价与言语劝说是教师教育效能感产生的最重要的信息来源。因而可以说，教师对自身教育教学方面的自我意识是其教育效能感产生和形成的前提。

（3）从影响教师教育效能感形成和发展的因素来看，可以说教师的自我意识是影响教师教学效能感的关键。影响教师教学效能感的因素有很多，但无外乎外部因素和内部因素两个方面，且外因总要通过内因而起作用。

在内部因素中，教师的价值观和自我概念、教师对行为结果或他人评价的归因对教师的教学效能感起着关键性的作用。价值观首先表现在人的认知评价体系方面，同时又充满着情感和意志。每个人都具有其独特的一套认知评价体系，人们运用这套体系对周围环境刺激做出解释。影响教师教学效能感的外部因素只有通过教师自我概念的加工和解释，通过教师的价值观对它们进行认知评价才能真正起作用。

另外，根据归因理论的研究，人是具有高度自我意识的动物，人们对于他人对自己的评价具有意识的能动性，也不会由于几次成功或失败就对自己的能力做出一成不变的估计。伴随着行为的结束，人们会对自己的成功或失败做出原因分析。当成功被归因为自己能力突出这种内部的、稳定的因素时，个体的自我效能感会增强；当失败被归因为自己能力不足时，个体的自我效能感就会降低或削弱；当失败被个体归因为运气、机遇这种外部的、不稳定的、不可控的因素时，并不足以改变他的自我效能感。因而从这个角度来说，教师的自我意识对其教学效能感的形成和发展起着十分关键的作用。

（4）从自我概念与教育效能感的关系采看，二者的联系十分密切。自我概念属于自我意识的范畴，它通过直接经验和接受重要他人的评价而形成，是一种综合性的自我意象。一个综合的自我概念，并不能恰当地说明在不同的活动、相同活动的不同水平和不同环境中都变化着的复杂的自我效能感，但二者之间的联系却是不可否认的。有研究显示，教学效能感与总体自我概念之间有极其显著的相关，在自我概念的各因素中，伦理自我和自我批评两个因子与教学效能感相关不显著，其他因素均与教学效能感具有显著的相关性，这说明属于自我意识范畴的教师自我概念与教师的教学效能感之间有着密切的联系。教师自我概念中的生理自我、心理自我、家庭自我、社会自我、自我认同、自我行为等反映了教师对自身的言谈举止、自身形象、素养、能力的认识与评价，这些因素会影响他们对教育的作用的认识和评价，也影响他们对自己教好学生的能力的判断和信念，从而影响着教师教学效能感的形成和发展。

总之，自我意识对教育效能感的产生和发展起着十分重要的作用，可以说自

我意识是教育效能感形成和发展的基础。

2. 教师教育效能感对教师自我意识形成和发展的影响

对具有高教学效能感的教师的研究表明，这种教师愿意在教学上付出更多的努力，积极改革教学方法，注意运用灵活多样的教学策略，同时表现出积极的教学态度和情感，热爱教育教学工作，对学生宽容、接纳、公平、民主，很少批评学生，也表现出很强的管理能力和积极的教学革新意愿，具有低的人际紧张，喜欢自己的教师职业等。所有这些表现实际上说明具有高教学效能感的教师的自信心更强，因而他们在对学生的教育和教学上表现出更积极的行为。而教育效能感低的教师无论在改革教学方法、运用教学策略，还是对待学生的态度上，都表现出较为消极的行为。这一方面可能是因为其本身教学能力较低，致使其教育效能感水平较低。另一方面也可能正是因为其教育效能感水平较低而影响了其对自身能力的评价。因而，具有高教学效能感的教师其自信心更强，而教育效能感水平较低的教师其自我意识更倾向于消极，并可能出现恶性循环。

总之，教师自我意识的水平和性质必然影响其教育效能感的水平和性质，并对其形成和发展起着决定性的作用。反过来，教师已有的教育效能感也会影响其自我意识的进一步发展，二者是相互影响、相互促进的关系。

## 二、教师自我意识与教育效能感的培养

1. 教师自我意识的培养

（1）教师自我意识水平的测量

高顿（Gunton）发明了一种对自我意识进行定性测量的方法——“我是谁”。目前在使用中一般要求被试在 10 分钟之内写出 20 个以“我”或“我是”开头的句子，按照自己思考时的顺序写，不必考虑其中的重要性和逻辑关系，若一时写不出细节可略过，继续往下写。

被试写完以后，我们可以从以下几个方面来分析其自我意识水平。①答案的数量。如果很难在规定时间里写出那些句子，说明被试的自我意识较弱。②答案涉及的内容是否全面，如是否涉及被试生理、心理和社会自我等各个方面。有的被试可能表现出对自己的认识不够全面，有着某个方面的偏向性，而对另外的方面却少涉及。③答案是表面还是深刻。有的被试可能表现出对自己的认识非常表面和肤浅，这一方面可能表明被试对自己的认识不足，但也可能是被试故意掩饰自己不让别人知晓之故。④答案是积极或消极、正面还是负面。这可展现被试的生活态度和性格、自我体验的积极或消极、对现实自我的态度以及给我们提供了被试对自身评价的高估或低估的倾向。⑤还可从被试的答案中分析其自我认识的客观性、发展性等。

总之，有经验的分析者可以从中得到相当多的信息，然后有针对性地提出建议。我们可以借鉴这种方法对教师的自我意识水平进行测量，这对增强教师的自我意识，促进教师自我意识的培养和提高有相当大的帮助。

（2）培养教师自我意识的方法

a. 交往法。通过与他人的交往来认识自我是个体自我意识形成和发展的首要途径，因而培养教师自我意识的第一个方法就是明确“他人眼中的我”。这主要需要每一位教师有虚心听取他人意见、不断完善自我的意识，同时可以通过主办“他人眼中的我”的征文和演讲比赛等，让教师关注自己在别人心目中的形象，以提高自我意识水平。另外，每个学期末可以让学生、同事、领导等以无记名的方式给每一位教师写评语，以有利于教师提高自我意识水平和改进工作与人际关系等。

b. 对比法。通过对比是个体获得自我意识的第二条途径。一方面需要引导教师向先进教师学习，用先进教师的事迹激发教师自我意识中的自我体验与评价因素，唤起教师奋发努力的热情；另一方面也要保护教师的自尊心和自信心，不妨与自己同等条件的其他教师作对比，在差距不太大的情况下，这不但有利于保护教师的自尊心和自信心，甚至更有可能激发教师弥补不足、缩短差距的动力；还有就是与自己的过去相比，以发现自己的进步，并努力规划与发展自己的未来，开展“我的过去、现在和未来”的征文和演讲比赛等以增强教师的自我意识水平。

在这个方面，学校领导者需要做好的第一个工作，是制订出一个让绝大多数教师所认可的先进教师的评定标准，然后按照这个标准公正地选出优秀教师，这样，他们的先进事迹才可能成为激发其他教师上进的榜样。另外，领导者需要与教师一起制订学期规划、事业规划、人生规划，并与其他同事进行交流，相互促进，甚至可以采取合作学习的方法共同提高。

c. 活动法。通过活动来认识自我，这是培养教师自我意识的又一条途径。学校可以系统地开展一系列活动，诸如“三字一话”、普通话演讲、英语演讲、课件制作、优质课比赛、教学论文比赛，等等，让教师在参加活动中认识自己的优势与不足。组织活动的关键点在于让教师在参加活动中得到成长和发展，至少应该是有所收获，有所提高，而不是体验失败与挫折。引导教师在参加活动中认识到“天生我材必有用”，自我发展以能力为本，自我评价以发展为本，提高自我意识的水平，努力上进。

d. 反思法。通过自我观察与反思来培养教师的自我意识，首先需要教师具有这样的意识，另外需要教师懂得反思的方法，做一个反思型教师。通过写反思日记、学期总结，反思自己的教学、育人、科研、发展等方面的得与失，听取其他教师对自己的分析与诊断，思考今后努力的方向。学校领导应在这个问题上把教师的自觉反思与学校要求结合起来，促进教师自我意识水平的提高，促进教师的发展与进步。

2. 教师教育效能感的培养

(1) 针对效能来源培养教师的教育效能感

从教育效能感的概念来看，它是指教师在教育领域中对教育的作用特别是自己是否有能力影响学生的学习行为和学习成绩的主观判断和信念。这种主观判断与信念的形成主要来源于教师对成败的体验与认知归因、替代性和想象性经验、他人的评价与劝说、情绪和生理状态的信息等。因而只有针对效能的主要信息来源，才可能有效地培养起教师的教育效能感，这可从企业管理中对员工效能感培训的方法中得到借鉴。

(2) 培养教师教育效能感的具体方法

a. 强化法。班杜拉指出，在人们掌握了某些知识和技能，显示了自己有能力的时候，外部强化的恰当运用有助于自我效能感的建立。因此当教师在教学活动中取得了某种成功时，领导者给予适当的奖赏，会让教师得到更多的成功体验，从而提高其教育效能感。而这时教师所使用的自我强化与积极暗示，也会对提高教师的教育效能感有着不可忽视的重要作用。

在增强教师成功体验和实现绩效的问题上，学校领导不妨使用目标管理法。让教师参与讨论制定一个具体的、难度较大而又能让教师所接受的目标，然后在实现目标的过程中，领导为其提供必要的条件和帮助，通过教师的努力达到目标并得到相应的奖赏，再加上教师的自我强化，必定能够促进教师教育效能感的提高。

b. 榜样法。选择与某位教师有相似特征的成功榜样，对于增强该位教师的教育效能感无疑会起到积极的作用。费斯廷格（L. Festinger）在其社会比较理论中指出，个体有选择与自己类似的人进行比较的倾向，因为这更能提供评价的依据，提高自己的斗志和自我效能感。因而每一位教师的榜样也许不一样，他应该以跟自己条件相似而又在某些方面发展得比自己好的教师为榜样，这样才可能相信只要自己奋发努力也能像这位教师一样获得成功。

c. 归因训练法。费斯廷格（1985）通过对维纳（B. Weiner）的归因理论、塞利格曼（Seligmen，1975）及梅尔（Maier，1976）等的习得性无助模式和班杜拉的自我效能感理论的比较，对理想的归因作了如下归纳。

在这些归因中，我们不难发现"努力不足"的归因是普遍可以接受的主流思想。它一方面不但会给个体带来自尊、自信、更高的成就动机和期望，而且能防止无助感的产生，因而进行归因训练无疑也是一个培养教师教育效能感的有效方法。

归因训练一般分为两个步骤：诊断和训练。在诊断阶段，训练者可通过教师对成功或失败的总结来确定其归因倾向是否积极。在训练阶段主要有三种方式。

操作。让教师对相同事件做出归因，当他们做出正确归因时给予积极强化，反之则给予矫正。

说服。由训练者向教师提供积极的归因，或让他们观察那些做出积极归因者的示范，讲解积极归因给行为者带来的心理与行为的积极影响等，以说服教师采纳。

转移。主要是将可能带来心理障碍的消极归因引导为外部归因，并使用妥协法进行自我安慰，以维护教师的心理健康和教育效能感。

d. 教学策略训练法。无论是强化法、榜样法或归因训练法，都应以教师自身的能力提高为前提。只有以此为基础，才可能让教师获得更多的成功体验和实现绩效，才可能对自己做出能够达到榜样水平的估计，也才可能做出更多的积极性归因。教学策略训练需要教师首先掌握一定的理论知识，然后结合教学实际加以训练才能收到较好的效果。张大均及其领导的课题组从 20 世纪 90 年代起开始把教学策略训练运用于课堂教学之中的实验研究，取得了一批重要的研究成果。其中包括《文章结构分析训练对阅读理解水平影响的实验研究》（张大均、余林，1998）、《应用题结构分析训练对提高小学生解题能力的实验研究》（姚飞、张大均，1999）、《元认知训练对不同元认知风格小学生解应用题能力影响的实验研究》（郭成，1998）等。

通过教学策略的训练，教师在提高自身的教育教学能力以后，必然会提高自己的教学成绩，再辅以相应的强化、榜样教育和归因训练等才可能更大程度地提高教师的教育效能感水平。

知识卡

### 新教师培养计划

为了培养一支师德高尚、文明守纪、业务过硬、气氛和谐、学风浓厚的新教师队伍，为了让新教师能够发扬“爱生、敬业、奉献”的精神，并以饱满的热情出色完成教育教学任务，特制订新教师培养方案，实施措施如下。

**一、岗前培训**

对新任的教师实行岗前培训制度。新教师 10 天左右。

1. 培训内容

新教师培训主要内容是师德、新课程标准，教学大纲、考纲、教材、教材教

法，教学常规、教师行为规范、学校文化等为内容。

2. 岗前培训考核

(1) 微格教学

(2) 考试——理论考试和专业考试

(3) 自我评价与自我总结

**二、在职培训**

1. 新老结对。充分发挥老教师的“传、帮、带”作用，安排本学科有经验的老教师与新教师结成师徒关系，对新教师进行全方位指导，提高业务能力。

2. 新老听课。新教师须先听后讲，每周听指导教师的课不少于3～5节。指导教师每单元都要听徒弟的课。指导教师首先要批阅新教师的教案，实行签字制度，帮助分析课堂教学情况，改进教学方法，提高课堂教学质量。

3. 制订师徒指导考核奖励方案。考核包括指导教师听课节数，签字教案数量，被指导教师的教学成绩及成长表现，实行量化管理，由年级及学校相关领导进行检评。

4. 各类讲座。利用校内优秀教师资源开展各种讲座，如，教学经验介绍、班级管理专题讲座、示范课或公开课等，让新教师在最短的时间内成熟起来。

5. 他山之石。在网上或去大型学术会议上购买示范课及新课改的光盘。鲜活的一堂课是提高课堂教学质量的一大捷径。

6. 校本研究。开展校本研究，根据学生的实际情况，有目的地进行课题研究，使新教师成为学习型老师、科研型老师、创新型老师。

## 思考题

1. 什么是教师的自我意识及其特点?

2. 简述教师教育效能感的特点和影响因素。

3. 教师自我意识与教育效能感有何关系?

4. 如何培养教师自我意识和教育效能感?

## 课外阅读

### 要学会为自己鼓掌

每个人都有梦想，也都希望能够得到别人的赞扬。日本有句格言：“如果给猪戴高帽，猪也会爬树。”这句话听起来似乎不雅，但说明了这样的一个道理：

当一个人的才能得到他人的认可、赞扬和鼓励的时候，他就会产生一种发挥更大才能的欲望和力量。

但是，光靠别人的赞扬还不够——因为生活不光是赞扬，我们碰到更多的可能是责难、讥讽、嘲笑。在这时候，学会从自我激励中激发自信心，学会自己给自己鼓掌，这一点非常重要。

朱健参加工作后，他爱上了“小发明”，一下班，常常一头钻进自己的房间，看呀，写呀，试验呀，常常连饭都忘了吃。为此，全家人都对他有看法。妈妈整天絮絮叨叨地骂他“是个油瓶倒了都不扶的懒鬼”，“将来连个媳妇都找不上”；他大哥就更过分了，一看到他写写画画，摆弄这摆弄那就来气，甚至拍着胸脯发誓：“这辈子，你要能搞出一个发明来，我的头朝下走路……”

值得赞叹的是，朱健在这种难堪的境遇中，始终不泄气，不自卑，而且经常自我鼓励。报上每登出有关他的“革新成果”，哪怕只有一个“豆腐块”，“火柴盒”那么大，他都要高兴地细细品味，然后把这些介绍精心地剪贴起来，一有空闲就翻出来自我欣赏一番。

在自己给自己的掌声中，朱健实验搞成功的“小发明”慢慢多起来，“级别”也慢慢高起来了。几年后，他的“小发明”竟然在世界上获得了大奖。

给自己鼓掌的做法，促使了朱健的成功。

而在现实生活中，放弃自己的权利，让别人的意志来决定自己生活的人却实在不少。他们把自己上学、择业、婚姻……统统托付或交给他人，失去了自己的追求和梦想，也就失去了自由，最后变成了一个毫无价值的人。

如果我们遇事都能像朱健一样，采用积极的思维方式，烦恼和自卑感就会消失。人的自卑感的存在和产生，并不是由于自己在能力或知识上不如人，而是由于自己的心态和感觉。为什么会产生不如人的心态和感觉呢？是因为有些人常常不用自己的“尺度”来判断和评价自己，而喜欢用别人的“标准”来衡量自己。就是喜欢拿自己与他人相比较，尤其喜欢拿别人的优点和长处与自己的缺点和短处相比较。原本这些不一样的东西，是不能进行比较的，越比较，就越自卑。

# 第六章　教师的人际关系与威信度

## 名言欣赏

强者性格决定了他的命运，弱者的命运决定了他的性格。

## 导读

教师的人际关系是在教育教学活动中形成的一种特殊的社会关系，这种关系具体化为师生关系、教师间的关系、教师与学校领导间的关系以及教师与学生家长的关系。调查显示，教师心理不健康的主要表现之一就是人际关系问题。教师工作中的人际关系影响教师的心理与行为，造成人际压力。教师都希望自己能得到别人的尊重、理解和信任，但要真正得到相互认可、正确的评价和适当的支持并不容易。人际关系本来就复杂，职业竞争又进一步造成了人际关系的微妙和复杂，不少教师往往因不能及时调整人际关系带来的心理压力，而导致严重的心理障碍。

教师威信是教师具有的一种使学生感到尊敬和信服的精神感召力量。它是教师的人格、能力、学识及教育艺术在学生心理上引起的一种崇高情感，能有效地影响学生综合素质的形成。从本质上讲，教师威信是其具有积极、肯定意义的人际关系的反映。良好的人际关系与崇高的教育威信，是有效影响学生的重要条件，是完成教育教学工作的一种推动力量。

## 要点提示

◆教师人际关系及其形成

◆师生关系

◆教育威信及其形成

◆教育威信的维护和发展

心理诊所

## 怎样才能有个好人缘

**心理案例：为什么她的人缘比我好**

晓佳和毓霞是两位年轻的女教师。两个人同时应聘，来到同一所学校，在同一个年级任课，在同一间教研室里办公。应该说是挺好的机缘。但是，半年过去了，晓佳感觉处处不如毓霞的人缘好。就这样，晓佳最近因为人际关系感觉非常郁闷。

几天前的一个中午，午饭后晓佳在外面转转，回办公室晚了一步。进门之前老远就听到里面的说话声，她知道是毓霞在和另外两位老师聊天。可晓佳进门后，毓霞的谈话却戛然而止，脸上也没有了表情。几个人突然拿出埋头备课的样子。晓佳心中疑惑：背人没好话，是不是在议论我？一定是，要不怎么突然没话了？于是，晓佳谁也不理，一个人快步来到办公桌前。

也许是毓霞看出了晓佳的脸色不对，解释说："我们正在说校长昨天的讲话，还以为你是……"晓佳抢过来说："说校长跟我有什么关系？何必解释？"心里想：没说我你解释什么？做贼心虚！

于是，晓佳回想起了上班之后的种种细节，觉得毓霞和另外两个同事似乎处处在为难自己。前不久，晓佳在电脑上处理文件，突然叫毓霞过去帮忙，说不知怎么一个文档总是设置不好。毓霞看了看说："这个问题我也不知道怎么回事。"晓佳就不高兴了："你瞧，还真谦虚！"心里想：这点事还拿一把，爱告诉不告诉，也有你问我的时候！从那以后，晓佳感觉毓霞总是跟自己很别扭，而且其他同事也对自己不好了。晓佳感到非常困惑：我为什么没有毓霞人缘好？我为什么这样没有人缘？

毓霞真的比晓佳的人缘好吗？也许是大家的生活轨迹本来差不多，也许是事有凑巧，毓霞也确实遇到过和晓佳相似的问题。那么，毓霞又是怎么看待的呢？

这一天，晓佳比毓霞早一点来到办公室，和同事正谈得热烈。眼看快到上班的时间了，毓霞推门进来。一时间，晓佳的谈话也戛然而止，并且赶紧趴在办公桌上做出备课的样子。

毓霞笑呵呵地拍了一把晓佳说："还假装备课，把我当校长了吧？又没到上班时间，说说笑话怕什么？"接着说，"让我也分享分享啊！"晓佳这才放松下来说："真把你当校长了，吓死我了！几个人哈哈大笑起来。"

还有一次，毓霞也是电脑出了一点问题，请晓佳帮忙，正赶上晓佳也弄不明白怎么回事。毓霞轻松地笑笑说："我还拿你当师傅呢，看来我们不是电脑专业的就是不行，咱俩半斤八两，我们还是请教真正的师傅吧。”见另两位同事也弄不清，毓霞拨通了单位里计算机中心的电话。

请教专业人员之后，毓霞和晓佳当场演练，很快就解决了。晓佳庆幸地说：“你看，我也借光学了一手。”毓霞高兴地说：“真是‘难的不会，会的不难’，你看，人家几句话，咱就解决了大难题。”说着举起水杯：“来，咱们以水代酒，为顺利攻克难关，干杯！”

晓佳拍着毓霞开心地笑了：你真好，真有意思！心里想：毓霞这个人其实挺好的，我有时候是不是错怪人家了？

**心理把脉：源于习惯把别人往坏处想**

看了上面的故事，你一定发现，如果说毓霞真的比晓佳的人缘好，就因为在人际交往中毓霞比晓佳的心态好。

心理学家做过这样一个巧妙的实验，研究者让两组参加者给同一位女士打电话。告诉第一组的人说，对方是一位冷酷、呆板、枯燥、乏味的女人。告诉第二组的人说，对方是一个热情、活泼、开朗、有趣的人。

结果发现，第二组的人与那位女士的交谈非常投机，通话时间也明显比第一组的人要长。而第一组的参加者很难与那位女士顺利地交谈下去。这是因为，第二组的参加者把那位女士想象成是一个“天使”，把她看作是一个“热情、活泼、开朗、有趣”的人，并以同样的态度与之交往，而第一组正好相反。

这是为什么呢？

心理学告诉我们，决定你对一个人的态度好坏的，不是那个人及其言行本身，而是你对那个人的认知评价是积极的还是消极的。在人际交往的互动过程中，人们都有保持心理平衡的需要。因此，人际交往中，你想让别人怎样待你，你首先要怎样待别人。否则，对方就会感到不平衡。

所以，如果你事先对别人有一种积极或消极的看法，那么，这种看法势必会在你的语言和非语言信息中，有意无意间流露出来。对方觉察到你的信息后，也会做出相应的回应。于是，人际关系就有了不同的走向和结局。

如果你习惯于对人进行消极的认知评价，就会对人没有好态度，别人也往往会这样回应你。于是，人际交往进入恶性循环。于是，你也就没有了好人缘。

晓佳就是这样。她遇到事情总是习惯把别人往坏处想。别人看到自己中止谈话，就认为是别人议论自己；别人不懂电脑的处理，就认为别人是故意难为自己，等等。晓佳总是以这样的心态看待人，等于自设了一道心障，哪里还有好人缘？

相反，如果你习惯于对人进行积极的认知评价，就会对人有个好态度，别人也往往会这样回应你。于是，人际交往就进入良性循环。于是，你也就赢得了好人缘。

毓霞正是这样。她遇到事情总是习惯把别人往好处想：别人看到自己中止谈话，认为是别人误会而闹出的笑话；别人不懂电脑的处理，认为是非常正常的事情，并及时请教专业人员共同解决问题。毓霞正是靠这样的好心态，连曾错怪自己的晓佳都被感化了，还愁没有好人缘？

**心理处方：用美好的心念来待人**

看来，要想拥有好人缘，最根本的是让自己有份好心态。这份好心态就是，心存善念，善解人意，善待他人，用美好的心念来看人，用美好的心念来待人。用心理学的话说，就是心理上对他人有一种积极的认知评价。毓霞与晓佳的不同就在于，毓霞对人总是有一种积极的认知评价。

生活中的人际交往常常是这样。有些人像晓佳那样，在人际交往中怨天尤人障碍重重：为什么打招呼他居然不理我？为什么找他办事却故意说没空？为什么电子邮件发过去他却没有回复？为什么找他借钱竟说没有？为什么评优他没投我一票？为什么他们这样对我？为什么我没有一点好人缘？

其实，在人际交往中，我们都可以拥有毓霞那样的幸运，就看自己的心态了。

以“为什么打招呼他居然不理我”为例。如果你待人没有好心态，你就可能会往坏处想：瞧不起我？好，我还瞧不起你呢！于是你就会给人家冷面孔，很快你就会收到对方回报的冷面孔。如果你待人拥有好心态，你就可能会往好处想：一定是她没有听见，这算什么？一样是好姐妹。于是你待她一样地热情，你也会收到对方回报你的热情和友谊。

其他情形都可以这样类推，都可以在好心态下，给对方找出很多可以理解的理由，让人际交往进入良性循环，让自己拥有好人缘。

为了在人际交往中有个好心态，就要坚信，世上永远是好人多，每个人都有向善之心，所谓坏人也往往心存善念。

即使有些时候对别人不很了解，也宁可把人往好处想，而不往坏处想，这样有助于人际的良性循环，也有助于积极沟通消除可能的误解。

即使有些时候确实是对方不好，也宁可以德报怨，而不以怨报德，这样从我做起，有助于把人际互动转化到积极的方向上来。这样我岂不是太亏了？可是，这样你自己的心就会多一份安宁和谐，何况还会赢得更多的好人缘。好人缘可是人生最可贵的助缘，最可贵的福缘啊！

## 第一节　教师人际关系及其形成

教师的地位和作用，决定着教师必须与学生、与其他教师、与学校管理者以及与学生家长等建立良好的人际关系，这是提高教育质量、加强教师队伍的自身

建设必不可少的组成部分。

## 一、人际关系的概念

人际关系是指人与人之间在交往的基础上形成的比较稳定的心理关系，它主要表现为人与人之间在交往过程中关系的深度、亲密性、融洽性和协调性等心理方面联系的程度。

1. 人际关系的结构

人际关系主要包含人际认知、人际情感和人际行为三种成分。人际认知是指人们的相互感知和理解，反映个体对人际情况的了解，是人际知觉的结果，这是人际交往的理性条件，人们在交往过程中如能相互理解，就易于形成协调的关系。如果彼此产生错觉、偏见或误解，就难以形成融洽的关系。人际情感是人与人之间的情感体验和情感上的联系，是双方在情感上满意的程度和亲疏关系，如喜欢、满意、厌恶、吸引等。这是人际关系的基础。人们在交往过程中如果情感融洽，则易于达到关系和谐；反之，如果情感存在隔阂，则会关系紧张。人际行为是指人的言谈举止，是双方实际交往的外在表现和结果。一个人的言谈举止是其心理活动的外在表现。在人际交往过程中，行为成分常常起着直接的作用。人际关系的协调性，就主要体现在行动的配合上，表现在工作、学习等具体活动的相互支持和合作上。

2. 人际关系的反应类型

人际关系的反应类型就是人际关系行为模式与个体的个性相结合，形成其特有的人际关系倾向。心理学家霍妮（K. Horney）依据个体与他人的关系，将人际关系反应类型分为三类。一是谦让型，其特征是“朝向他人”，无论遇到何人，必先想到“他喜欢我吗”。二是进取型，其特征是“对抗他人”，想知道别人力量的大小，或别人对他有无用处。三是分离型，其特征是“疏离他人”，常想到的是别人是否会干扰或影响他。心理学家认为，人的气质无好坏之分，同样，以气质为基础的人际关系反应类型，亦无优劣的差别，只是对有关工作效率有所影响。据研究，不同类型的人所适合的工作有所不同，比如，从事艺术或科学研究有成效的人，往往表现出分离型的人际反应类型。然而，无论何种反应类型，良好和谐的人际关系基本都有如下表现：

（1）了解彼此的权利和义务，将关系建立在互惠的基础上，其个人思想、目标、行为能与社会要求相互协调；

（2）能客观地了解和评价别人，不以貌取人，也不以偏概全；

（3）与人相处时，尊重、信任、赞美、喜悦等正面态度多于仇恨、疑惧、妒忌、厌恶等反面态度；

（4）积极与他人作真诚的沟通。

人际关系主要受到交往双方需求满足的制约，同时还与个人的情感体验有关。教师的地位和作用，决定着教师必须与学生、与其他教师、与学校管理者以及与学生家长等建立良好的人际关系，这是提高教育质量、加强教师队伍的自身建设必不可少的组成部分。

## 二、教师间关系

教师与教师的关系主要包括不同年级教师之间的相互关系、各个学科教师之间的相互关系、班主任教师与任课教师之间的相互关系、各个学科教师之间的相互关系、班主任教师和任课教师之间的相互关系，等等。教师之间建立良好的人际关系是教师心理健康的重要手段，是教师顺利工作的保障。

### 1. 教师间关系的重要性

首先，教师之间如果没有良好的人际关系，会引起教师的焦虑与不满，影响教师的生活和工作质量，影响教师对事业的追求。

其次，教师之间良好的人际关系是教育工作的必然要求。对学生进行教育工作需要教师集体的努力，需要教师之间的密切配合和相互协作。在多数情况下，教师从事的是个体劳动，如备课、讲授、批改作业、课后辅导等，但是对学生的成才、教育成果的取得，原因又是多方面的。就学校内部而言，有年级的衔接、学科的配合、后勤的保障，等等。因此可以说，教育成果是集体的，是全体教师密切配合、共同努力的结果。

因此，建立教师之间的良好的人际关系非常重要。由于教师之间年龄、经历、所教学科以及兴趣、能力、气质、性格方面的差异，难免存在矛盾和冲突。但是，在教育学生方面，大家的目标是一致的，需要相互支持、共同努力，这就创造了教师集体团结共事的基础，决定了教师与教师的关系具有合作的特点。只有教师之间密切合作，相互交流、相互沟通，才能更好地了解学生，形成对学生的教育合力。若教师之间勾心斗角、互相拆台，必然会降低教师工作的积极性并弱化教师工作的动力，从而直接影响教师的课堂教学质量。

最后，良好的人际关系是教师实现自我价值、达成自我实现的基础。良好的人际关系有利于实现教师群体的同一性和稳固的性格，有利于对自身工作的价值形成积极评价。在一所人际关系不良的学校，教师间可能经常因眼前的物质利益而相互争斗，互相算计，教师时时为小事所累。这将影响到教师对本职工作的满意水平，导致教师对自身价值产生怀疑，因而部分教师会放松对自己的要求，失去对工作的兴趣，也不再将教育作为一种值得自己奉献一生的高尚事业并为之努力。

2. 教师间关系的现状

良好的人际关系对教师及教育工作非常重要，但遗憾的是，当今学校中教师人际关系的现状却不容乐观。陈云英（1994）、冯伯麟（1996）、张忠山（2000）等曾分别对北京、天津、上海等地的中小学教师的工作满意度进行研究，结果表明：随着时间的推移，教师对教师间人际关系满意度呈下降趋势。1994 年的研究中，教师对人际关系的满意程度居所有各因素之首（76.3%），而时至 1996、2000 年，研究结果显示教师对人际关系的满意度仅居收入和晋升之上，居其他因素之下。1999 年王加绵对辽宁省中小学教师心理健康所做的调查研究也表明，教师间存在着人际关系紧张的问题。因此，教师间人际关系不良的问题已不容忽视。分析其原因，大致有以下几点。

（1）教师间竞争的加剧

市场经济体制的确立，打破了以往平均主义的状态，形成了多劳多得、少劳少得的竞争机制。这种情况不可避免地导致人与人之间利益的冲突。教师行业也是如此。为了分到更好的房子，为了评更高的职称，许多教师便费尽心机地试图战胜他人。在这一残酷的竞争过程中，有些教师采取了不正当的手段，如拉关系、走后门、请客送礼等以达到自己的目的。这样，他们就很可能侵犯了其他教师的利益，必然会引起这些教师的不满，从而造成教师之间人际关系的紧张。

（2）教师之间交流的减少

主动真诚的人际交流是建立良好人际关系的重要前提，人际交流的缺失必然导致人际关系的失败。但现阶段，教师间竞争的加剧必然要求教师投入更多的时间与精力于自己的工作当中，教师的工作比以往更加繁忙。在这种情况下，有些教师为自己的工作疲于奔命，几乎没有时间同其他同事进行交流。许多教师对竞争的认识过于偏颇，没能处理好竞争与合作的关系，而将竞争与保密、自私和自闭联系起来。知识分子的“文人相轻”“自命清高”等传统习气也阻碍了教师之间必要的交流，不利于发展良好的人际关系。

（3）学校管理机制尚不完善

科学的学校管理体制将有利于营造公平、公正、公开的健康的学校氛围。在这种氛围下，教师对问题的归因将更多地指向内部因素（本身的能力、努力水平、投入工作的程度等），而较少归结于一些外部因素（如其他教师的阻挠、领导的无能或偏见，等等）。这种归因有利于良好人际关系的建立。但事实上，当前许多学校的管理机制不健全，尚停留在“人治”而非“法治”的阶段，领导在处理问题时更多地掺入一些主观的因素（如私人关系、同乡、校友，等等）。这种状况可能导致教师对问题做出偏颇的归因，即不论利益分配是否不公平，一些教师也会主观认定利益分配是不公平的。这必然会引起这些教师与领导及其他教师间人际关系的紧张。

（4）教师个人的心理健康水平

生活节奏的加快、工作压力的增大使许多教师的心理处于亚健康状态，甚至出现不同类型和严重程度的心理障碍，如人际交往恐惧症、抑郁症、焦虑症、多疑症。这些不良心理必然影响教师间人际关系的质量。

3. 提高教师人际关系的质量

教育工作的特殊性要求建立教师之间的良好的人际关系，每一位教师都必须注意以下几点。

（1）互通信息，增强交往

由于教师在多数情况下从事的是个体劳动，一些教师往往只对自己所教的学科负责，片面强调本学科的重要和自己的作用，而忽视其他学科、其他教师的作用。这种情况对于正常的学校教育是十分不利的。因此，教师之间应加强交流、互相听课、增进交往，共同进行教学研究活动、沟通信息、取长补短，逐步建立良好的人际关系。

（2）互勉共进，团结协作

学校的教育组织是一个系统工程，要取得最佳的教育效果，教师之间必须团结协作，共同帮助，单靠某个教师的努力是完不成教育任务、实现不了教育目标的。因此，教师要谦虚谨慎、互相学习。青年教师应虚心向老教师请教，真诚地欢迎并接受老教师的指导，老教师也要虚心学习青年教师的长处，并热情地对他们进行指导，帮助他们提高教育教学水平，使他们更快更好地成长。

（3）互相尊重，心理相容

教师之间出现不同的意见不足为怪，矛盾和冲突也是不可避免的。在产生分歧后，切不可认为只有自己的观点才是唯一正确的，而容不得别人的不同意见。教师是学生学习的榜样，必须按照人际关系的行为准则来约束自己，宽以待人，做到心理相容，尤其要防止产生嫉妒心理。这对于建立教师之间的良好人际关系是十分重要的。

## 三、教师与学校领导之间的关系

教师与学校领导的关系是教师人际关系中仅次于师生关系的一个重要方面，也是学校中经常发生矛盾的一对关系。教师与学校领导之间的关系既是一种隶属关系，又是一种同行、同事关系。教师在学校工作时心情是否舒畅、工作积极性的高低，很大程度上取决于与学校领导的关系如何。要处理好与学校管理者的关系，从教师方面来说应注意做到以下几点。

1. 协调关系，友好合作

教师是学校成员最基本的组成部分，学生则是唯一的接受教育的对象。为了

更好地施教于学生，教师应协调与学校其他方面的关系。在与学校领导者的关系中，教师应成为他们的得力助手，为贯彻党的教育方针、提高教育质量而兢兢业业地工作；教师应成为他们的友好合作者，与他们一起共同努力，为办好学校、出色地完成教育任务而做贡献。

2. 充分理解，争取支持

教师与学校领导者的关系是一种同志式的、平等的、团结互助的关系，其区别仅在于分工不同。在教育过程中，由于学校管理者不直接参与对学生教育的过程，所以他们对学生可能缺乏具体的、深刻的了解，这往往带来教师和学校领导之间的矛盾。对此，教师应对学校领导表示充分的理解，善意地提出批评和建议，帮助他们总结经验和教训，妥善地解决矛盾，争取他们对教育工作的支持，以便更好地完成教育任务。

3. 顾全大局，尊重服从

在教育过程中，教师是教育方针的具体执行者，又是教育措施的具体贯彻者，还是教育过程的具体组织者。正因为如此，教师应该正确处理个人与学校集体之间的关系。在教师与学校管理者的关系中，教师要顾全大局，将自己放在学校集体之中，这样才能使自己的聪明才智得到最大的发挥。同时，教师还应该尊重学校领导，真心诚意地接受他们的意见和建议。在与学校领导者进行交往时，教师应该服从学校的正确领导，认真完成分配的各项工作。

## 四、教师与学生家长之间的关系

学生健康成长是教师和家长的共同目标，因此，充当父母的代言人是教师的职业角色之一。从这个意义上说，教师与学生家长的关系是一种以同一目标为中心，建立在彼此信任、谅解、支持基础上的人际关系。与学生家长建立良好的人际关系，教师应达到以下几个角色要求。

1. 作为一位倾听者

家长最熟悉、最了解自己的子女，对子女的教育问题有较大的发言权。教师为了教好学生，应该尽可能地抽出时间与学生家长取得联系。在与家长的交往过程中，教师首先应作为一位倾听者，一要详细了解学生在家庭中的种种表现和以往的经历，以便全面地了解一个学生，及时了解学生在家庭生活、学习、健康等方面的情况；二要虚心向学生家长请教，虚心地听取他们的意见和建议，更好地改进教育工作。

2. 作为一位沟通者

对于教师与学生家长的交往，如开家长会、家访等，学生和家长都比较担心，他们往往将教师作为一位“告状者”来看待。存在这种现象的原因之一是教师与家长缺乏沟通。所以教师在与学生家长的交往中，应把学生在学校中的各方面表现，客观地向学生家长反映，不要遇到问题才与家长联系，不要对他们的子女进行随意的评价和指责，不要轻易地做出结论性的评判。在沟通过程中，教师不要伤害学生家长的感情，避免引起学生家长的不愉快。

3. 作为一位协商者

教师在与学生家长的交往过程中，应平等地与学生家长共同商讨对学生的教育方法和措施。通常，学生家长中的多数人没有系统学习过教育理论，有些人甚至用一些陈腐的旧观念、旧方式教育子女。对此，教师可灵活采取多种方法，如，通过个别走访，及时给家长提出意见；召开家长会，介绍某些家长好的教育方法；通过“家长学校”等形式帮助家长提高教育素养，而切不可以一个指导者的身份出现在学生家长面前。

知识卡

### 教师人际关系行为成熟程度测量表

**专业成熟特质　程度高低**

Ⅰ. 师生关系

1. 对学生进行个别化教育
2. 尝试找出学生的能力和才干
3. 避免使用讥讽的态度
4. 避免当众为难学生
5. 在课堂上创造友善和互助的气氛
6. 为学生提供民主参与机会
7. 尝试改善自己的方法

Ⅱ. 教师间的关系

1. 知悉同事的成就，表示赞赏
2. 除非学校管理者为学校利益而提出要求，避免对同事的方法和工作做不利的批评
3. 避免责怪以前的教师未能为学生做好准备
4. 避免因妒忌一位教师，而对自己人格发展有不利的影响
5. 避免同事间无事生非
6. 对非本学科及其他领域的工作存有一份尊敬态度
7. 避免介入其他教师与学生之间的事情，除非被邀请提供意见或帮助

8. 避免在学生及其他同事前批评另一位同事

Ⅲ. 教师与公众的关系

1. 记着自己是一个公仆
2. 尝试向公众显示教师之最优品质
3. 参与一些非直接与职业有关的社会活动
4. 为不同的社会活动奉献自己的时间、金钱
5. 用自己的一生以证实教育确能造就较佳的公民及较佳的邻居

Ⅳ. 教师与行政者的关系

1. 与高一级的行政者讨论事情，而不过分越级
2. 支持校长的政策和程序
3. 避免公开批评校长和领导

Ⅴ. 教师与专业的关系

1. 熟知自己领域中的最佳实践方法
2. 自愿地归属于专业组织
3. 为自己的专业组织奉献时间及才能
4. 接受专业的责任
5. 透过教师组织的渠道，为自己制造可行的民主途径
6. 自豪地讲出教育服务对社会的重要性
7. 通过阅读、学习、旅行或其他方法，熟知自己的专业及所处的世界，从而维护自己的效率
8. 热爱自己的职业
9. 鼓励能干及诚挚的人加入教师行业

**使用说明**

此表可以作为教师自身教学行为的践行标准，也可以作职业道德自检的工具。在程度栏中高、低的空位记下点号“.”。做完后，将所有点用直线连起来，所得的线若接近直线，并接近高的一边，则你的专业成熟程度理想。这个量表引导教师追求以下专业成熟的特质：①真正关心别人；②了解自己；③有成熟的人生目标；④清楚地知道自己的价值观；⑤有自制力；⑥小心自己的行为对别人的影响；⑦有计划地改掉自己的缺点，增强自己的能力。

（资料来源：香港，关燕祥，《教育的功能与效能》）

## 第二节 师生关系

师生关系是教师与学生之间的人际关系。它在师生交往中形成、维持和发展，并有其自身的特点和变化规律。作为学校生活中的一个最基本的人际关系，师生关系不仅对教师和学生的“教”和“学”的活动有全面的影响，而且对师生的心理健康也有重大影响。因此，建立良好的师生关系是实现教育改革、实施素质教育的关键。

## 一、有关师生关系的几个概念

1. 作为人际关系的师生关系

人际关系是指人们在交往中结成的心理关系。虽然这种关系是以社会生活为背景的，但它不是体现在经济、政治或思想方面，而是体现在人与人的心理距离上，也就是情感上，表现为交往双方是相互吸引还是相互排斥；是接近还是远离；是尊敬还是轻蔑；是爱还是恨，等等。可见，这里所说的关系强调的是双方在情感上的关系。

人际关系是以个人的需要满足为根据的，建立在情感基础上的个人之间的联系，是个人寻求需要满足的心理状态。人际关系反映了交往双方需要满足的程度。如果交往双方能互相满足对方的需要，那他们的关系就会变得更好、更密切。如果一方完全不能满足对方的需要，甚至做出不利于对方的行为，那么就会引起对方的不安或不满，导致关系的疏远或恶化。

作为人际关系的师生关系有三个特点：第一，这种关系是个人性的，就是说，教师和学生都主要不是从“角色”出发，而是从个人好恶出发形成的关系。例如，教师喜欢一个学生是因为他“有礼貌”“好学习”“活泼”等，而不是因为“教师法”上关于教师应该热爱学生的规定或关于教师道德的社会舆论的压力才喜欢他的。学生喜欢某位教师是因为“他对我总是笑眯眯的”“她讲课很有趣”或“她很公平”，等等，而不是因为要遵守“学生守则”中关于学生要“尊师”的规定。显然，在这种关系中，无论教师还是学生是否认为对方是自己所喜欢或乐意接近的对象是起最主要作用的因素。第二，这种相互之间在心理上的距离是双方在交往中可以直接感受到的。师生关系都是在直接交往，而且主要是面对面的交往中形成的。所以双方都会切实地感受到和对方在一起是轻松愉快的还是紧张压抑的，对方与自己，或自己与对方是亲密的还是疏远的，是和谐的还是冲突的，这种体验是很直接的。第三，这种关系特别具有感情色彩。

2. 学生对人际关系需求的差异

人际关系是人在社会生活中存在、发展的基本条件，它对个性发展、行为表现，乃至心理健康都发生巨大的影响。个体长期处于某一种特定的人际关系中会形成特定的人际关系需求和反应的特殊方式，或者叫作人际关系定向，成为一种个性倾向。进入学校学习的学生都已经具有这种人际关系需求的特点，而学校中

的人际关系对他们进一步形成或改变这种特点有很大的作用。教师应注意对具有不同人际关系需求的学生采取不同的交往方式。

不同的人际需求表现在哪些方面呢？心理学家舒茨（W. C. Schutz）认为，人们对人际关系的需求有三个向度。

（1）包容的需求。包容需求指希望与别人交往，建立和谐的关系。表现出的行为特点是积极交往、参与、融合、相属。如果个人缺乏这种需求和动机，则表现为在人际交往中退缩、孤立、排斥和忽视。大部分学生，尤其是年幼的学生，在与教师的交往中都表现得非常积极、主动，但也会有个别学生在与教师的交往中胆怯；拘束、退缩甚至回避。这些学生的家庭中可能人际关系不良，或他个人在家庭中处境不良，或者在以前的班级中人际关系不良、处境不佳。

（2）控制的需求。控制需求指希望在权力基础上与别人建立和维持关系。表现出的行为特点是运用权力和权威去积极影响、支配他人或超越他人。个人的这种需求如果得不到满足，就表现出抗拒权力，忽视秩序。缺乏这种需求或动机的个人表现出顺从、受人支配、追随他人等特点。那些不服从领导、在教师批评后做出破坏行为、故意捣乱的学生大半是有控制需求的，因为他们自己的需求未得到满足，所以用相反的行为来补偿。有经验的教师对这种学生往往采取给他适当的权力，如让他负责教室卫生或让他当课外运动队的队长。一方面使他的控制他人的需求得到满足，一方面要求他也接受他人的控制。

（3）感情上的需求。感情需求指希望在感情上与他人建立良好的关系。有这种需求的个人表现出对他人表现亲密、友好、热心、照顾等行为。缺乏这种需求和动机的人表现出对他人冷漠、厌恶和憎恨。

学生都是希望和教师建立良好的人际关系的，但是，具体到每一个学生可能有不同的表现。教师需要特别细心地加以观察和分析，以便采取恰当的做法，建立良好的师生关系。比如，在刚入学的小学生中我们就能看到，有的儿童见到教师，远远地就欢呼着扑过来，主动热情。而有的儿童静静地站在一边看着教师，教师不招呼他，他是不会主动走上前的，但是他的内心同样企盼教师的关爱。对这类儿童教师应特别注意主动地加以关心，否则，他们会远离教师，甚至因为教师“不理”自己而不喜欢教师。因为学生需要教师的关心，当教师没有做到时，学生的自尊心受到极大的伤害，而自尊心受到伤害的学生容易变得感情上疏离。有的学生不遵守纪律，不服从班干部的领导，这并不是他们想脱离集体，而是对自己在集体中的地位不满意。所以，辨别学生在人际关系需求上的个体差异，对建立良好的师生关系是很重要的。

3. 师生人际行为的模式

人与人之间的心理距离的体验必然会影响个人的行为。一个人的言语、表情、举止、行动随时都会自然地表现出这种情感上的体验。而这些外显的行为又会被对方所感受并引起相应的情感和行为上的反应。人际交往正是这样一种应答式的交互作用。由于人们心理活动有共同规律，因此在人际交往中，一方的行为引起对方的相应的行为反应，形成“人际行为模式”。

社会心理学家利瑞研究了几千份人际关系报告，把人际行为模式分为八类：

（1）由管理、指导、教育等行为导致尊敬和顺从等反应；

（2）由帮助、支持、同情等行为导致信任和接受等反应；

（3）由赞同、合作、友谊等行为导致协助或友好等反应；

（4）由尊敬、赞扬、求助等行为导致劝导或帮助等反应；

（5）由怯懦、礼貌、服从等行为导致骄傲或控制等反应；

（6）由反抗、怀疑、厌倦等行为导致惩罚或拒绝等反应；

（7）由攻击、惩罚、责骂等行为导致仇恨和反抗等反应；

（8）由夸张、拒绝、自炫等行为导致不信任或自卑等反应。

虽然这种人际行为模式只是一个粗略的归纳，现实生活中的人际行为受多种因素的制约，十分复杂，但是，它对于我们理解师生关系还是很有帮助的。比如，教师对学生做出指导、帮助、尊重的行为会引发学生尊敬、服从和信任等相应的行为，教师对学生的攻击、拒绝、惩罚会引起学生的拒绝、反抗和仇恨等相应的行为，教师的迎合、讨好和无原则的退让行为必然导致学生的不尊重、放任和不服从等相应的行为。因此，教师从第一次与学生交往时就必须明确地认识到，自己应该和学生建立什么样的相互行为的模式，期待学生对自己抱有什么样的态度和采取什么样的行为。然后，教师自己首先对学生表现出可以引起学生合乎自己要求的态度和行为的相应的态度和行为。有的教师对学生很不尊重，说话刻薄挖苦，动辄责骂惩罚，却抱怨学生对自己不尊重、不友好，企图通过高压的手段来纠正学生对自己的态度和行为，结果当然是事与愿违。当学生的态度和行为不符合我们的愿望时，唯一的办法是教师改变自己对学生的态度和行为，那时，学生的态度和行为就会相应地改变。还有的教师对学生故意“宽容”，如，考试前给学生漏题，评卷打高分，与学生拉拉扯扯，在学生面前贬低其他教师，想借此搞好师生关系，结果却遭到学生的不信任，甚至是鄙夷不屑。总之，学生对教师的态度和行为总是与教师对他们的态度和行为相应的。

## 二、师生关系的特点

### 1. 师生关系的一般特点

（1）师生关系是教育者和被教育者的关系

教师与学生的关系是教育者和被教育者的关系，这一特点决定了师生关系与

其他人际关系的区别。第一，它建立的基础是教育目的。师生关系与父母子女的关系不同。父母子女关系，是建立在血缘基础上的抚养和被抚养的关系。师生关系是在教育活动中结成的。一般说来，在未结成师生关系之前，双方是没有感情基础的，师生关系中的感情关系不是那种“母子连心”“父子情深”的血缘亲情，它必须服从教育目的。第二，它是个人不可选择的。师生关系也不同于朋友关系。朋友关系是以互助为纽带的，双方自由选择，也可以自由解除。但是师生关系双方之间一般是没有选择余地的，教师即使不喜欢某个学生，也不能抛弃他，学生不喜欢某个教师，一般也无法逃避。

(2) 教师和学生有不同的职责和要求

教师的职责是教好学生。教好学生是对教师的职业要求，也是社会、学生家长衡量教师价值的标准。与这种教师的职责相联系，形成教师特殊的职业心理和情感，就是所谓的“爱生性”，即教师爱护学生，希望学生成材。学生的基本职责是学习好。与此相联系的形成学生“向师性”的特点，即以教师为楷模，并渴望得到教师的爱，得到教师的肯定。

(3) 教师和学生在生理和心理的成熟度上有很大的差别

师生关系本质上是成人与未成年人的关系。教师是思想品德、知识经验和情感都比较成熟的。而学生是知识经验有限的，辨别是非的能力较差，人生观、世界观正在形成，情绪情感不成熟，而且行为容易被情绪所支配。

(4) 教师和学生在教育活动中的地位不同

在教育活动中教师是领导者和管理者，学生是被领导者和被管理者。师生关系经常表现为教师提出要求，学生服从要求，教师提出任务，学生完成任务。学生的学习成绩好坏，品行优劣，基本上是由教师来评价的。

(5) 师生相互作用，相互影响

在师生关系中，虽然教师是主导方面，但是在交往中教师和学生是交换着作为行为主体的，双方的态度情感的反应互为因果，是应答性的。学生尊敬教师，教师爱护学生；教师冷淡学生，学生疏远教师。

2. 小学和中学师生关系的差异

师生关系随着学生年龄的增长而变化，小学和中学的师生关系有很大的不同。在小学和中学的不同阶段中，师生关系也有不同的特点。

(1) 小学阶段师生关系的特点

a. 学生对教师的依赖感极强。小学阶段，特别是低年级学生对教师的依赖感极强。他们崇拜、信任教师，喜欢接近教师，师生关系是一种依附的关系，学生在情感和行为上极大程度地依附于教师。随着学生自我意识的觉醒，独立性增强，对教师的依赖逐渐减少。高年级的学生开始表现出自主的倾向，同时师生之间开始产生距离。

b. 师生关系比较稳定。小学生缺乏自己的独立见解，唯老师是从，因而只要教师表现出热情，就可以建立较为持久的、稳固的、良好的师生关系。

c. 师生关系简单。小学生与教师的关系比较单纯，他们千方百计地寻求教师的喜欢和注意，表现出对教师的依赖和趋近。他们喜欢教师，是因为教师喜欢他们；他们厌恶教师，是因为教师不喜欢他们。师生关系是从属式的，教师面对的是一个个的学生，而不像中学里教师与任何一个学生的关系都有群体的背景。

d. 师生关系对学生有极大的影响。小学阶段，师生关系对学生的学习和行为表现有着极大的影响。学生常常为他所喜欢的教师而学习，表现出他所喜欢的教师所期待的行为。同时，也常常会因为厌恶教师而厌恶学习，表现得处处与教师作对。

（2）中学阶段师生关系的特点

a. 随着年级的升高，学生对教师的依赖感减少。刚入初中的学生和教师之间的关系在一段时间内，还具有小学生对教师的依赖感极强的特点。随着青春期发育，自我意识的发展，从初二开始，学生就表现出较强的自主倾向，教师对学生的吸引力减少，教师的形象也不那么完美了，学生对教师的依赖大大减少。学生不再毫无保留地向教师说心里话，师生距离骤然拉大。这使许多教师感到对学生不了解了，工作难做。而“跟班”的教师更会敏感地感到这种变化，不了解学生心理的教师会感到挫折和沮丧。

b. 随着年级的升高，师生关系的理性成分增多，感情色彩相对减少。教师与年龄较小的学生的关系主要建立在教师对学生的爱护、关怀等情感基础上的。随着年龄的增长，师生关系：就越来越多地具有理性的成分。学生对教师的能力、学识和个性的认可在师生关系中越来越占有重要的地位。学生尊敬、并且趋近那些学识渊博、品德高尚的教师，而对于那些他们评价不高的教师则可能只是“以礼相待”，甚至连这一点也做不到了。

c. 随着年级的升高，师生关系稳定性降低。随着学生自我意识的发展和认识能力的提高，学生对教师的评价也不断变化，他们自己内心的这种不稳定也会反映到与教师的关系上。因此，整个中学阶段，学生与教师的关系经常处于变化之中。

d. 随着年级的升高，师生关系由简单到复杂。刚入中学的学生与教师的关系还有小学时期比较单纯的特点，但是很快就变得复杂起来。学生对教师的情感包含多种成分，而且学生之间的关系、学生中群体之间的关系都制约着个体学生与教师的关系。因此，师生关系趋于复杂。

e. 随着年级的升高，师生关系对学生的影响减弱。随着年龄的增长，自主意识的增强和认识能力的提高，教师权威逐渐减弱，师生关系对学生的学习和行

为的影响也逐渐减弱，与此同时，同辈群体的影响增加。

为了建立良好的师生关系，任何一个教师都必须了解自己所教的学生的心理特点，以及他们对师生关系的心理需求，并在与学生的交往中表现出适当的行为方式，只有这样才有可能取得预期的效果。

### 三、影响师生关系的因素

影响师生关系的因素很多，较宏观的方面，如学校的管理体制，学校领导者的观念和要求，学校里其他教师的影响，任课或所带班级前任教师的管理方式和与学生的关系等。另外，学校所在社区的教育发展水平是否有“尊师重教”的传统等，也是一个重要的影响因素。但是，在一所学校里，不同的教师与学生建立的关系可能是很不同的。这就说明，决定师生关系的最主要因素是教师。

具体地说，教师以下方面的特点对师生关系有着决定性的影响。

1. 教师的领导方式

在教师的许多角色中，学生群体的领导者是一个重要角色。学生在校的一切课内课外活动都是在教师的领导下进行的。因此，教师的领导方式决定了师生相互作用的方式，从而影响师生间的关系。

研究证明，在民主的、专制的或放任的领导方式下的师生关系有重大差别。

对教师的这三种领导风格的经典研究，最早是勒温（K. Lewin）在 1939 年进行的。研究中他确定了三种领导方式，即专制式、民主式和放任式。专制式的领导发号施令，指挥混乱，给予非建设性的批评，很少进行表扬和赞许；民主式的领导提出建设性的建议，鼓励自我指导；放任式的领导不给成员提供任何信息和建议。结果表明，在民主的领导方式下，师生关系友好融洽，大家相处愉快。在专制的领导方式下，气氛严肃，学生对教师抱有敌对和反抗的态度。在放任的领导方式下，师生关系松散，学生过分自由，不接受教师指导，也不尊敬教师。

2. 教师个性特征

教师的个性特征也是影响师生关系的一个重要的因素。大量的研究表明，具有热情、亲切、温和、理解、友好、负责、有条不紊、富于幻想等性格特征的教师容易与学生有良好的师生关系，尤其对于小学生来说更是如此。

3. 教师的业务能力

教师的业务能力也是影响师生关系的一个重要因素。对于高年级的学生尤其如此。

在 1979 年费尔德曼（R. S. Feldman）和普罗哈斯基（T. Prohaska）对被学生评价为能力高的和能力低的教师对学生的影响进行了比较。结果发现，学生对于能力较高的教师表示内心怀有积极的期待，认为教师讲授的课程不太难，并感到对该门功课有兴趣，学习有效果。与此同时，会产生喜欢教师的情感。而学生对能力较低的教师反应消极，他们不仅感到学习上有困难，而且没有兴趣，学习没有效果，因此更加不喜欢该教师。

4. 教师对学生的理解

在对学生进行的关于教师的调查中，学生将“理解学生”列为好教师应具备的最重要的品质。可见教师对学生的理解在很大程度上决定了师生关系的好坏。在学校里我们看到，与学生关系融洽的教师都是比较了解学生的，特别是对他们的学生的年龄特征和学生的个性差异有深刻的了解，这使他们较能正确地理解学生的思想、情感和行为，也就能更正确地评价学生的行为，接纳学生。而与学生关系不良、敌对、矛盾冲突不断的教师的一个主要的问题是对学生缺乏了解，尤其不了解他们的年龄特征和个性差异，因此，对学生的情感和行为不理解，对学生的总体评价偏低，容易产生不喜欢的感受。教师对学生的不理解导致经常误解学生的言行，在对问题的看法上就容易与学生发生歧义。学生感到教师不理解自己，歪曲自己的思想和动机，强加给自己“莫须有”的罪名，蒙受了冤屈，于是学生对教师产生不满、怨恨，敌对等情绪，导致矛盾和冲突。

## 四、建立良好的师生关系

1. 什么是良好的师生关系

什么是良好的师生关系？哥顿（I. Gordo）说得最具体：师生之间应该坦诚相待，彼此关怀，独立而不依赖，尊重对方，彼此适应对方的需求。也就是说，师生之间要相互尊重、平等合作，在这样的关系中师生相处和谐、融洽、愉快。

在现代社会中，良好的师生关系必须是民主平等的关系。

民主是时代的精神。民主的真谛是尊重每一个人，让每个人都有权利为自己活着。这就是说，教师应把每个学生看成和自己相同的人，像尊重自己一样地尊重他，而不把他当成是自己的“工具”，把学生当成满足自己需要的“东西”。教师应该记住学生也有和自己相同的需要。教师需要爱、需要友情、需要获得别人的注意和赞许、需要达到某些目标，学生也是一样的。合理的关系是要使双方都有机会满足其需要。民主的关键就在于是“相互”的，相互就是双方都同样地对待对方。彼此都“施”，彼此都“受”，于是关系就增进了，“专制”的、“家长式”的师生关系不可能是和谐融洽的，就因为它是单方面的，不考虑对方的需要。我们国家有几千年的封建历史，传统观念影响深远，教育上，尤其在师生关系方面的传统观念更是根深蒂固。建立民主平等的师生关系，需要我们付出极大的努力。

师生关系虽然是一个师生互动的关系，但必须强调教师是主导方面。因此，

改善师生关系必然是要从教师做起。当教师的态度和行为改变了，学生的态度和行为就会相应地改变，新的关系就建立起来了。

2. 如何建立良好的师生关系

（1）树立正确的学生观

决定教师对学生的态度和行为方式的深层原因是教师的学生观，即对学生的看法。如果教师认为学生是天生怠惰的，不愿意学习的，也是不会学习的，并且学生也是不愿意服从教导和遵守纪律的，那么他就是带着社会赋予的职责和权力来强制学生接受教育的，对学生的管理越严格越好，不能放过学生的哪怕一点小的错误或缺点。因此，他们选择的必然是专制的方法，教学上使用“填鸭式”，管理上专找学生的毛病，然后严厉地对待。他们与学生建立起来的关系也就不可能是平等民主的。如果教师认为，学生是有学习愿望的，也是有学习潜能的，学生都有发展成长的愿望，那么他认为自己的责任在于给学生的学习创造条件。他们总是把主动权交给学生，以平等的态度进行信息交流，在对学生的因势利导中完成教学任务。因此，他们着眼于学生的积极方面，总是看到学生的进步，而把学生的问题看成是成长发展中的不可避免的现象，采取积极乐观和宽容的态度。这类教师对学生的管理采取的是民主的方法。他们与学生建立起来的关系是平等民主的。

科学的学生观包括以下主要观点：a. 把学生看成是有独立人格的人；b. 把学生看成是有巨大潜能的人；c. 把学生看成是具有“独一无二”的个性的人。

（2）具体做法

a. 热爱学生

热爱学生是教育学生的感情基础，也是建立良好的师生关系的手段。学生都有“向师性”，希望得到教师的爱，对于年幼的学生来说，这可能是他们学校生活的主导动机。当学生意识到教师是真心爱自己的时候，教师的诱导和批评都是有效的，甚至对偶然的过火行为也是能谅解的。这是其他力量难以达到的。

热爱学生就要关心、爱护学生。热爱学生就要对学生一视同仁。学生之间有许多差异，有的学生容易引起教师的好感、喜爱，有的则不然，甚至使教师感到厌烦。教师应控制这种情感，不能偏爱某一个学生。热爱学生就要严格要求学生。

b. 尊重学生

要建立好的师生关系首先就是要尊重学生。1994 年，在日内瓦召开的第 44 届教育大会再次重申“尊重生命，尊重人，尊重人的尊严和权利”。尊重学生不仅是和谐师生关系的核心，也是当代世界进步教育思想的基础。尊重是对人的价值的尊重，而不因学生年龄小、不懂事就轻视他、欺侮他、欺骗他。尊重学生的独立人格就是尊重学生的价值和人的品质，不仅包括他的优点长处，而且包括他的缺点短处。教师不可能喜欢学生的一切，但要认识到他是一个有价值的人。尊重学生的人格并不等于赞同他的一切想法和做法。虽然他有不同于教师的想法和做法，但他仍然是一个值得尊敬的人，尊重学生表现为对学生的一种善意的、肯定的态度。它一方面表现为对学生达到一定的价值标准给予充分的承认、肯定。另一方面表现为对学生的意愿、要求、意见等给予充分的重视。

①对学生友好平等，不粗暴压制

学生有独立的人格，师生之间没有人格上的尊卑、贵贱之分。教师应平等对待学生，不能以高高在上的态度、家长式的作风对学生专断蛮横，发号施令。体罚、训斥、辱骂、讽刺等都是和尊重学生根本对立的，是对学生的人格的污辱。

②信任学生

信任是一种特殊形式的尊重，而无端猜疑是不尊重学生的表现。信任使人体验到人的尊严。

③善于自我克制

教师伤害学生自尊心的事件，往往是在盛怒情况之下发生的。因此，教师一定要善于克制自己的情绪。在任何情况下都要沉着冷静，不意气用事。

④一视同仁

教师不爱或偏爱都是对学生不尊重的表现。绝不能因为学生的外表、出身、成绩等，而偏心、歧视或拉拢。

由于学生不太成熟，使他们在有些教师的眼里往往没有平等独立的地位。教师常把学生的某些兴趣、个性看成是幼稚的。同时，师生在地位上的差别也有可能使教师不尊重学生的意见和想法。而学生的自尊心又很强，对别人是否尊重自己十分敏感。所以教师对学生不尊重，特别容易造成师生关系紧张。

⑤承认学生的个性差异

我们的教育是使每一个学生都在社会规范指导下充分发挥个人独特性和潜能的。学校教育既要把社会规范、文化技能内化为学生的价值，更要使学生的个性、潜能外化为社会的价值。通过社会化促进个性化，通过个性化完成社会化，从而实行社会化和个性化的统一。因此，教育就是对具有不同资质的学生施以影响，使他们“能成为什么就成为什么”

教师应当承认学生的个性差异是正常的，学生的个性是健康的、合理的，在实践中容许其存在，并且给予重视，并引导其向积极的方向发展；了解学生的特长、兴趣爱好，把它看作是开发学生潜能的重要工作；为学生的个性发展提供尽可能多的条件。

c. 了解学生，理解学生

心理学家和教育学家告诫教师：了解学生越多，师生关系越好。建立良好的

师生关系首先要了解学生。

每个学生的都是独特的、唯一的，因此教师必须具体地了解每一个学生的特殊情况和才能，才有可能恰如其分地给予肯定、尊重和信任。

师生之间存在年龄、知识、思想、阅历等方面的差别。这种差别不利于师生之间的互相了解。了解学生本身就是一件费心的事，而教师又是以“一”对“多”，更要费很大的力气。但是我们还是要做，因为它很重要。对学生的认识不全面、不准确，就不能适合学生的特点科学施教，这使学生产生一些消极情绪，就不能保证对学生做公正恰当的评价和处理，这就会使学生产生抱怨情绪。

d. 关怀学生，帮助学生

①随时关心学生，帮助他们去满足需要

希望得到他人的关注，是人类的基本需要。有人关心，使人感到安全。当我们越关心一个人的时候，我们在他生活中的重要性也随之增加，自然他也关心我们，这样关系就更加密切了。

尽量帮助某些有问题的学生，心平气和地协助他们解决或设法澄清他们的错误观念，带动他们以健康的方式去满足自己的各种需要。

②诚心的赞美和善意的批评

教师要坚信每个人都有未开发的潜能、潜在的智慧和精神力量，确信每个学生都是可造之才，衷心地接纳他们、引导他们。即使个别学生资质差些，过去的表现不够好，性格上有弱点，都一视同仁地对待和帮助。

教师要善于发现学生的长处、成绩，表达出由衷地赞美。每个人都有成就的需要，因此，教师要随时随地注意学生的反应，然后给予必要的引导和鼓励，当学生感到教师的欣赏和引导时，就更亲近教师。应该提起注意的是，尽量不在学生之间作比较。

教师免不了批评学生，但批评态度要诚恳、口气要平静，不含讽刺的意味，使学生体会到批评背后的善意和友情。批评不是挑剔，挑剔是有意地暴露对方的弱点和短处，是要打击对方、伤害对方。善意的批评是帮助对方。

### 五、师生冲突及其解决

师生冲突指教师与学生之间的情绪对立或公开的对抗。师生冲突，尤其是发生在课堂上的冲突对教学有极大的破坏作用。

1. 师生冲突产生的原因

师生冲突的形式是多样的，产生的具体原因也是各不相同的，但是归结起来不外乎以下几种。

（1）教师对学生的不符合要求的行为的帮助方式不当，学生接受不了，甚至

反抗，引起冲突

这是师生冲突最常见的。教师对学生不符合期望的行为（例如，学生上课不听讲，做小动作，不交作业，成绩差，等等）不满意，对学生进行批评指责而引起学生压抑、不满或怨恨的情绪。随着消极情绪的积累，学生对教师的不满和对立就会从隐蔽到公开，由于一件具体的甚至微不足道的小事导致师生之间突然爆发激烈的冲突。这种情况在教师与差班学生群体发生的冲突和教师与个别差生发生的冲突中最为常见，往往产生于教师对学生有正确的要求，但帮助的方式不正确。有的教师对学生不符合要求的行为冷嘲热讽，当众“揭老底”，羞辱责骂，严厉惩罚，甚至体罚，结果不但不能使学生接受教师的帮助，反而因此激怒了学生。这些教师往往以“恨铁不成钢”来解释自己的行为，抱怨学生不理解自己的苦心，还和自己作对。他们没有认识到，事实上，是自己不适当的行为方式引起了师生冲突。这告诉我们，只有良好的愿望是不够的，还必须有正确的方法。

（2）教师不符合学生期待的行为引起学生的不满

学生对教师不合乎期待的行为的不满也是师生冲突产生的重要原因之一。有可能是因为教师表现出的领导方式、指导态度不符合学生的期望。例如，学生认为教师对学生的评价不公平，不一视同仁等，学生感到不满意，与教师发生冲突。也可能由于教师在个性特征、专业能力等方面有较严重的缺陷，学生对教师不佩服、不敬重，并感到校方给他们派来这样的教师是对自己的不尊重，甚至是欺骗。这时他们怀疑教师，反对教师，而且往往是无理寻衅，制造冲突。这种师生冲突的矛头所向已经不是教师本人了，很可能是指向校方的。如果问题得不到解决，冲突就会越来越频繁，越来越激烈。

（3）师生对同一问题的看法不同

师生冲突还有一个重要的来源，就是师生对问题的看法不同。这类师生冲突最经常发生在对学生学习成绩的不同归因上。例如，教师认为学生不用功，学生却认为自己尽了最大的努力。学生和教师的年龄差异所造成的爱好和审美上的不同也可能引起这类冲突。例如，有些学生喜欢流行歌曲，追求名牌服装和发型，还有的特别关注歌星、影星，甚至成为追星族。这些在教师看来是很没有价值的，甚至是不好的，对学生在这方面花费许多精力和时间认为很不必要，往往试图制止这些行为。但是对这些学生，尤其是处于青春期的学生来说极大地符合了他们内心的需求，是非常值得追求的。当教师表现出对学生的这些行为或他们追求的对象否定或轻蔑的时候，学生感到自己的崇拜对象被亵渎而感到极大的不满甚至愤怒，于是他们要争辩，要坚持，从而与教师发生冲突。

2. 师生冲突对双方的影响

师生冲突不仅引起双方的情绪紧张和注意力不集中，也对课堂教学产生极不

利的影响，而且对师生双方的心理健康都有不良影响。

当教师和学生发生冲突时，尤其教师与学生群体或群体中有影响的学生发生冲突时；很容易引起学生整体的卷入。教师对有影响的学生施加压力，实行惩罚，采取讽刺、挖苦等损害人格的做法，会引起师生的对立，甚至出现严重的抗拒现象。这样不但可能出现个别学生蛮横无理阻碍教学进程的情况，在其他学生中恶劣行为也会增加，并引起许多学生的消极反应，以至产生一波未平一波又起的“波纹效应”（张世富：《课堂中的教育社会心理学》《教学研究》，1983 年，第 8 期），进而出现混乱的局面。

师生冲突直接破坏课堂教学，冲突情境中的教师不得不中止教学来解决学生的问题，即使在课堂上的冲突表面上平息以后，教师仍然要将相当大的注意力分散到有关的学生行为上，无法专心进行课堂教学活动。师生双方均无法以平静的、良好的情绪对待教和学，必定影响教学效果。

紧张冲突下的教师经常不断发布变幻莫测的指示，使学生无所适从，对学生的士气是很大的打击。冲突中的学生在挫折的情况下情绪冲动，说话相当缺乏理智，事后又有负疚感，或觉得后果严重，感到恐惧，怕遭报复，对教师更加怀有戒心，或者横下一条心与教师对立到底。这些后果无论对学生的学习、品德还是身心健康都会产生恶劣而深远的影响。

师生冲突对教师本人也是极为不利的。它影响教师的工作态度，是教师工作中最严重的挫折，使教师的影响力大大削弱，甚至完全消失。它使教师感到失败、痛苦、沮丧，使教师丧失工作热情，往往也是教师对工作产生不满意的一个重要的原因。教师可能因此对其职业感到厌恶，认为教师的工作毫无乐趣，是难以忍受的苦差事。同样重要的是，师生冲突使教师经常处于情绪紧张、激怒的状态，从而影响身心健康。

3. 师生冲突的解决

当发生师生冲突时，如果教师使用强硬的手段、高压的办法，虽然可能暂时地将冲突平息下去，但因为矛盾并没有解决而变成潜在的危机，学生可能向反感、疑心、冷嘲热讽等行为方向发展。当然，这种办法有时还会根本不奏效，反而激化矛盾，爆发更严重的冲突。也有的教师不愿意正面解决冲突，而企图掩盖冲突，就事论事地草草处理一下，只要课堂平息下来，能凑合着上课就行了。这对于教学是十分不利的。在不信任和猜疑的环境中，教师教不好；学生也学不好。而且这样做，问题并没有解决，师生双方都会因此产生忧虑。忧虑积累多了就要爆发，只要有机会就会闹起来，而且会更严重，具有更大的破坏性。因此对已经存在的师生冲突应该采取积极解决的态度。

防止师生冲突的根本办法是教师用民主的态度对待学生，热情、耐心地帮助学生，不断加深对学生的理解，加强与学生思想与感情的沟通，建立良好的师生关系。师生之间出现分歧、矛盾是不可避免的。重要的是，教师要及时发现、及时解决。这就要求教师对学生、对自己行为的反应敏感，并快速地做出反省，认识自己是否有不公正或某些行为上的不当，然后，改变自己的行为。假如教师对此认识不足，忽视改变自己行为的需要，那么很快会从最初的冲突延长或扩散，遇到更频繁、更激烈的报复方式。

当师生冲突已经不可避免地发生了的时候，正确处理就是关键了。

教师面对任何一种冲突，首先要冷静，要提醒自己不要为学生的任何言词或行为激怒，防止失去理智、感情用事，而使事情更加不可收拾。然后可以从以下几方面对冲突进行分析，并在此基础上解决问题。

(1) 找出冲突的来源

面对冲突，对于教师来说，重要的是找出问题的所在和自己的不足，而不是一味地压制学生。教师要抛开一切表面现象，尤其是事情的导火线，绝不能就事论事、和学生纠缠具体细节上的是与非，而要找出冲突的真实的原因和发生的背景，对自己的工作进行反思，考虑是不是与自己的行为有关，学生为什么要与自己对抗（比如，学生感到在自己面前失去了什么，或者说，他们在保卫什么）。

(2) 向学生说明自己的思想或行为的真正动机，取得学生的理解；同时，让学生也说出他们的真实的想法和感受

师生冲突和一切人际冲突一样，主要是个体之间的兴趣、信念、价值或人格不协调而产生的。这种冲突可能发生在教师和个别学生之间，也可能发生在教师和学生群体之间。

不管出于什么原因，采取什么具体的措施，解决师生冲突都必须从加强冲突双方的意见沟通开始。在双方坦诚的、畅所欲言的沟通中，师生互相理解，建立起信任，就是使彼此都感到即使我们有不同的意见，对方也是理解的。要缓解冲突的紧张气氛，和谐的气氛为真正地解决冲突创造了条件。同时，必须达成师生之间的互相谅解。如果教师认为自己的做法有什么不足，可以率先检讨。教师的真诚和高姿态往往会感动学生，他们会完全谅解教师。如果学生承认自己的错误，教师应在讲明道理，做出适当的批评或忠告的同时，对于学生对自己的不够尊重等问题表现出宽容大度，表示谅解。教师需要学生的体谅，而只有学生觉得教师是体谅他们的时候，他们才会去体谅教师。

(3) 引导学生一起讨论分析冲突发生的原因，共同找出解决办法

教师和学生在一起探讨冲突的解决办法时，教师应全面地、耐心地听取学生的意见，尽量找出一致的意见。但是，要切忌迫于学生的压力而放弃原则，放弃立场。

解决师生冲突并不一定是屈从于一方面当事者的意愿，因为许多冲突并不是当事人彼此不满造成的，而是由情境或环境条件造成的。在这种情况下，师生双方可以通过共同讨论，达成共识，对现行的一些不适当的规定或要求做出修正。这既不是教师迁就学生，也不是学生屈从于教师，而是共同解决问题。

知识卡

### 谁动了师生关系的天平

今年注定是教育话题爆棚的年份，前有乘大地震之“威”喧闹上场的范跑跑之争，近有弄得全社会目瞪口呆的开平侮辱视频，这两日“杨不管”事件又接着茬的粉墨登场，着实令人应接不暇了。(7 月 14 日《武汉晨报》)

如果简单地描述观感，那么而今的师生关系套用一句时髦话，整个就是一个“生进师退”的倒错之局：受教的小妮子是蹬鼻子上脸，施教的老道儿们则反而进退失据、方寸大乱了。

相信有人还会记得年前也曾轰动一时的学生公然辱师案：一段短视频无不炫耀地“展现”了几个少不更事的学生肆意地侮辱嘲弄年逾六旬的老师的场景。学生能辱师若是，则师道退守、倾废乃至崩塌是当然之事，于是小范的出逃、老杨的漠然之后，脱缰的小野马们一逞其诸般凶蛮之能事也就“理所当然”了。它就像一面镜子，曝光的也许只是几个堪忧的灵魂，但暴露的却是整个成年社会的尴尬与无能。

究竟是谁动了这师与生的天平以致斯文扫地至此？

时至今日，大概没有人会再弹“明师之恩，诚为过于天地”、“一日为师，终身为父”“事师之犹事父也”“天地君亲师”之类的老调。但是如今与那“唯师尊、尚师威”的威权主义师道一起抛却的，似乎还有那孔老夫子式的“三人行，必有我师焉”、韩愈式的“无贵无贱，无长无少，道之所存，师之所存”、梁启超式的“岂敢在前、岂敢在后”等平等、理性的师生关系平衡。

也许得感谢这个“自由”的时代，它容许范跑跑本能出逃后一番自由主义的真理演说，它也容许杨不管有“任它地动山摇我自岿然不动”的权利，可这只是我们天平的一端，那么另一端呢？先生们既有了弃守的“自由”，那么后生们岂非就有了一屁股翘上天、挑战任何底线的更大“自由”？

近年来时时曝光的恶性事件，足见此种失去约束的自由何等“眩目”，年轻人明目张胆地突破层层伦理底线而不自觉，即使是个例外也足以体现出令人反思的系统性风险，那就是对最低层次伦理的不自觉，将衍生为对基本社会秩序的不自觉。而在对基本社会秩序不自觉的背后，则将是公民意识阙如的社会整体不自由。对此，为师者岂能袖手旁观、泰然处之！

我们在教育理念上奋争多年才摆脱“唯师是尊”的错谬，但绝不意味着走向驱除“师尊”、放弃引导的“自由主义”反面，须知，尊重师长，不是基于盲从主义的奴才逻辑，而是基于对等人格尊严的伦理守望。宽容学生，不是基于投降主义的犬儒哲学，而是旨在积极引导下的社会性养成。

这才是师生关系的平衡点。

## 第三节　教师威信及其形成

教师要为人师表。这里“表”字的意思就是表率、楷模、标准。赢得威信是教师为人师表的结果和必要条件。教师的个人威信是有效地影响学生的重要条件。许多教育家都很重视教师威信的作用。威信与道貌岸然、神圣不可侵犯的威严不同。威信使学生敬而亲之，威严使学生敬而远之。因此，威信实质上反映了一种良好的师生关系。

### 一、教师威信的构成及作用

1. 教师威信的构成

教师的威信按内隐程度的不同可以分为仪表威信、知识威信和人格威信。

（1）仪表威信

教师的仪表最直接地反映教师的道德面貌和审美情趣，对于学生有重要的道德意义和审美价值，也最直接地影响着教师威信的形成。许多研究表明，教师仪表大方、衣着整洁朴素，会引起学生的好感；生活懒散、衣冠不整、不讲卫生和做怪动作等不良习惯，有损于教师形象。学校无小事，处处是教育。一位仪表端庄、精神饱满、举止庄重的教师，在学生心目中留下的是良好的印象，使学生产生敬佩感，学生会自然而然地以教师的行为为榜样来调整自己的行为，并逐步养成良好的行为习惯。

（2）知识威信

教师的知识威信是对学生发生影响的关键。苏霍姆林斯基说过，教师具备广博的相关学科知识，有益于增强教学效果、唤起学生强烈的求知欲。随着科技的发展和时代的进步，对教师的认知能力提出了更高要求。一个知识广博的教师势必会增强在学生中的威信。教师渊博的学识和过硬的业务能力会激起学生的学习热情和信赖感。所以，教师必须把握各学科知识纵横发展的立体网络结构，充实自己的知识结构，增强教学工作的预见性。

(3) 人格威信

教师应该是具有高尚人格的人，因为教师是教育人的人，他的道德和人格使他在学生中有一定威望。教师作为社会文化价值与道德准则的传递者，极易被学生看成是代表和具有这些价值与准则的人。如果教师的行为能够与自己的说教相吻合，学生就容易受到积极的影响；如果不相吻合或者对立，就会产生不良影响。教育工作本身决定了教师应当成为学生的表率，他们展示给学生的应当是标准的社会行为模式。社会性学习主要通过模仿来进行，对学生来说，一个成功的教师无疑是他们崇拜与模仿的对象。作为教师，在学校的一切教育与教学活动中，乃至一言一行、一举一动都须严于律己，注意给学生良好的教育和影响。要求学生做到的事情教师必须率先做到不该说的话不说。只有这样，才能树立起教师的崇高威信。

2. 教师威信的作用

教师威信对于学生和教师自身都起到重要的作用。对学生来说，教师的威信是一种巨大的教育力量，它能促使学生自觉实现教师的要求。学生对自己所爱戴的教师总会伴随着某种信赖感，这种信赖感赋予教师的教导以魅力，它足以排除各种意义的障碍，深入到学生的心灵，产生积极的反应。有威信的教师教育效果深刻而持久，即使教师不在场，学生也会自觉地、创造性地实现教师的要求。学生对有威信的教师的课，认真学习，对他的劝导，言听计从。具有威信的教师之所以对学生有巨大的影响，是因为以下几点：①学生确信他们讲授的和指示的真实性和正确性，从而表现出掌握知识和执行指示的主动性。②他们的要求可以较容易地转化为学生的需要，这就增强了学生在学习和培养自己优良品质上的积极性。③他们的表扬和批评能唤起学生相应的情感体验。学生对有较高威信的教师和尚未具有足够威信的教师的表扬和批评的感受是很不相同的。有威信的教师的表扬能引起学生很大的愉快和自豪感，并使其产生要学得更好和工作得更好的愿望。而他们对学生哪怕是极其轻微的批评，也要比威信较差的教师所做的较严重的处罚，更能引起学生相应的情感体验，并使学生深刻感到有必要纠正自己的缺点、错误。④学生把有威信的教师看作自己的榜样，教师的示范也就可以起到较大的教育作用。因为教师一旦成为学生的榜样，学生就会产生处处向教师模仿的意象。可见，有威信的教师的教育力量是基于学生对教师的热爱、敬重之上的。所以教师的榜样愈完善、愈崇高，学生效仿的可能性就愈大。

对教师来说，威信对自身素养的提高有着不可忽视的促进作用。凡有责任心的教师，无不想在学生中树立威信，这一良好愿望的存在会促使教师注重品德修养，提高知识水平，增强业务能力。尚未树立威信的力争树立，已拥有威信的也需不断提高，以保持自己在学生心目中的形象。越是有威信的教师越注意自身修养的提高；反过来，修养越高，越有利于威信的提高。在各种关系的协调方面教师威信的作用也不可低估。教育因社会的需要而迅速发展，教师因学校的发展而不断扩大人际关系的范围。教师的威信可以加强教师间的团结，易在教师群体内部形成一种向心力。一个有威信的教师，他的声誉通过学生、学生家长的广为传播，在社会上形成一种舆论力量，这不仅有利于提高教师在人们心目中的地位，而且也为教师在社会活动和人际交往中取得信任、争取到社会力量的支持和帮助提供了许多便利条件。由是而知，教师的威信是教师完成各项工作的重要条件，威信的高低、有无，绝不只是教师个人的声望和名誉问题，而是关系到教师能否尽职和工作能否卓有成效的大事。

## 二、教师威信形成的过程

教师威信的形成是一个长期、艰巨和复杂的过程。在这里，我们仅从心理学的角度分析教师威信形成的主观心理过程。

1. 开始阶段——学生对教师认同感的产生

学生对教师的认同感是教师和学生在交往过程中相互之间产生的一种情感传输效应，表现为学生有意识或无意识地在心理上、情感上接受和容纳教师，这是教师威信建立的前提，也是教师威信形成的开始阶段。如果一个教师和学生格格不入，甚至水火不相容，或者教师只是凭借自己在学生中的权威地位，使用独断专行的管理方式对学生进行压制和管教，那么表面上或许学生对教师唯唯诺诺，似乎很尊敬教师，其实，学生内心是不服气的，教师也没有真正被学生所接受。以上两种情况都是学生对教师缺乏认同感，教师的威信也就无从谈起。因此，作为教师，首先要爱护和尊重学生，建立民主平等的师生关系，并注意深入到学生内心深处，与学生发生移情作用，动之以情，晓之以理，使学生接受教师，这是教师威信建立的第一步。

2. 形成阶段——教师的榜样性与学生的向师性

教师自身的素质是教师威信形成的客观基础，它对教师威信的建立起着决定性的作用。一个有威信的教师一定具备高尚的思想情操、优秀的心理品质和较强的业务能力等。这样，教师自身就给学生树立了榜样，使他们有了学习、模仿的对象，而教师威信就是在这种榜样—模仿的过程中形成的。首先，教师的榜样性是影响教师威信形成的主要因素。教育劳动不仅是一个理智的过程，更是一个情感相互影响的过程。教师劳动的这种特殊性决定了在教育活动中，教师威信的形成主要源于教师自身的素质。这些素质包括高尚的思想情操和人格特征、渊博的知识和教育教学能力、对教育事业的献身精神和对学生的尊重爱护以及精湛的教学艺术和教育机制等。其次，学生的向师性是教师威信形成的必要条件。学生的向师性是指学生都具

有模仿、接近、趋向于教师的自然倾向。从幼儿园的儿童到大学生都有尊敬教师、乐意接受教师教导的倾向，都有希望能得到教师热情地、认真负责地教育他们的倾向。学生的向师性在不同的年龄阶段具有不同的特征。幼儿园和小学低年级的儿童主要表现为对教师的一种依恋的情感。随着年龄的增长和知识经验的丰富，学生的向师性又从满足交往的需要转变为满足求知欲和完善人格的需要。正因为学生具有这种向师性，他们才能接受教师的教育，才能尊重、热爱教师，相信教师并与教师建立深厚的感情，从而为教师威信的树立提供了必要保证。

3. 巩固阶段——教师与学生的长期交往和共同活动

学生对教师认同感的产生、教师的榜样性和学生的向师性为教师威信的形成提供了必要前提和可靠保证，但并不意味着教师威信的建立就此结束。教师威信的形成是一个动态发展的过程，一般都要经历由言到行、由浅入深、由局部威信到全面威信的过程，它是随着教师与学生长期的共同活动逐渐巩固的。因此，教师必须时刻注意自身的言行，不断提高自己的知识水平和人格修养，切忌骄傲自满、停滞不前，只有这样，才能巩固自己已经树立起来的威信。

## 三、影响教师威信形成的主要因素

1. 影响教师威信形成的客观因素

影响教师威信形成的客观因素是多方面的，诸如社会对教师的态度，教育行政机关、学校领导干部对教师的态度，学生家长对教师的态度，学生对教师工作的认识与态度等，它们都对教师威信的形成有重要影响，而其中最为主要的是社会对待教师职业的态度和教师职业的社会地位。因此，教师威信的树立是全社会的任务，这就需要进一步提高教师的社会地位，努力改善教师的物质生活条件，大力提倡尊师重教，真正使教师职业成为最受人尊敬、最令人羡慕的职业，从而为教师威信的树立提供一个良好的社会环境和社会心理基础。

2. 影响教师威信形成的主观因素

教师本身的主观因素是其威信形成的根本的、决定性因素。邓秋香等（2000）的调查结果表明，影响教师的威信的主观因素按照其作用大小依次为：以教师的需要为中心的教师的价值观、教师的能力和教师的态度、教师的气质，教师的情感和兴趣对教师威信也有影响，教师的意志、思维、记忆和性格对威信影响不大。综合已有研究，主要有以下几个方面的主观因素影响教师威信的形成。

（1）良好的道德和心理品质是教师获得威信的基本条件

教师肩负着教育下一代的重任。他的道德和学识使其在学生心目中具有一定的威望。凡是要求在学生身上形成的品质，教师都应具备。教师榜样作为一种具体的形象，具有强烈的暗示和感染的教育力量，对学生具有潜移默化的特殊作用。教师事事都以身示范，这就是无声的命令，它是空洞说教无法比拟的。良好的道德品质还体现在教师对教育工作意义的认识以及由此而产生的强烈的自豪感、光荣感和责任感。兢兢业业、不计名利，出色地完成教育教学工作的教师会得到学生的尊敬。相反，如果教师不热爱教育工作，对教学毫无热情、敷衍了事，就得不到学生的尊敬。良好的认知能力和人格特征是教师获得威信所必需的心理品质。个性热情开朗、正直诚实、坚毅果断、耐心细致、勤奋刻苦、好学多思，拥有渊博的知识、精湛的教学技巧，教学效果好的教师在学生中享有较高的威信。

(2) 建立民主平等的师生关系是教师威信获得的重要条件

教师在和学生相处时，由于社会经验和知识水平上所处的优越地位，很容易把自己看成是负责传输某种文化指令的中心，而把学生看成是接受传输的容器。这种单向的、不平等的、缺乏人性的关系必然包含着权力主义、专制主义、命令主义的因素。有的教师常带着社会赋予他的与职业俱来的特权，在人格上凌驾于学生之上，以种种神圣的借口，心安理得地压制、强迫、役使学生。民主性教学则认为，尽管师生在社会经验和知识水平上有差异，但每个学生都和教师一样具有自己的感觉和感情世界，从这个意义上说，教师、学生完全是平等的。应当把学生当作具有独立个性的真正的人看待，彻底摒弃权力主义，命令主义。让师生双方在人格平等的基础上实行合作，共同以主人的身份来完成教学任务。只有建立起民主平等的师生关系，教师才能在学生心目中展示自己的领导艺术，树立自己全新的形象。

(3) 重视第一印象，珍惜“自然威信”

教师与学生初次见面给学生留下的印象特别深刻，因为学生对新教师总是怀有新奇感，十分注意教师的一言一行。第一印象好，学生对教师以后的言行常常往好的方向解释；第一印象不良，学生往往会感到大失所望，常从不好的方面解释教师的言行，教师威信就难以形成。所以，教师必须高度重视第一次与学生见面，力求在第一次讲话或上头几堂课时就给学生留下良好的印象，树立初步的威信。同时，教师还要珍惜“自然威信”。“自然威信”是在师生交往的初期，由学生对教师自发的信任和尊敬而产生的威信，它建立在教师所具有的教育者身份所赋予的权威、权力和影响力的基础上，也可以说是教师职业本身所带来的一种不自觉的威信。这种自然威信极不稳定，随着学生对教师的了解程度的变化而变化。如果滥用自然威信，会引起学生反感，最终势必丧失威信。相反，在自然威信的基础上，运用自己的品格、学识和智慧去赢得学生发自内心的尊敬和爱戴，就会形成自觉的稳定的威信。

(4) 教师的仪表和风度是教师获得威信的必要条件

仪表是指教师的服饰、发型、仪容、举止、姿态等外部表现。风度是教师的思想、情操、修养及其性格在外表上的体现，是一个教师的言谈、举止、表情的

综合反映。学生往往会从教师的许多“小节”上评价教师。所以教师的衣着服饰要朴实无华，透过衣着表现出高雅的情趣，于整洁中流露出丰富的涵养；举止姿态要自然大方，要让自己的每一个动作、每一个目光，都能使学生感受到教师的内心思想、意图和情感；要热情大方，和蔼可亲，平易近人，谈吐文雅，彬彬有礼。这些都会直接给学生好感，留下深刻的印象，赢得学生的爱戴。

教师威信的形成虽然取决于教师本身的条件，然而对不同年龄、不同发展水平的学生来说，这些条件并不是起同等作用的。一般来说，在小学低年级学生中，教师较容易迅速建立威信；小学高年级学生由于思想水平和判断能力的发展，更多地具备了评价教师的能力，他们要求教师尊重他们；初、高中学生逐步地发展了对教师思想觉悟、知识水平和教学水平的评价能力，他们与教师的关系较多地偏向于理智方面。因此，德、识、才、学四者兼备的教师，才会在学生中获得较高的威信。

知识卡

### 教师威信与教学质量的关系

教师的威信是保证教学质量的根基。教师的身份、学识、能力等方面，在学生心理上引起的是一种顺从、接受支配的态度反映，这是威；教师以自己的良好的行为表现，使学生对教师产生尊敬、信任的情感反映，这是信。教师在威与信的结合中，表现出一种令学生感到尊严与信服的精神感召力量，这便是威信。

教师威信高低，会直接影响教学质量，德高望重的教师，假如要调入“老大难”的班级，人未到而名先闻，渴望的眼神盼望其早日到来，受到热烈的欢迎，工作会事半功倍；而没有威信的教师在教育学生工作中会事倍功半，甚至是徒劳无功。有威信教师的赞扬会使学生产生光荣和自豪感，并激起“更上一层楼”的信心；而威信不高的教师赞扬，则引不起学生心理震动。有威信教师只要用轻微言语谴责和眼神暗示，即可达到制止学生不良行为的目的；而缺乏威信的教师，有时即使用严厉的训斥处罚，学生也无动于衷，由此可见，教师的威信在教学中显得尤为重要。每位教师都想在学校和社会上有较高的威信，但威信高低取决于教师本人。教师威信需要通过言传身教来实现。这就要求教师具有良好的职业道德、过硬的业务素质和完美的人格魅力以树立较高的威信。

**一、业务威信**

一个博学多才、教学能力强的教师会得到学生的敬佩。学生正处于长知识、长身体的关键时期，他们具有强烈的求知欲，兴趣广泛，他们总是想寻求自己学习、生活上所遇到的问题的答案，如果你能较好地解答他们的问题，满足学生对你的角色期盼，那就会很快地在学生中树立起威信。相反，如果你孤陋寡闻、知识缺乏、无法满足学生的求知欲，久而久之，你的形象在学生中会受到贬损，会失去学生对你的信任，威信自然下降。因此，作为一名合格的教师，要有扎实宽厚的基础知识、精深渊博的专业知识和丰富充实的新知识。

## 二、道德威信

教师的职业是既教书又育人，为此要注意教师的职业道德。

1. 树教师形象，爱岗敬业

教师的举止言谈、工作作风、道德品质直接影响着学生，为此要起表率作用，树立教师形象，要做到文明守纪、作风正派，对学生要爱、对同事要宽、对上级要尊、对榜样要学、对晚辈要让，对误解自己的事要忍，另外要做到忠诚教育事业，热爱学生，这是教师神圣的天职。以身作则，为人师表，是教师应有本色；学而不厌、诲人不倦，是教师必备条件；人梯精神、“蜡烛”风格，是教师的高贵品质。

2. 以身作则，为人师表

教师被称为人类灵魂的工程师，是精神文明传播的建设者，教师的思品直接影响下一代成长，因此教师要强化自身素质，努力塑造教师形象，规范言行，俗话说“其身正，不令而行；其身不正，虽令不从”。一个没有威信的教师是难以胜任教育工作的，教师威信成为强大的教育力量。但是教师的威信不是自发产生的，更不是靠职务地位的“权势”获得的，而是靠自己高尚的情操、丰富的智慧，靠关怀和爱护学生和忠诚教育事业换取的，教师的高尚的品质、公正的态度、善良的心灵、顽强的毅力、废寝忘食地工作，对学生起到潜移默化的示范作用。这种作用比任何精彩的演讲、说教都具有更为有效的作用。

## 三、人格威信

要教学生知识，首先应该教学生如何去做人。教师更应首先形成自身的人格魅力，它包括个人思想态度、精神价值、人生哲学、仪表、态度等。教师要留给学生美好的印象，就必须有完美的人格，那么教师应具备什么样的人格特质呢？

1. 活泼开朗而不轻浮

教师富有朝气，活泼开朗能给人以生气勃勃、坦率而豁达的良好印象。教师应精力充沛、意志顽强、生动活泼、反应迅速敏捷，同时还要沉着冷静，但切不可轻浮。这样才能具有文静洒脱、质朴开朗、彬彬有礼、刚毅果敢、稳重沉着的风度美。

2. 热情大方而不做作

热情是融化师生隔阂的阳光，教师如果总是一味地严肃，板着面孔，动辄训斥，学生会望而生畏，这样不仅收不到预期的效果，还会影响师生之间的关系。

3. 善良和蔼而不怯懦

一个教师是否堪称学生的师表，非常重要的衡量标准是对学生是否善良和蔼。尤其对差生更要满腔热情地关怀、激励、耐心帮助、发扬优点。只有教师对学生是善良诚挚的批评，学生才容易接受。当然善良和蔼并不是依感情用事，求稳怕乱、胆小软弱实则是不负责任。

4. 谦逊文雅而不庸俗

教师的主要劳动手段是语言。谦虚文雅的言谈能体现人的思想品质和文化修养，教师应和气、文雅、谦虚有礼，不讲粗脏话，不强词夺理、恶语伤人。总之，教师要提高教学质量、受到师生和社会的尊敬和赞扬、要树立完美教师形象和较高威信至少要具备业务威信、道德威信和人格威信，三者缺一不可。

## 第四节　教师威信的维护与发展

教师的威信一旦形成，就具有一定的稳定性，但稳定是相对的，有条件的，不是一成不变的。因为形成教师威信的主客观条件是处于不断变化之中的，只要某一方面的条件发生了变化，教师的威信就会受到影响。因此，教师威信形成之后，维护与发展已形成的威信就十分重要。

### 一、教师威信维护与发展的主要内容

教师威信的维护与发展主要包括：巩固已获得的威信；发展不全面的威信为全面的威信，发展低水平的威信为高水平的威信；防止威信的下降和丧失；提高威信的教育影响力。

教师要具有全面的威信是很困难的。有的教师在教某门学科方面有较高水平，但在生活方面有些缺点，便没有威信；也有的教师在道德品质方面受到学生的尊敬，但由于业务方面的浅薄，也有可能受到学生的轻视。只有德才兼备的教师，才能树立多方面的威信。

教师威信的维护与发展，也如逆水行舟，不进则退。要恢复已经失去的或降低了的威信，必须付出很大的努力。在大多数情况下，恢复已丧失的威信远比获得威信困难得多。因此，为了保持和提高威信，教师需要有自我批评的精神，严格要求自己，不断提高教育工作水平，克服缺点和错误，以维护与发展自己的威信。

### 二、教师威信维护与发展的策略

教师威信的维护与发展，主要应从教师自身出发，着重做到以下几个方面。

1. 胸怀坦荡，实事求是

有威信的教师并不是说必须是没有一点儿错误、缺点的完人。教师存在这样那样的问题是难免的，关键在于是否有坦荡的胸怀，是否敢于实事求是地承认并及时纠正自己的缺点错误。一个人不怕犯错误，就怕犯错误而不改。古人云："善恶要知，更要断。知一善则断然为之，知一恶则断然去之，庶乎善日积而恶日远也。"有些教师以为在学生面前承认错误会降低自己的威信，其实不然。教师有错误，学生是会有看法的，教师作了自我批评，学生是会谅解的。教师勇于承认自己的缺点错误，不但不会降低威信，还会提高自己在学生心目中的威信。另有一些教师喜欢在学生面前表白自己，想方设法炫耀自己的成绩，把自己的长处总挂在嘴上，以为这样会抬高自己的身份，岂不知这正是弄巧成拙的表现。老子曾说："自伐者无功"，自我吹嘘的人，他的成绩往往不被人重视。学生喜欢的是有学识、谦虚自重的老师，自吹自擂只能损害自己的威信。

2. 正确认识与合理运用威信

(1) 区分威信与威严

教师要维护和提高自己的威信，很重要的一点是必须对威信有正确的认识，把威信与威严严格区分开来。威信与威严不同：威信使人亲而近之，威严使人敬而远之。威信是"威"与"信"的有机统一，是人与人之间的一种心理关系的反映。教师威信是师生之间心理交往的结果，是教师在学生心目中的威望与信誉。威信实质上反映了一种良好的师生关系。有威信的教师，也就是学生尊敬爱戴的教师。教师只有分清威信与威严的区别，才能正确维护自己的威信。否则，就可能出现教师为了维护自己的威信而不恰当地运用威信，损害学生的自尊心，挫伤学生的积极性和对教师的亲近感，从而削弱学生对教师的信赖感和尊崇心理，最终导致教师威信的降低。

(2) 区分威信与权利

威信不是权利，一个教师的教育可以缺少许多其他有用的教育要素，却仍然具有良好的效果，但是没有威信则无法操作。如果教师不能吸引学生，学生就会忽视他所传授的知识，他对学生的教育就会失去意义。有人在教育工作中动用了教师法赋予的权利（《中华人民共和国教师法》规定，教师具有指导学生的学习和发展、评定学生的品行和学业成绩的权利），似乎还收到一定的成效。但从它的道德含义上讲，威信与权利不同，威信依赖于别人对它的信服。在课堂中，构成威信的内容包括教师的知识、个性、行为和学生对教师的尊敬。这种尊敬是学生自愿给予教师的报答，因为教师对他所教的学科有很高的理解能力，而且有很强的能力把它传授给学生。尤其当今信息技术和知识经济给教育带来了巨大的变革，向旧有的教师权威提出了挑战，赋予教师威信以崭新的内容，要求旧有的教师权威向新型的教师威信转变。一是在学校教育中，教师中心正被学生中心所代

替，师生的界限有时变得模糊；二是传统教育资源的奇缺所形成的教师的独享性权威，正在被知识爆炸所带来的开放的、包容巨大的信息资源所削弱；三是一元化的教师权威正在向多元化的教师威信转变。而权利带有强制性，运用威信去控制行为，它的基础就是服从，而且常常令人恐惧。我们必须看到强迫的方式的弊端：一不能激发学习兴趣；二不能调动学习积极性，更不能培养创造性思维能力，只能使学生被动地学习知识，使能力培养大打折扣，教师的外在形象教育将完全失败，还会产生负面作用甚至消极对抗情绪，挫伤了学生的学习积极性，扼制了人的潜能的实现和智力资源的开发。因此，在教育中使用权利是违背素质教育原则的。由于威信与平等、同情和真理相联系，因此威信是一个教师值得获取的品性，但它不是直接得来的，它是个人品性的一个方面。当一个学生忘掉教师所教的大部分知识很久时，他们将会记得和想起教师对知识和人生的态度。

3. 以“艺”强威，以“情”辅威，以“宽”立威

“艺”指教师的教育艺术。作为教师，要树立自己的威信，“德”为先决，但也离不开“艺”。高超的教育艺术应该成为教师的一种执著追求和永恒动力。教师的教育艺术高，育人效果就会好，学生就会心服口服；反之，教师的教育艺术低，育人效果就差。教师如何转变后进生，如何对待有缺点或犯错误的学生，如何优化课堂教学等，这些都涉及教育艺术的问题。提高教育艺术，教师应切实解决好如下问题。

（1）树立正确的学生观

教师应将学生看成是有血有肉、有需要、有情感、有独立人格的主体，尊重其主体地位。只有认识到这点，教师才能自觉地、认真负责地通过各种教育手段，善于挖掘学生的内在潜力，帮助学生处理好教学过程中五个基本关系（即学生和教师的关系、学生与学生的关系、学生与自我的关系、学生与知识的关系、学生与学习的关系），促使学生积极主动地接受教育，使教育的目标真正地转化为学生自身的发展和素质的提高。

（2）树立新的教学观

教师不仅要向学生传授知识，训练学生的技能，提高学生的能力，提高学生的品德，增强学生的体质，培养学生良好的个性品质，更重要的是要培养学生的良好的心理素质、创新意识和动手实践能力；要变“填鸭式”教学为启发式、讨论式教学，要让学生变被动式学习为主动学习，变“要我学”为“我要学”；教师要创设使人思考、激励探索的教学情境，引导学生自己去发现问题、思考问题、解决问题，使学生获得知识信息的过程真正成为学生心智发展的过程。

“情”主要指教师与学生的情感沟通。知识的传递与接纳离不开情感的参与和投入。如果我们把教师传授给学生的道理、知识乃至技能统称为“理”的话，古人云：“以情载理则悦神，因情明理则入心”，因此，作为教师，在教学中不仅应时时关注学生的情感表现，设法了解他们的喜怒哀乐，而且要善于引导学生因情、因境而悟理，

使学生进入移情于理、因情悟理的内化过程。另外，教师还要时时注意加强和学生心灵的沟通，做学生的知心朋友，与学生之间建立一种亲密无间的伙伴关系和合作关系，在情感上和学生产生共鸣。只有这样，才能使学生亲其师，悟其道，入其“境”，生动活泼的教学局面才会形成，学生才会保持一种“源溪行，忘路之远近”的进取心态，才能有所发现、有所顿悟，不断产生某种“惊异之念”。这样，教师不仅能实现“传道授业解惑”之目标，而且会在学生心目中树立威信。

“宽”是指教师要学会待学生以宽容。所谓宽容，决不能错误地理解为是对学生各种思想行为的漠视和放纵。恰恰相反，它的前提条件是对学生严格要求，主张对有缺点、有错误的学生在教育过程中的某些环节或某些方面可以适当放宽、灵活处理，从而激发学生的内部动机，达到最佳的教育效果。在教育中，宽容的方式是多种多样的。①时间空间上的宽容。上课时出现的问题，尽可能放在课后处理；公共场合发生的问题，尽可能在个别场合处理。②态度上的宽容。即使学生的态度不正确，甚至出言顶撞，教师也不要火冒三丈；即使学生的过错大大出乎教师的意料，并伤害了教师的自尊心，教师也要克制自己，冷静地去分析问题和处理问题。③条件上的宽容。允许犯错误的学生“讲价钱”。如本来准备请家长到校，学生请求暂时不要告诉家长；本来要求学生当众检查错误，他却要求作书面检查等。对此，教师未尝不可以妥协一下，只要学生真正认识到了自己的过错，并有改正错误的愿望，教师就应该给他机会。④认识上的宽容。有的学生同一错误一犯再犯，有的学生偏偏在教师强调了某个问题之后“闯红灯”，有的学生恰恰在最不应该出问题的时候出了问题……对此，教师千万不要认定这是学生故意和教师过不去，而应该深入地调查和分析，根据不同的情况采取不同的教育方法。⑤处理上的宽容。按学生所犯错误的性质或影响，本应该处分的，可因为他是第一次犯错误或因当时情况比较特殊，或因事发后学生认识比较深刻，改正得较快较好，教师就可以从轻处理。

而与之相反的一些做法则不仅不利于维护和发展教师威信，而且也起不到应有的教育效果。例如，某些教师发现有的学生违反了纪律，或者同自己产生了“冲突”，习惯于将事情汇报到班主任、校长那里去，或者直接捅给家长，甚至还美其名曰：“这是协调各方力量共同做好学生工作”。殊不知这种“告状”式的办法，不但伤害了学生的感情，也降低了教师的威信。试想，学生挨了班主任或者校长的批评，或者在家里受了皮肉之苦，能不记恨这位教师吗？因此，最好的办法还是直接与学生面谈，认真细致地做说服工作。晓之以理，动之以情。不要轻易地“告状”，更不能随便地写个条子，让家长到学校里来“领人”。

4. 不断进取，言行一致

教师的职责是向青年一代“传道授业解惑”，这要求教师根据社会要求和教育对象的变化不断更新自己的知识、观点，提高自己的科学文化素质，满足学生

不断发展变化的需要，使他们顺利成才。教师不断进取的敬业精神能激起学生的敬佩之情，能提高其在学生心目中的地位和威信。

教师是代表社会成年一代向未成年一代传授科学文化知识、先进思想和道德规范的，他们既要组织、控制、评价学生的学习，又要培养、训练、陶冶学生的品德和情操。因此，一般来说，在学生的心目中，教师是有丰富知识的人，是守纪律、讲文明、懂礼貌、有道德的典范。如果一个教师的言谈举止与学生心目中的“教师形象”不相符，他在学生中的威信就会降低。反之，如果与学生希望的教师形象相一致，则不仅会增强教师对学生教育的感染力，而且可以增强教师在学生心目中的典范性，提高学生对教师的信赖和崇敬感。例如，有一所农村学校的教师，为了激发学生的学习热情，开学的时候在班上承诺“国庆节带同学们到城里去玩”。这句话赢来了学生的好感，又激发了他们的兴趣。有的要家里做新鞋、买新衣，还有的提前预备了零花钱。眼看国庆节快到了，教师那边却没有什么动静。学生急了，推选几个胆子大些的去问。没想到这位教师说：“嗨，那是我哄你们玩的，谁叫你们当真了?”从此以后，这位教师的话没有一个学生听得进去了。因此，作为教师更应该一诺千金，言行一致。

5. 根据学生实际，灵活发展威信

教师威信的维护与发展主要取决于教师本身的条件，然而对于不同年龄、不同发展水平的学生来说，这些条件并不是起同等作用的。

年龄较小的儿童，较少有分析评价教师思想品质、知识水平和教学质量的能力。他们与教师的关系偏重于兴趣和情感方面。因此，教师活泼和爽朗的性格与儿童在情感上的共鸣，讲课饶有风趣和对儿童的爱护关心的表现，以及对儿童的严格要求等，对低年级教师威信的维护与发展起着重要的作用。此外，教师对每个学生教育的成功，往往成为在低年级儿童中维护威信的重要因素。例如，一位班主任表扬了一个拾金不昧的学生后，班级连续出现了几次类似的事情，经过详细调查，证实了有的学生是把家中的钢笔献了出来，还有的学生竟然偷了文具店的东西交给教师。班主任及时发觉并恰当地处理了这件事情。这样，学生确信教师是聪明的，什么事也骗不了教师，撒谎是不对的，这位班主任的威信更高了。

学龄中期，特别是学龄晚期的学生，随着他们思想认识等方面的发展和成熟，更具有分析评价教师的能力，对教师的要求更高了。他们对教师的态度直接与教师的品质、知识水平和教育能力联系着。比如，他们从教师那里也会获得第一印象，但是他们把教师的教学具有一定的深度与广度、明确而有条理看得比教态、趣味等更为重要。因此，教师高尚的道德品质、渊博的专业知识、广阔的科学文化兴趣和高超的教育能力等，在对学龄中期和晚期的学生心目中维护与发展自己的威信起着更为重要的作用。同时，由于青少年在家庭和学校中地位的改变和自我意识的发展，他们已不习惯教师用对待学龄初期儿童的方式，如生活上过细的关照，同唱歌、同游戏、讲故事等来对待自己，他们已感到那种教育方式太简单肤浅，有损他们的尊严了。因此，教师应适应他们的发展水平，在遵守纪律、学习、活动上更多地尊重和信任他们。总之，学龄中、晚期的学生认为最有威信的教师是有崇高品德的专家型教师，对于那些造诣很深的教师，即使他们在仪表方面有些缺点，也不计较了。

6. 长期坚持，从多方面完善自我

教师威信的维护与发展是一个长时期的艰苦磨砺的塑造过程。说它是长时期的，是因为威信的建立并非一日之功，不可一蹴而就；说要经过艰苦磨砺，是因为威信的建立没有捷径可走，要付出艰辛的劳动；说是一个塑造过程，是因为威信的建立需要精心设计，刻意雕塑。要使人们真正理解教师的威信的本质内涵，尤其是以恰当的方式体现教师的威信，并且正确地运用教师的威信来教育学生，却并不是一件容易的事情。实际上，有威信的教师，也就是学生们衷心爱戴的教师。日本教育家大诚竹曾经以“你最喜欢的教师是什么”为题，向高中生作过问卷调查。结果表明学生喜欢把教师当朋友看待，因而喜欢温和、开朗、耐心、幽默、有多方面兴趣的教师；学生要求教师是人格高尚的人，因而喜欢公平、民主、负责任、守信用、热心认真而不感情用事的教师；学生把教师当作智慧的传授者，因而喜欢头脑聪明、知识丰富、教学有趣味、方法好、效果好的教师。没有威信的教师，实际上就是那些学生最不喜欢的教师。美国教育家曾经以“你最讨厌的教师是什么”为题，向初中生作过问卷调查。结果表明学生讨厌的教师是：爱训人，要求过严，情绪不稳定和不好，留做不出来的作业，不耐心，没有同情心，讨厌学生，不笑，服装不整齐，不和学生在一起，体罚学生，不公平，一名学生出事责备大家，偏心，教法不好，不容易接近。这两项调查从不同侧面说明了教师威信包含的内容是多方面的，是教师所具备的那些为学生所佩服的心理品质、打心眼儿里叹服的崇高威望和不带丝毫掩饰的充分信赖。

## 典例阅读

### 容易让老师丧失威信的行为

每一位教师都在进行教育教学。有的老师在学生中很有威信，而有的老师是想有威信，但是就树不起威信，从而影响教育教学的效果。在《教学行为的原理与技术》一书中告诉我们，以下行为容易让老师失去威信。

1. 教师专业化水平不够，教学无能，工作缺乏魄力；

2. 教学方法落后（不好），又不积极改进；

3. 对教学工作不负责、上课懒懒散散；

4. 对学生要求不一致，说了后没有检查；

5. 向学生许愿，但总是不兑现；

6. 缺乏自我批评精神，明知错了，也要强词夺理，对学生要求严格，而对自己要求不严格；

7. 带有浓厚的私人感情，处事不公。

希望老师们注意上面提到的不利于树立教师威信的行为。

## 思考题

1. 结合自身的实际情况，谈谈小学或者中学师生关系的特点。

2. 具体分析一个师生关系处理得好或者不好的实例。

3. 如何树立教师的威信?

4. 你与学生的关系如何? 如果不好，准备怎么改进?

## 课外阅读

### 善于自我控制和调整

俗话说，不如意事常八九。一旦遇到不顺心的事情，人们心情不好是正常的，但是切不可把这种不良情绪带到交际中去，更不要无端地撒在他人身上。要加强思想性格的修养，善于对坏心情进行自我约束和控制。从某种意义上说，能否对自己的情绪进行自我控制和调整是一种交际能力。有一位经理过去脾气很坏，遭遇不顺时立即就会发出来，有时甚至拿下级出气，搞得人人自危，不敢接近他，有时本来很欢乐的场面，他一出现大家立即噤若寒蝉。后来，他意识到自己的问题，决心加强修养，努力克服自己的坏脾气，试着以微笑对人。这样一来，他在人们心目中也变得可爱了许多。有一次因生意失误，造成很大损失，他的心情不好。这时，正好有一个重要会议要出席。出发之前，他在办公室对着镜子足足待了十分钟，努力控制自己，恢复心理平静。当他出现在会场的时候，已是乌云散尽，满面春风，像什么事情也没发生似的。他的这种态度，使严肃的会场气氛立即活泼起来，大家畅所欲言，效果很好。显然，这位经理的做法是值得学习的。总之，在人生道路上，谁都难免遇到不顺心的事情，只要学会了自我控制，善于以得体言行为人处世，我们就将成为一个受欢迎的人。

# 第七章　教师的职业生涯发展

## 名言欣赏

会等待的人颇具耐性，懂得宽容，做事不仓促，不为情绪所左右，能制己者，人生会给双倍的奖赏。

## 导读

长期以来人们只是把教师看成一个职业，没有充分认识到教师是专业化要求颇高的职业。在教育兴国、人才强国的当今世界，许多国家日益重视教师的地位和作用，十分重视教师职业专业化的提升。我国教育部在《面向 21 世纪教育振兴行动计划》中，明确地把教师的培养与发展列为面向 21 世纪的“园丁工程”。因此，促进教师职业适应与发展是当前教师教育研究领域的重大课题。

## 要点提示

◆教师职业性质概述

◆教师职业的特点

◆教育威信的维护和发展

## 心理诊所

### 不把“职业倦怠”带回家

**心理案例：没有心情和家人说说话**

早上六点半，刘老师轻轻地起床，丈夫和孩子还在熟睡中。今年她带了一个

毕业班，早上七点上早自习，她得去学校看自习。上了一上午课，中午下班了，但是她不能回家。因为最近她发现，有个原来成绩还不错的学生，现在有点不愿意学习，上课精神也不集中。她想利用中午时间找他来谈心，看看到底是怎么回事，她不想让任何一个学生在这个节骨眼上出现问题。

校长也已经跟她谈过几次，让她一定要抓好这个班级，这个班考得好与坏直接关系着学校的荣誉，也关系到她个人的荣誉。

中午，在食堂吃饭的时候，很多同事跟刘老师打招呼。她就简单地应付一下，真是不愿意多说话。傍晚下班后，本来想回家给孩子和丈夫做点热乎乎的饭菜，没想到有一个家长来学校，想跟班主任交流一下孩子的问题。这是个单亲家庭，怎能推脱？晚上看完晚自习，已经九点了，刘老师才拖着疲惫的身躯回到了家里。

刘老师感觉出来，丈夫有点不高兴了。因为孩子的奶奶病了好些天，但刘老师却一直没有过去看看。还有，孩子已经睡着，一天没有见到这个妈妈了。

看着闷闷不乐的丈夫，看着熟睡的孩子，她突然觉得很累、很烦。但是，她不想跟丈夫说什么。为此，他们夫妻已经有过多次的不愉快。

刘老师觉得，自己好像有点讨厌自己这个职业了，感到压力总是那么大。她几乎没有时间和丈夫交流感情，没有时间陪陪孩子，也没有时间去做别的事。即使勉强有点时间，她也没有心情和家人说说话，她只想一个人静一静……

**心理把脉：“职业心理倦怠”惹的祸**

刘老师为什么对家人会有如此心态？就是因为刘老师把“职业心理倦怠”带回了家。

刘老师一天的工作那样忙碌，她已经没有精力顾及家庭，她对丈夫与孩子心存愧疚。长期以来学校与家庭的压力，让刘老师深感疲惫。这种疲惫不仅来自身体，更重要的是来自心理，来自对教师这一职业的心理倦怠。这种倦怠感，不仅影响了刘老师教学的热情，而且影响到了她的人际关系，特别是与家人的关系。

教师的职业心理倦怠，也叫作职业心理枯竭。关于“职业心理枯竭”，我们有专门话题详尽讨论。这里要说的是，教师的职业心理倦怠可以表现在很多方面，如厌教心理、厌生心理、职业离弃心理、个性心理缺陷等。一旦教师出现职业心理倦怠，不仅表现为个人的心理问题，还会表现为人际关系的障碍，不仅影响工作中的人际关系，还会影响与家人的关系。

大多数出现职业心理倦怠的教师，很容易把自己的问题带回家。有的表现为向家人反复诉说自己工作上的烦恼，当家人感到不耐烦时，就会指责家人缺乏同情心，彼此关系就会因此受到伤害；有的表现为回到家里刻意避免提及工作上的事，把自己封闭起来，不与家人沟通，将家人拒于千里之外，不但自己的倦怠问题越来越重，家庭的冲突也会越来越多。形式虽然不同，实质都是一样，教师职业心理倦怠，影响了家人关系。

刘老师就是这样，把职业心理倦怠带回了家，影响了夫妻关系。

可以这样说，教师职业心理倦怠，影响了教师的人际关系，特别是与家人的关系，而教师的人际关系，特别是与家人关系的恶化，反过来会加重教师的职业心理倦怠，于是出现恶性循环：职业心理倦怠越重，与家人关系越不好；与家人关系越不好，职业心理倦怠越严重。

**心理处方：不把职业心理倦怠带回家**

我们怎样避免这样的恶性循环呢？

首先，进行心理调整，预防或化解职业心理倦怠。

我们需要正确认识职业心理倦怠，需要调整自我的职业观念，需要及时进行心理调节，需要及时进行心理求助，如此等等。这样，可以帮助我们预防和化解职业心理倦怠。具体做法可参见后面“职业心理枯竭”话题，以及“缓解心理压力”话题。这里就不多说了。

其次，采取切实措施，避免盲目把职业心理倦怠带回家。

职业心理倦怠能不能带回家？这要具体分析，但有一点是肯定的，不能盲目地把职业心理倦怠带回家。这有几层意思。

一是，最好不把工作上的事情带回家。那种把教案带回家来备课的做法，是不该提倡的。不错，特殊情况总是难免，但是，在学校工作时间那么长，还经常把工作带回家，真让人怀疑你的工作能力了。中小学教师通常都是坐班制，一天8个小时，甚至10个小时，甚至24小时全天候，也够劲了，应该努力做到学校的事情在学校办，最好一点也不带回家。

这是因为，人的心理活动需要及时“转换频道”。人的大脑分为很多不同的“工作区”，及时“转换频道”，就会使大脑及时得到调整和休息，有利于心理健康。

二是，工作上的困扰和家人交流要及时。谁也难保回到家里不谈工作上的事情。但是，需要把握一点，工作上遇到了一些困扰，与家人交流要及时。这样，可以宣泄苦闷，可以化解压力，可以开拓思路，从而，也就预防或化解了职业心理倦怠。就是说，能不带回家的就不带回家，要带回家的就要及早，就要及时，不要等小问题酿成了大问题。

这是因为，人的心理问题就有这么一个特点，及时化解，一切都不成问题。就像有些机器设备的排气孔，随时排气，一切平安。

三是，职业心理倦怠带回家来要有言在先。如果感到自己有了比较严重的职业心理倦怠，又不得不带回家来，那一定别忘了，回到家时要赶紧对家人说明，让家人知道你的心理状态不好。

这是因为，家人有了心理准备，就可以缓冲心理应激，减少夫妻冲突。同时，家人还可以主动援助，帮你化解职业心理倦怠。

## 第一节　教师职业性质概述

从学校教育诞生之日起，教师就作为一种特殊的社会职业而存在。教师职业与其他社会职业一样，有其自身的内涵和特点。通过对教育业性质判断标准的分析可以看出，我国教师教育现状与职业专业化要求还有相当的距离。这是造成教师整体素质不高、社会地位不高的一个重要原因。创造条件，尽快使我国教师成为高水平的专业工作者，将有利于教师素质和社会地位的提高。

### 一、教师及其职业

1. 教师及教师职业的概念

（1）教师的概念

教师是人们日常生活中频繁提及的一个概念，但对于教师概念的本质、内涵和外延的理解却存在很大差异。我国古代就从教师功能及作用的角度对教师概念做出界定："师，教人以道者之称也。""师者，所以传道授业解惑也。"从教师应有的品质角度看："智如泉源，行可以为表仪者，人师也。"这些解释从某些侧面反映了教师的特征。但要全面了解教师这一概念，必须从教师的教育活动出发，结合教师的角色和职责进行考察。

教育有广义和狭义之分，教师概念也有广义和狭义之分。

广义的教师是指有目的地增进他人的知识和技能，影响他人的思想品德及身体、心理的形成和发展的人，如学校里的校长和其他管理人员、学校教师、社会教育机构的管理人员和教学人员、家长等。我们日常所说的"能者为师""择师学艺""一字之师""家长是孩子的第一任教师"等，都是指广义的教师。在日常生活和生产中，任何人都有可能成为这种广义的教师，只要他是在有目的地影响他人，传递某种文化科学知识。广义的教师可以是专业者，也可以不是专业者。

狭义的教师特指学校教师，是指学校中以培养人为职业，依据一定的社会要求和年轻一代身心发展规律，有目的、有计划、有组织地传授知识和技能，培养学生思想品德，发展其智力、能力和体力的人。学校的出现是为了高质高效地培养一定社会所需的人才，它必然要求有人专司其职，即以教为专门职业。因此，狭义的教师是指专门从事学校教育的专业工作者。

（2）职业的内涵及其特征

《现代汉语词典》将职业定义为个人在社会中所从事的作为主要生活来源的

工作。这个定义反映了职业的一个基本特征即职业作为谋生的手段，但职业的含义远比这个定义的内涵要广泛。因为职业概念的产生是社会劳动分化的结果。中国自古以来就有“职业”这个术语，它的四个基本含义与现代的解释基本一致：①官事与士农工商四民之常业；②职份，应做之事；③职务，职称；④事业。因此，职业除了个人谋生手段的含义之外，还有专人专事专责之意。亚伯拉罕森（B. Abrahamsson）认为职业泛指一个人谋生的手段，“职业者”指接受过专门的训练，拥有高深的专业理论知识，并用一些方法和技术把这些知识运用于每天的工作中的劳动者，他们被高度组织起来，有自己的行业规定。这种定义不仅对职业进行了规定，还指出了职业者的特征。帕基（F. W. Parkay）在前人研究的基础上总结出了职业者的一系列特征。

a. 职业者应该具有专门的基础知识并且为社会提供专门的服务。例如，只有医生才能行医，只有教师才能进行教育教学。

b. 职业者应有很大的自由空间来从事自己的工作。他们不应该处于严密的监视之下，并且他们有机会对工作中的重要事项进行决策。同时，这种职业自由也意味着职业者应该对自己的工作负责，进行自我监控，尽力做出自己的贡献，而不是仅仅满足工作对职业者的最低要求。

c. 职业者在他们步入工作之前，必须接受过一段时间的正规的教育和训练，并且在工作之后还要接受一段时间的职后训练。

d. 职业者为他们的服务对象提供基本的服务，并且在工作中不断提高自己的能力以为社会提供更好的服务，这种服务不仅仅是操作性的技术服务，还要求有更多的智力参与。

e. 职业者能够进行自我管理，在职业中实现社会化，并且进行与他们职业相关的研究。

f. 职业者有自己的组织和团体，团体对职业者的受教育水平、测评方式、执照、职业发展、职业道德和成就标准以及职业法规等进行了规定。

g. 职业者所拥有的知识和技能是其他非本职业人员所不具备的。

h. 职业者享有崇高的公众信任，能够为公众提供本行业的最佳服务。

i. 职业者有很高的声望并有较高的经济收入。

这九种特征是高度专业化的职业所应具备的，和医生、律师一样，教师职业也符合上述标准。

（3）教师职业

教师职业是人类社会中不可缺少、不可替代的一种专门职业，具有悠久的历史，也是受现代社会政治、经济和文化等因素影响和冲击较严重的一种专门行业。任何一门职业或专业活动都有与众不同的特点，有其特殊的困难和矛盾，它

们又必须在这种活动本身的过程中得到解决和克服。教师作为一种特殊的专门职业，其所处的社会地位和作用不同于其他社会职业，因此教师也具有不同于其他职业的心理特征。基于以上认识，我们认为，所谓教师职业就是教师以自身的专业知识和技能履行教育教学职责，维护学生的利益，为学生的成长发展服务的一种

专门职业。教师的社会地位既与社会文明进步有关，也常常与自身的专业知识和技能及教育教学能力等素质的水平高低相联系。

2. 教师职业的产生与发展

综观教育发展的历史，我们可以看出，教师职业是人类社会发展到一定阶段的产物，即在学校教育诞生后，才有教师职业。任何事物的产生必然有一个萌芽、发育和成熟的过程。只有弄清这个过程，才能对其本质和特点有一个正确的认识，对教师职业也是如此。一般说来，教师职业的产生与三个因素密切相关：①人类教育活动的出现是教师职业产生的基础；②社会生产力的发展是教师职业产生的根本原因；③脑力劳动和体力劳动的分工是教师职业产生的前提。具备了上述三个条件，教师职业就可以从社会其他职业中分化出来，成为一种独立的职业。因此，“教师作为一种社会职业，却是在教育有了相对的独立形态——学校教育以后才逐渐形成的”。

专职教师队伍是在人类社会生产和生活需要的推动下逐步孕育和发展演变来的。离开了社会生产的发展，就无法找到职业教师队伍产生的真正原因和推动力。教师职业的产生大致经过了长者为师、以官为师和职业教师三个发展阶段。这三个阶段是和人类社会生产方式的变革相适应的。

第一个阶段，长者为师的阶段。该阶段从人类脱离动物界开始，贯穿于整个原始社会，直到现代社会依然受其影响。原始社会时期的教育是一般由长者担任。现代意义上的教师，正是从这种原始的教育者——长者演变而来。

第二个阶段，以官为师的阶段。这一阶段大约从母系氏族社会开始，延续至奴隶社会和封建社会初期。其特点是部落或氏族的首领、官员兼负教育者的职责。这方面有大量的历史传说和文字记载为证。如伏羲氏教民结网，从事渔猎畜牧；燧人氏钻木取火，教人熟食；神农氏创制耒耜教民耕种，发现药材教民治病；“后稷教民稼穑，树艺五谷；五谷熟而民人育”；尧“其导民也，水处者渔，山处者木，谷处者牧，陆处者农”。又如：“契，百姓不亲，五品不逊。汝作司徒，敬敷五教，在宽。”“夔！命汝典乐，教胄子……”“乃命羲和，钦若昊天，历象日月星辰，敬授民时。”“弃，黎民阻饥，汝后稷，播时百谷。”伏羲氏；燧人氏、神农氏、尧、弃（后稷）、契、夔等人，都是当时氏族或部落的首领，他们都承担有教育氏族成员的任务。这就是以官为师的制度。以官为师的制度直接导致夏、商、西周以及秦代的

“学在官府”和“以吏为师”的制度。在这一阶段，虽然长者为师的现象依然存在，但是以官为师的制度已经占据教育的主导地位。

此外，在原始社会末期，还出现了一些专门的养老、音乐、占卜和祭祀机关，这些机关的首领也负有教育机关成员和培养接班人的责任，这也是教师职业专门化的一种雏形。

第三个阶段，职业教师或教师职业化的阶段。该阶段的特点是教师已经成为一种独立的或专门的社会职业，而不再是由其他人来兼负教育的职责。职业教师的诞生是与学校的产生联系在一起的。到了奴隶社会，养老机关演变为名为“庠”的学校。一些盲人聚集的地方，演变为名为“瞽宗”的音乐学校，“瞽宗，殷学也”。据历史记载，我国学校产生于夏代，有了专门的教育机构——学校，也就有了专门从事教育工作的教师。所以，我国的职业教师是从夏代开始出现的。但是，“吏”“私塾先生”“书院学者”都只是掌握知识较多的人，他们都没有接受为师的专门训练。教师职业的专业化程度很低，教师从业人数也有限。

到了近代，为适应经济发展和社会进步的需要，各国普遍实行义务教育制度。大批职业技术学校的出现，不仅对教师人数的需要大量增加，更要求教师掌握丰富的文化科学知识与教育工作技能，因而产生了专门培养教师的教育机构——师范学校。师范学校的产生与发展，既为教师职业不断补充新的成员，又为教师职业提高其专业化水平创造了条件。

当今随着现代社会的经济发展与科技进步，教育日益被提到更为重要的地位。随着教师人数的增加，各国教师教育相应得到发展与提高，普遍提高了师资培养标准，通过立法规定教师资格，不断提高教师的学历标准和任职条件，推进了教师的专业化程度，教师职业的社会地位也在逐步提高。

3. 教师职业的社会地位与作用

（1）教师职业的社会地位

在社会中，职业是一个人所拥有的社会地位的最重要的体现。不同的职业由于具有不同的社会功能，拥有不等量的社会地位资源，从而使各种职业之间产生了社会地位的高低差异。一般而言，决定职业社会地位高低的主要因素有职业的社会功能、职业的经济待遇、职业的社会权利、职业的专业化程度。

a. 教师职业的社会功能。教师职业对于社会的作用是巨大的，功能是不可或缺的。教师是塑造人类灵魂的工程师，肩负着培养一代社会新人、延续人类社会发展的重任。教师是人类文化的传递者和创造者，在人类文化的继承和发展中起着桥梁、纽带和推动的作用。

b. 教师职业的经济待遇。教师职业是一种专门职业，教师的劳动属于复杂劳动。因此，教师的劳动力具有较高的价值，教师职业从业者在社会总体劳动者

中的经济待遇水平应相当于社会总体劳动者中从事复杂劳动者所享有的经济待遇水平。

c. 教师职业的社会权利。教师职业从业者享有的社会权利，除一般的公民权利外，主要是职业本身所赋予的专业方面的权利，包括教育教学、科学研究、学术交流等方面的自由和自主权。教师职业的性质决定了教师专业权利的广泛性，而这些权利也只有从事教师职业的人才享有。

d. 教师职业的专业化程度。教师职业作为专门职业，对从业者的各个方面都有很高的要求。在我国，教师的资格要求是：遵守宪法和法律，热爱教育事业，具有良好的思想品德，具备国家规定的学历或经国家资格考试合格，有胜任教育教学的能力。

人们常常通过职业声望调查来了解某种职业的社会地位。国内一项社会职业声望调查表明，在上海人心中，出租车司机排在最前面，科学家排在第八位，而大学校长和大学教授则远在 24 种热门职业之外。另有调查表明，教师职业声望在调查所列的 18 种职业中属居中偏下。在职业选择意向上，只有 50％的被调查者表示愿意让自己的孩子将来做中小学教师。师范院校的师范专业在招生录取时与其他很多专业相比，竞争性不强，选择余地不大，也反映出我国教师职业的现实社会地位较低。教师职业的社会地位显然与教师职业的社会功能和社会价值不相符合。除了受现代社会政治、经济和文化等因素的冲击和影响外，教师职业专业化程度不高是其重要原因。

（2）教师职业的社会作用

教师职业在人类社会发展中是不可替代的，现代文明社会的产生与历史上教师的辛勤劳动息息相关，当今社会的文明与进步更加依赖于教师作用的充分发挥。教师在社会发展中的作用，可以归纳为三个方面。

a. 教师是人类文化科学的传播者。今天的人类文明是由文化科学知识的世代传承而来的，没有对前人文化遗产的继承就不可能有社会的巨大进步和发展。教师把人类长期积累起来的文化科学知识经过整理传授给下一代，对社会的延续与发展起着桥梁和纽带作用。从社会发展的纵向来说，教师是过去历史上所有崇高而伟大的人物跟新一代之间的中介人，是那些争取真理和幸福的人的神圣遗训的保存者，是过去和未来之间的一个活的环节。从社会文化横向交流来看，教师通过对文化科学知识的传播，使世界各民族的先进文化科学成果得以相互吸收，促进了社会进步。

b. 教师是人类灵魂的工程师。社会文明进步不仅需要文化科学，更需要人们有正确的政治方向、良好的思想品德。教师在给新一代传授知识、发展智能的同时，还要把人类社会发展中形成的道德观念、行为准则传授给下一代，塑造良好行为习惯，培养良好思想品德。教师在影响学生思想品德形成的诸因素中处于主导地位。教师在思想品德方面的育人作用具有巨大的社会价值，不仅为学生健康成长提供保证，更是为社会的文明进步，即提高道德水平，树立良好的社会风气，形成和谐的人际关系，创造基础性条件。因此，加里宁称教师是“人类灵魂的工程师”。

c. 教师是人的潜能的开发者。教师对人的潜能开发起着奠基作用。现代脑科学、神经生理学研究证明，人脑的潜能是巨大的，人类的遗传给人的发展提供了极大的可能性。然而人的潜能不可能随着人的生理成熟而自然显现。潜能的充分开发有赖于社会生活条件和正确的教育。在社会生活条件基本相同的条件下，教育对人的潜能的开发具有决定性的作用。教师是学生的潜能开发者，挖掘学生的潜能，使每个学生固有的发展可能性转化为现实的能力。但是，人的潜能在发展方向与发展水平上是存在个别差异的。这要求教师能够及时发现学生潜在的优势，创造条件，因材施教，给予及时引导和培养，使杰出人才迅速成长，脱颖而出。对学生进行潜能开发，无论对学生个体还是对社会而言，其意义都是极其重大的。

## 二、教师职业的性质

各国关于教师职业性质探讨的焦点问题是教师究竟属于专业人员还是非专业人员抑或是半专业人员。当前各国普遍认同联合国教科文组织 1966 年发表的《关于教师地位的建议书》中的提法：教育应被视为一种专门职业。1993 年 10 月通过的《中华人民共和国教师法》从法律的角度对这一问题进行了规定：教师是履行教育教学职责的专业人员。我国职业分类体系也把教师列入专业技术人员类，教师还被评聘为各级专业技术职称，这为根本上消除人们的分歧、统一人们的思想认识奠定了基础。但现实生活中视教师为“孩子王”，认为“教师职业只要有相应知识的人都能干”的观点仍有一定市场。因此，有必要对教师职业的性质进行深入的探讨。关于教师职业性质的讨论，实际上涉及两个方面的问题：一是教师职业的地位，二是教师职业从业者的标准。

### 1. 教师职业是一种专门职业

职业是依据人们参加社会劳动的性质与形式而划分的社会劳动集团。由于每种职业劳动性质与形式的差异及由此导致的社会地位的高低，引起了社会学者对职业性质的研究。社会学者通常把社会职业划分为专门职业和普通职业两种。

美国著名社会学家利伯曼（A. Lieberman）给专门职业确定了如下标准：

a. 范围明确，垄断地从事于社会不可缺少的工作；

b. 运用高度的理智性技术；

c. 需要长期的专业教育；

d. 从事者无论个人、集体，均具有广泛的自律性；

e. 在专业的自律性范围内，直接负有作出判断、采取行为的责任；

f. 非营利，以服务为动机；

g. 形成了综合性的自治组织；

h. 拥有应用方式具体化了的伦理纲领。

虽然关于教师职业性质问题存在许多争论，若用上述八条标准衡量，教师可能不是一种专业化水平很高的职业，但教师仍是一种专门职业。为了提高教师职业的竞争力，西方国家多年来致力于实施“教师职业的专业化”运动，将教师定位为“专门职业”。自 20 世纪 50 年代以来，西方国家已把医生、律师和教师通称为三大专门职业。联合国教科文组织在《关于教师地位的建议书》中提出，应该把教师工作视为专门职业，认为教师职业是一种要求教师经过严格训练而持续不断的研究才能获得并维持专业知识及专门技能的公共业务。

2. 教师职业的专业标准

专业人员通常是指那些具备高度的专门知识、技能和特长，在特定部门中工作的人员。教师从学校教育诞生之日起，就作为一种特殊的社会职业者而存在。教师是专业人员已从法定地位上得到确认。如在国际劳工组织制定的《国际标准职业分类》中，教师被列入了“专家、技术人员和有关工作者”的类别中。1986 年 6 月 21 日，我国国家统计局和国家标准局发布的《中华人民共和国国家标准职业分类与代码》中，各级各类教师被列入了“专业、技术人员”类别。1993 年，我国颁布的《中华人民共和国教师法》把教师界定为“履行教育教学职责的专业人员”。

为了评价和判断的方便，世界上许多社会学家还组织制定了一些用来判断教师职业专业人员的标准。我国学者厉以贤对专业工作者的专业人员的标准作了如下归纳：

a. 必须运用专门的知识与技能；

b. 必须经过长期的专门训练；

c. 必须具有重服务、轻报酬的观念；

d. 必须享有相当的独立自主权；

c. 必须有自己的专业团体与明确的职业道德；

f. 必须不断在职进修。

综合现有研究，结合我国教师职业的现实，我们认为教师作为专业的社会职业者必须符合以下四个标准。

(1) 教师职业从业者必须经过长期的专门教育训练

现代教育要求教师不仅要具备深厚的学科知识，还要系统地掌握心理学和教育学知识，熟悉现代化的教学手段和各种教学媒体。因此，教师必须经过长期的专门教育和训练。目前世界各国都在大力加强教师教育，对教师提出日益严格的专业要求，并开始向高规格、规范化发展。在发达国家，中小学教师普遍由取得教师资格证书的大学以上毕业生担任。一些发达国家如美国、日本还向中小学输送具有研究生学历的教师。从 1986 年起，我国在教师培养、使用、管理方面逐步向标准化、专门化方向发展。可以肯定，受过长期专门教育的教师拥有深厚的学科知识、驾驭职业活动的专业理论和技巧，会像律师、医生一样，成为不可替代的专业人员。

（2）教师职业从业者必须享有相当的独立自主权

教师劳动过程的个体性和创造性决定了教师在专业活动中的自主性。从制订教学计划到完成教学任务等活动基本上都是教师的个体活动，教师在职业活动过程中，需要进行独立思考、自主抉择。同时，由于教育对象、教学情境的固有差异，教师必须独立地、创造性地选择、运用教学方法、模式，才能保证教学工作顺利、有效地完成。因此，为了确保教育教学活动的有效性，促进教师自身的职业发展，教师必须享有相当的独立自主权。联合国教科文组织在《关于教师地位的建议书》中谈到教师的职业自由问题时指出，教师在行使教学职责时，应享有学术自由；他们应在选择和改编教材、选用教科书和应用教学方法方面起到主要作用；任何观察、督导制度都应以鼓励和帮助教师完成其专业任务为目的，而不应削弱教师的自由、积极性和责任感。

（3）教师从业者富有专业特色的职业道德

传授知识、培养人才是教师的天职。教师行业必须有明确的职业道德——师德。教育工作要求教师有高度的社会责任感、忘我的献身精神和自觉的工作态度，为人类培养一代又一代新人。这也是教师能够被称誉为“人类灵魂的工程师”、教师职业能够被尊称为“太阳底下最光辉的职业”的主要原因。国内外学者在制定专业评判标准时，不约而同地把“重服务、轻报酬”列为教师职业从业者的标准之一。中国教师在这一点上体现得尤为突出。不少教师在清贫艰苦的条件下不计得失、呕心沥血忘我工作。从某种意义上说，我国教师在重服务、轻报酬，重奉献、轻索取方面已经远远超出了职业道德的范畴。但是，重服务、轻报酬不等于只提供服务不要报酬。社会发展历史表明，任何职业报酬过低都将导致该职业地位低下，最终影响从业者的道德水平与价值取向。世界各国也都意识到这一点，通常采用既提高教师工资、改善教师生活待遇，又加强教师职业规范来保证教师职业道德的实现。

（4）教师从业者必须不断在职进修，更新知识和观念

教师是人类科学文化知识的传播者和创造者，为了培养适应社会需要的人

才，教师必须不断地在职进修。从某种意义上讲，教师不断地在职进修是教师职业和自身发展的要求。尤其是在知识经济时代，教师要想胜任工作、实现教师职业专业化，必须通过不断的在职进修，更新自己的知识结构和教育观念，适应现代教育的需要。在这一点上，教师比其他专业人员要求更高、更迫切。我国日益重视教师的在职进修。《中华人民共和国教师法》规定，“参加进修或者其他方式的培训”是教师的权利，“不断提高思想政治觉悟和教育教学业务水平”是教师的义务。

总之，强调教师职业是一种专门职业，教师是专业人员，重视其学科专业性和教育专业性的培养与提高，保证教师应有的权利，使教师成为高水平的专业工作者，使教师职业成为真正的专门职业，其现实意义不仅在于为教师地位的提高提供了保证，更重要的是，它是教师职业发展和教育事业本身发展的客观需要。

知识卡

**教师不只是一种职业**

“人类灵魂的工程师”“塑造民族未来”，等等，许多赞美教师的话，现在已经很少在成年人中被提起。对于市场经济，人们更习惯用经济的标准来衡量一切，教师在许多人的眼里，只是一个职业，一种能够养家糊口的职业。甚至，在一些道德败坏的人眼里，大概还是一个可能发家致富的职业……

说教师能够养家糊口这没有错，不给工资，即使再有理想、信仰的教师也不可能坚持太久，毕竟，教师也是人，也需要像正常人一样生活。说教师能够发家致富，除了别有用心的放大和一少部分教师的道德沦丧外，应该是一种误解。教师依靠自己的合法收入永远也不可能成为经济“暴发户”。

教师从形式上，确实是一种职业，有相应的规定、有相应的职责，与其他职业没有什么不同。但是，教师又是一种特殊的职业。随着现代文明的发展，没有进过学校的人，大概只是太少太少的个案。不管是小学、中学还是大学，学校的责任是培养和教育人——托起明天的年轻人。

如果只是把教师当作职业，当作一种简单的谋生手段，走上讲台照本宣科，铃响来铃响去，表面上算是当一天和尚撞一天钟，那么实质上根本没有尽到自己的责任。学校，需要给予受教育者的不只是书本知识，对于受教育者世界观的形成，同样负有主要责任。让受教育者学会做人，甚至比获得书本知识更重要。

一个农夫如果只是心不在焉地春种、夏锄、秋收，那么他的收成一定比不上用心耕作的人。一个铁匠如果只是为了打铁而打铁，那么他的生意会越来越少，因为别的铁匠打铁的时候会想打出的铁活儿更精致、更实用……不管什么样的职业，如果只是为了工作而工作，那么不但做不好，而且也是在不负责任地浪费着自己有限的生命。

即使没有远大的理想，即使没有崇高的追求，至少，从事任何职业的人，都应该有责任感，都应该做到尽心尽力。农夫应该努力让自己的耕作更适合庄稼的生长，铁匠应该努力让自己的铁活儿更实用、更精致，干什么琢磨什么，干什么吆喝什么。即使作为一种职业，教师也应该明白自己承担的社会责任和义务。

教师，首先要做好人，即使只是理想，也应该坚持不懈地努力。走上讲台，在把教科书上的知识传授给学生的同时，教师也在用自己的言行向学生示范着如何做人。对于自身修养的重视，才能够成为合格的教师。教师不只是一种职业。教书育人，是一种对历史和未来负责的使命，也是对于自己良心的责任。

## 第二节　教师职业的特点

教师所扮演的各种角色，所起的各种作用，都是通过教书育人的职业活动进行的。教师职业心理特征，也是通过教师教育教学活动体现的。只有通过对教师职业活动进行分析，才能揭示和理解教师职业心理活动的特征。

### 一、教师职业活动的结构

1. 教师职业活动的内容结构

(1) 教育教学活动

教育在此特指对学生进行政治思想教育和道德品质教育。在学校教育活动中，无论是教授学科课程的教师，还是从事教育管理工作的教师，他们的活动都包括了对学生进行政治思想、道德品质教育与培养这个基本内容。

教学是教师活动的基本内容。教师一般都要担负某学科的教学。教师教学活动的内容结构主要表现为确定课程的教学目的、设计教学内容的结构体系、安排与实施教学过程、选用教学方法、对自己的教育影响的有效性和学生学习活动质量做出评价等。

(2) 科学研究活动

既搞教育教学又从事科学研究，这是现代教师的基本要求。教师不仅要向学生传授人类社会已有的文化科学知识，而且还要丰富和发展文化科学知识，创造出新的、前所未有的精神财富。教师科研活动内容主要集中在：一对自己所教专业、学科做理论上的探讨，进行学科基础理论研究；二依据专业、学科的理论进行应用性研究；三是旨在解决自己在教育教学中遇到的问题，探索育人规律，进

行教育科学方面的研究。第三方面是中小学教师科研的重点。

（3）人际交往活动

教师的人际交往主要包括与学生的交往，与学校领导、同事的交往以及与学生家长的交往等。

教师活动的上述三方面内容密切联系、互相渗透，形成一个教师活动网络，并相互制约、相互促进。

2. 教师职业活动的形式结构

活动内容的某些方面体现或揭示了活动的形式特点。对不同活动内容的形式进行分析，可以把教师职业活动概括为教育设计和教育组织两种最基本形式。

（1）教师职业活动的设计

设计作为一种心智操作方式，规定着活动的进程、发生、范畴和系统。教师职业活动的设计主要包括教育设计、教学设计和科研设计三方面内容。

a. 教育设计。教师要对教育活动的开展方式、实施策略、结果等有预先的构思与安排，对教育内容的选择有明确的考虑和规划。

b. 教学设计。在教学活动中，教师要对自己的教学活动作出全面的安排和系统的规划，对自己教授的课程、课堂教学行为和课外活动进行设计。规范的备课，实际上就是要求教师对自己的教学各方面作全面、系统的规划和安排。

c. 科研设计。科研活动的每一步骤都包含着设计的成分。从选取课题到提出假设，是科研目标设计；选择研究方法，是研究方案与方法的设计；规划与安排研究进程，处理与选用研究材料，是研究进程和研究结果的设计。

（2）教师职业活动的组织

组织是使设计思想得以实现、根据设计而进行的系统性实施活动。组织是设计思想的具体行为表现，是按设计要求进行的操作性活动。教师职业活动的组织体现在组织自己的讲授、组织自身的课堂行为、组织学生的活动和组织科学研究活动等方面。

组织讲授是教师根据对教学内容的设计组织课堂教学活动，并对课堂教学内容进行系统性、条理性等的编制；根据观点组织感性材料，根据学生实际组织教学内容的表现形式。组织自身课堂行为是指教师有意识地调控自己的言行，根据教学情境有意识地表现行为或抑制某些行为，避免自己的行为对学生产生不良影响，避免因在教育情境下不良个性的显露而影响教学。此外，教学过程中，时有预料之外的情景发生，教师应及时调整自己的行为，消除或维持某种情景。教师对学生活动的组织是多方面的，既包括课堂教学中组织学生的注意力，组织学生进行课堂讨论、实验操作、练习作业，又包括组织学生的课外活动，如社会调查、文体活动、班会、团队会等。在科研活动方面，教师需要组织科研课题队伍，搞好科研课题的组织协调工作等。

3. 教师职业活动的效能结构

根据教师从事教育、教学和科研等活动的效果和质量，可以把教师的活动相对划分为七种效能类型。

第一类教师在教育、教学和科研方面齐头并进，效果俱佳，他们既有渊博的知识，又有高尚的人格，并且才能与技能高度发展，是教育家与学科专家的统一。这类教师是学校中较理想的专家型教师，但在教师中为数不多。

第二、三类教师在学校中较多，他们都重视教学活动，而且教学质量与效果也好，但各自在教育或科研方面尚显不足。这两类教师的活动效能反映了教师活动的两种基本倾向，即第二类教师忽视科研，而第三类教师忽视自己教学活动的育人功能。

第四类教师在教师队伍中人数亦不少。他们的活动仅局限于教学方面，既不从事科学研究，也不对学生进行思想品德方面的教育，这是不合格的教师。

第五、六类教师在学校分别是专职科研人员和专职辅导员、班主任。这两种类型是学校中比较特殊的人员的活动效能的表现。其实，不从事教学或科研的教师，其教育效果是会受到影响的。

第七类教师在学校中虽然为数不多，但对他们必须严肃对待，管理者应在认真分析的基础上，采取多种方式培训、教育，甚至调换其他工作。

## 二、教师职业活动的特点

与其他社会职业劳动相比，教师职业劳动具有职业角色的多重性、职业活动性质的育人性、职业活动对象的主体性、职业活动方式的个体性、职业活动过程的示范性和职业活动效果的长效性等特点。

1. 职业角色的多重性

教师是知识分子，肩负创造和传播人类科学文化知识的重任；教师又是一种特殊的社会职业者，肩负代表社会培育、塑造新生一代的历史重任。因此，教师既属于知识分子，又不同于一般的知识分子；教师既是社会职业者，又不同于一般社会职业者。教师职业的这种多重性特征是教师职业的基本特征。

2. 职业活动性质的育人性

教师职责是根据一定社会的要求，把人类长期创造和积累起来的、经过筛选的知识经验、技能技巧和社会行为规范传授给新生一代，发展其智能、培育其个性，塑造社会需要的合格人才。《中华人民共和国教师法》明确规定：教师是履行教育教学职责的专业人员，承担着教书育人、培养社会主义建设者和接班人、提高民族素质的使命。教师应当忠诚于人民的教育事业。为国育人是教师职业的根本特征，教师一切职业活动都要受这一特征的制约。

3. 职业活动对象的主体性

教师职业活动的对象是正在生长、有感情、会思考、具有主体性特点的儿童和青少年，因而教师工作具有复杂性。这种复杂性主要表现为教育对象的多样性、可变性，他人教育力量与自我教育力量消长更替的微妙性。教师经常面对几十个学生，他们既有共同的生理、心理特点和规律，又有不同的遗传素质、家庭影响、知识状况、智能水平、兴趣爱好、性格气质等。他们正处于身心发展从不成熟到成熟的过渡期，既有很大的可塑性，又有不断发展的可变性。这要求教师在教育教学过程中把学生看成是成长中的社会主体，充分发挥教师在学生全面发展中的主导作用。

4. 职业活动方式的个体性

教师职业活动是复杂的、富于创造性的脑力劳动。一方面，教师研讨教育教学工作，完成教育教学整体任务，要强调集体性和协作性；另一方面，不论是备课、上课、批改作业，还是对学生进行个别教育，在多数情况下，都是教师个人独立、分散进行的，这需要有安静的环境和善于独立思考的能力。因此，教师职业活动的个体性是由其职业活动的独特性决定的。

5. 职业活动过程的示范性

以身作则、为人师表是对教师的必然要求，教师职业的示范性贯穿于教育活动全过程。教师职业活动的示范性来自于学生的“向师性”。由于学生处于发展之中，在知识、能力和技能、道德品质等方面都不成熟，作为“学业在先，术有专攻”的教师，对学生有一种天然的吸引力，学生会把教师作为榜样去模仿。在教育实践中，教师的穿着打扮、言谈举止、思维方式、精神品质都可能被学生模仿，所以教师应时刻做到以身作则、为人师表，将自己作为活生生的教材，在课内、课外、学校和社会生活中保持一致。教师在职业活动过程中，要通过示范的方式，以自己的才学、能力、品德去影响学生，通过自己的一言一行去教育学生。

6. 职业活动效果的长效性

教师职业活动效果的长效性主要体现为教师职业活动目标的长远性和教育影响力的长期性。教师从事的是培养人的工作。十年树木，百年树人。教师的工作很难在短期内见到明显的成效。培养人才是一项长期艰巨的任务。学生知识的掌握、智力和能力的发展、情操的陶冶、个性的完善等，只有通过教师们长期的熏陶、感染、传授、潜移默化的影响才能完成。教师工作的效果不仅要看学生在学校里的学习成绩和行为表现，更重要的是要看他们在离开学校后，为社会、国家、民族服务的好坏。所以说，成功的教育应具有积极的长期效应。因此，在评

价教师的工作绩效时，应有全面、长远的观点，仅凭一次或几次考试成绩或眼前的一时一事来衡量教师工作的效果是不全面的。

知识卡

## 教师职业病的防治

教师被人们誉为“辛勤的园丁”“人类灵魂的工程师”，可在繁重而辛劳的教学中，能保持身体健康者却为数不多，抱病工作似乎已成了教师的一种象征。

新学期伊始，老师们又投入紧张忙碌的教书育人工作中，周而复始地上课、批改作业、写教案、值班，他们往往忽略了自我身心保健，因此产生了“教师职业病”。

下面我们介绍教师的几种常见病及其预防、治疗方案，供老师们参考。

1. 下肢静脉曲张

原因：教师在长年授课中因长时间站立等原因，引起下肢静脉本身扩张、延长或静脉瓣膜损坏以至发病。

症状：腿部肿胀，下肢静脉犹如蚯蚓状弯曲或结节成团，皮肤发紫，特别是踝和小腿内侧更为严重。此外，还可出现皮疹和瘙痒感，严重时可导致曲张静脉破裂。

治疗方案：可以穿弹性袜或利用弹性绷带包扎压迫以减少静脉逆流和瘀血现象，但要注意局部包裹是不可以的，应该穿正规的弹力袜（压力为二三十毫米汞柱）进行治疗。

专家主张病人早晨起来第一件事就是穿上弹力袜，晚上睡觉前最后一件事是脱掉弹力袜。目前临床使用最多的治疗方法是手术治疗，有症状的单纯性静脉曲张，只要身体情况允许都可以手术治疗，术后的复发率为5%至10%。

预防措施：避免久站或久坐不动，至少每小时活动一下，以促进血液循环。卧床休息时有意识地抬高患肢，也可做专门的静脉操。多喝水，多吃含纤维的食物，积极预防便秘。

适宜的运动项目：游泳。也可做扭膝运动，即两足平行靠拢，屈膝，微向下蹲，双手放在膝盖上，顺时针扭动数十次，然后再逆时针扭动，此法可疏通血脉。

医生提示：不要参加强体力的运动，特别是在专门健身房里锻炼肌肉，因为这样会增加静脉受到的压力。

2. 颈椎疼痛

原因：在书写黑板字时，经常使头部后仰或偏向一侧，导致局部肌束负担过

重及椎关节、脊神经受到刺激、压迫所引起。

症状：颈部酸痛，活动受限，有时会感到头部眩晕。

治疗方案：积极锻炼肩胛、脊柱，纠正错误的姿势，也可做冷敷和医疗体操、按摩。

预防措施：上课书写黑板字时，尽量不要超过眼睛水平线，需长时间书写时，中间应稍作休息或做转头、扭身活动。

医生建议：建设教学楼时，黑板的设计应考虑教师的身高、健康及适应性。

3. 慢性咽喉炎

原因：经常受吸入粉笔浮尘的刺激，引起炎症，或嗓音使用过度、使用不当。可在喉黏膜或关节存在炎症的情况下继续过度发音。

症状：以声音嘶哑为主。早期嘶哑时轻时重，用嗓稍多易哑，干燥不适，也会出现疼痛，有异物感，分泌物黏附于喉腔，说话时需先将嗓子“清理”一下，不然声音不清晰。重者嘶哑呈持续性，甚至失音。

治疗方法：尽量让喉部充分休息，可用润喉片润喉，对于急性发作者，可适当运用抗生素及激素治疗。

预防措施：避免大声说话，尽量减少声带运动，使用粉尘少的粉笔，尽量少吃刺激性（如酸、辣、腥、冷等）食物，注意锻炼身体，增强体质，减少感冒和上呼吸道感染机会。

医生提示：尽量少抽烟、少喝酒。

4. 过敏性鼻炎

原因：经常吸入粉笔尘，引起鼻部黏膜反应。

症状：鼻内发痒、连续喷嚏、鼻塞及嗅觉障碍，并可出现头痛等症状。

治疗方法：可用抗组胺药（如苯海拉明）、激素（如强的松），也可用葡萄糖酸钙片及维生素 C，以改善血管通透性，还可用封闭疗法及局部滴药（1%麻黄素）。

5. 脑力疲劳

教师因长期用脑（备课、批作业等）容易引起脑的血液和氧气供应不足，使大脑出现疲劳感。主要表现为头昏脑涨、食欲不振、记忆力下降、注意力不能集中等。缓解紧张、消除疲劳的自然方法：

（1）多梳头，多喝水，放松神经，做几次深呼吸，每次大约 3～5 分钟，你的脑疲劳会立即缓解，工作效率会提高。

（2）运动医学专家认为，要想保持持久的精力，需要经常运动以增加体能储存，每周散步 3～4 次，每次 30～45 分钟，或一星期进行 3～4 次温和的户外活动，每次 30 分钟，都是必要的。刚开始时，你也许会感到运动后更为疲劳，这正说明你的机体需要调整，坚持一段时间后便会慢慢适应，抵抗疲劳的能力会得到强化。

(3) 在课间工作之余，可选择一处空气清新之地做深呼吸，吸气时腹部缓缓鼓起，呼气时腹部慢慢凹下，持续5～10分钟。此法可以缓解紧张情绪，并增加大脑所需要的氧气。

6. 心理疲劳

随着竞争愈来愈激烈，教师的工作节奏日趋紧张，精神上容易产生巨大压力，精神上和身体上的超负荷状态对健康是非常不利的。如果不注意休息和调节，中枢神经系统持续处于紧张状态，会引起心理过激反应，久而久之可导致交感神经兴奋增强，内分泌功能紊乱，产生各种身心疾病。

治疗方法：对待心理疲劳，仅靠单纯的睡眠休息是解除不了的，应及时宣泄自己的不良情绪，不要闷在心里，更不要钻牛角尖，可找几个知心朋友谈谈心、聊聊天或参加一些健康有益的文体活动。同时讲究心理卫生、加强品德修养、调整好自己的精神状态，开阔心胸，以减少产生心理疲劳的诱因。

## 第三节　教师的职业生涯发展

联合国教科文组织在总结教育改革成功经验的研究报告中明确指出，教师是决定教育改革成功与否的三个关键因素之一，“没有教师的协助及其积极参与，任何改革都不能成功”“违背教师意愿或没有教师参与的教育改革从来没有成功过”。教师职业生涯发展问题的研究就成为教育研究关注的热点。国内外学者对教师职业生涯发展的相关研究虽范围广泛，然而专门系统的研究却极少。

### 一、教师职业生涯概述

1. 生涯的意义

生涯可以是指与个人终生所从事工作或职业有关的过程，也可以指整个人生的发展，除终生事业外，还包括个人生活，甚至是整个生命中的志向与抱负。

2. 教师职业生涯发展

生涯发展是指个人预备或选择某一行业，决定进入此一行业，适应行业中的种种规定或要求，以及在此一行业中扮演和学习各种角色，逐渐由较低层级发展到较高地位的历程。

教师职业生涯发展是指个人预备或选择进入教师行业，积极适应行业对从业人员的种种规定或要求，主动在行业中扮演和学习各种角色，逐渐由相对不成熟到相对成熟的发展历程。教师作为专门的职业人员，要经历一个由相对不成熟到

相对成熟的职业生涯发展历程。追求职业成熟，成长为专家型教师，是教师职业生涯发展的最终目的。教师的职业生涯发展贯穿于教师职业生涯全过程。教师职业生涯发展的核心问题是教师职业的专业化，而教师自身的专业发展是教师职业专业化的核心。通过文献研究可以看出，虽然每个人生涯发展的详细历程无法完全一样，却可以找到一些共同的发展轨迹。舒伯尔（Super，1976）指出，人生的整体发展，通常由时间、范围和深度三个层面构成。时间指个人的年龄或生命历程，可以分为成长期、探索期、建立期、维持期和衰退期。范围指个人一生中所扮演的各种不同角色，如子女、学生、父母、教师、工人等。深度指个人在扮演每一个角色时所投入的程度。斯滕伯格（Sternberg，1997）从专家型教师教学专长构成的角度探讨了教师职业生涯发展的内容。他认为，专家型教师与新手型教师比较，在知识、效率和洞察力等方面存在显著差异，而知识和经验在专家型教师教学专长发展的过程中起着非常重要的作用。总之，教师职业生涯发展是在教师发展主体与周围环境积极地相互作用过程中，通过主体的教育教学实践活动逐步实现的。教师职业生涯发展是一个动态的积极适应与主动发展的过程，存在不同的发展阶段。

## 二、教师职业生涯发展的时代要求

1. 社会和个体的需要

社会发展进入了知识经济时代，标志着人类文明发展进入了一个新阶段。这一时代对教育提出了新要求，主要是更加突出育人尤其是思想道德教育的根本意义，更加关注人的智能特别是创新意识和能力的培养，更加重视人的各种素质的全面健康发展。面对这些新的更高的要求，教师只有自身发展了，而且发展好了，才能对此做出合格的回应。这是今天教师发展所面对的社会需要，这种需要为教师发展提供了客观基础和外部动力。

人的一生都有追求自身发展即终身发展的自然心理倾向。当今时代，科学技术迅猛发展，社会、职业、家庭也常会发生急剧变化，这就要求人们的知识及其观念及时更新以获得新的适应能力，教师亦如此。当今时代，生产力发展、劳动时间缩短、人的寿命延长、自由支配时间充裕，使人们不再满足于一次性学习，渴望通过不断学习来满足自己的精神生活和自我完善，教师亦如此。这些都反映了当今时代教师自身对发展的个体需要，这种需要为教师发展提供了内部动力。

2. 教师发展的方向与原则

在上述时代大背景下，教师发展具有其自身的方向和原则。

教师发展要坚持专业化的方向，即教师发展应该是专业性（profession）的而非职业性（occupation）的。教师工作不能简单地等同于一项职业劳动，它应该达到专业化水平。专业与职业的区别主要是：前者必须以严密科学系统的学科理论为基础，后者的学识背景相对简单肤浅；前者通常要求接受长时间的专门化训练，一般以接受高等教育为标志，后者可以凭借个人的体验感悟和经验积累；前者能为人类生活某特定领域提供必要、明确、独到的服务，满足社会需要并获取较高的报酬、赢得较高的声望，后者通常被视为一种谋生手段，社会声望相对较低；前者要求不断学习、有所创新来提供优质的社会服务，后者更多具有于匠式的特点，机械重复性突出。教师发展应该以追求前者为方向。

教师发展要坚持自主性的原则，即教师发展应该是积极主动的而非被动应对的。自主性是教师发展的本质属性，这是教师发展专业化方向的必然逻辑。专业化需要教师全身心的投入，离开教师本人的自主性就根本谈不上其自身的发展。教师发展的自主性原则也反映了当前国际教师教育的趋势。教师教育曾先后出现六种范式：先是“知识”范式，认为教师专业化就是知识化；后来是“能力”范式，认为具有综合能力更为重要；继而是“情感教育”范式，认为知识能力达到一定水平，情感因素（如对学生的爱心）决定着教学水平和质量；接着是“建构论”范式，认为知识是在教学者与学习者之间相互作用、共同建构的；再接着是“批判论”范式，认为教师还要关注、审视课程和校外的世界，要有独立思考能力和批判精神；晚近是“反思论”范式，认为教师要有反思意识，要探究自己实践着的教学理念和行为，通过自我调适来促进专业成长。可见，教师发展的自主性原则与反思论范式这一国际教师教育的主流是吻合的。

### 三、影响教师职业生涯发展的因素

克鲁姆伯尔茨（Krumboltz）等人从社会学习理论出发，认为职业生涯发展的历程错综复杂，受许多因素相互作用的影响，包括：a. 遗传因素及特殊能力，如性别、智力、肌肉协调、特殊才能等，都可能限制或影响个人学习经验与选择的自由；b. 环境与特殊事件，如进修与培训机会、社会变迁、社区背景、家庭等非个人所能控制的因素，对个人的学习与抉择有很大影响；c. 学习经验，包括工具式学习（教育或职业技能、个人生涯计划）、联结式学习（如个人偏好、态度）等；d. 工作技能，是上述各项因素相互作用的产物，如解决问题的能力、价值观、工作习惯、认知历程及志向等。而个人早期所培养的工作技能，又会影响以后的学习经验与结果。

金树人（1988）归纳指出，影响个人生涯抉择的因素有个人特质、价值结构因素、机会因素和文化因素四方面。

高强华则认为影响教师职业生涯发展的因素主要有个人环境因素和组织环境因素。

费斯勒（R. Fessler，1985）认为，教师的生涯发展是一个动态的历程，每个阶段都有个人和组织环境因素的影响。他运用社会系统理论探讨了个人环境因素和组织环境因素对教师专业发展各阶段的影响。

## 四、教师职业生涯发展的阶段

从一名新教师成长为一名合格教师是一个发展过程，存在不同的发展阶段。在不同的发展阶段，教师会面对不同的发展问题，这些问题的不断解决推动着教师职业生涯的不断发展。在教师职业生涯发展研究中，由于关注的焦点不同，不同的研究者提出了不同的教师职业发展阶段理论。综合国内外关于教师职业生涯发展的研究，可归纳为两类：（1）以斯滕伯格（Stemberg，1997）为代表的关于教学专长构成的研究；（2）以福勒和布朗（Fuller & Brown，1975）为代表的从教学专长发展的角度，对教师职业生涯发展的阶段进行的研究。

1. 三阶段发展观

福勒和布朗根据教师的需要和不同时期所关注的焦点问题，把教师的发展分为关注生存、关注情境和关注学生三个阶段。

（1）关注生存阶段

处于这一阶段的一般是新教师，他们非常关注自己的生存适应性，他们经常关心的问题是："学生喜欢我吗?""同事们怎么看我?""领导是否觉得我干得不错?"，等等。由于这种生存忧虑，有些新教师可能会把大量的时间都花在如何与学生搞好个人关系上，而不是如何教他们。有些新教师则可能想方设法控制学生，而不是让学生获得学习上的进步。这种情况有可能是由于教师过分看重对学校的社会化造成的。在学校里，人们总是希望教师把学生管教得老实听话。其结果是，教师们总想成为一个好的课堂管理者。

（2）关注情境阶段

当教师感到自己完全能生存时，便把关注的焦点投向了提高学生的成绩而进入关注情境阶段。在这一阶段，教师关心的问题是如何教好每一堂课，他们总是关心诸如班级大小、时间的压力和备课材料是否充分等与教学情境有关的问题。传统教学评价也集中关注这一阶段。一般来说，老教师比新教师更关心这一类问题。

（3）关注学生阶段

当教师顺利地适应了前两个阶段后，将进入第三个阶段——关注学生阶段。在这一阶段，教师将考虑学生的个别差异，认识到不同发展水平的学生有着不同的社会和情感需要，某些材料不一定适合所有学生，因此教师必须因材施教。在教学实践中，经常可以发现，不但新教师容易忽视学生的个体需要，就连一些有经验的教师也很少自觉关注学生的个体差异。事实上，有些教师从来就没有进入到第三阶段。我们认为，能否自觉关注学生是衡量一个教师是否成熟的重要标志之一。

2. 五阶段发展观

伯林纳（D. C Berliner，1988）认为教师教育专长的发展过程包括五个阶段。

（1）阶段一：新手

新手阶段是教师获取教学所需知识和技能的阶段。在教学方面，新手教师除了要学习一些具体的概念之外，还要学习一些具体教学情境下的应对规则。新手阶段是一个获取经验的阶段，在这一阶段中，现实的、亲身的体验比口头获得的信息更重要。

（2）阶段二：进步的新手

在这一阶段中，教师将自己的实践经验与所学的知识逐步联系起来，并能找出不同情境中的一些相似性，而且有关情境知识也在增加。随着实践经验的逐步增加，个体可以忽略或打破一些规则，这意味着教师策略知识发展了。这时，个体开始依据具体的情境来指导行为，教学行为开始变得灵活。

（3）阶段三：胜任型

处于此阶段的教师，能按个人想法自由处理事件，依据自己的计划对所选择的信息做出反应，并能够对所做的事情承担更多的职责。因此，与前两个阶段的教师相比，他们经常能强烈地感受到成功与失败的体验，也对成功和失败有更深刻的记忆。

（4）阶段四：能手

在这一阶段中，教师对教学的直觉或领会很重要。他们能从积累的大量丰富经验中，综合性地识别出情境的相似性。处于此阶段的教师能从截然不同的事件中考虑到其相互联系。这种综合性的识别使个体能够更精确地预测事件。

（5）阶段五：专家

如果说新手、熟练的新手和胜任教学的教师是理性的，精通型教师是直觉性的，那么我们可以将专家的行为看成是非理性的。这种非理性并不是说专家教师想怎样做就怎样做，而是说他们对教学情境不但有直觉的把握，而且能以非分析性、非随意性的方式，理智地做出合适的反应。他们的行为表现流畅、灵活，不需要刻意的加工。专家型教师知道在什么时间和什么地方该做什么，与前几个阶段的教师相比，他们采用的方法更加多种多样。

3. 原型发展观

前面两种观点以阶段的形式划分了教师职业发展的过程，斯滕伯格则指出了职业发展方向及其发展内容的构成。他认为教师职业发展的方向就是成为一名专家型教师，所以教师的发展过程实际上就是由新手到专家的过程。他以类目相似性为基础建立了教学专长的原型观，指出了专家型教师的三个基本特征。

（1）有丰富的组织化的专门知识，并能有效运用

专家型教师教学需要什么类型的知识？

首先，最重要的，专家型教师必须掌握内容知识，即关于要教的学科内容的知识。你可以通过以内容为基础的课程和校外的经验来获取内容知识。例如，如果你想教数学，你的内容知识将来自于你在数学课上学到的东西、读有关数学书籍的收获、运用数学的心得以及在校外时与其他人讨论的领悟等。

其次，专家型教师需要有教育学的知识，就是如何进行教学的知识。教育学知识包含的范围很广，一般包括如何提高学生的动机，如何在课堂上管理不同水平的学生，如何设计和实施测验等。

最后，专家型教师需要教育学的内容知识，即如何去教特定学科知识的知识。比如，如何解释一个具体概念（如负数的概念），如何说明和解释某个过程和方法（Leinhardt，1987，Marion，Hewson，Tabachnick & Blomber，1999），如何纠正学生在学科知识上一些错误的理论和概念（Gardner，1991）等等。

几项有关专家型教师的研究表明，专家与新手之间的区别在于他们教学知识的组织（Berliner，1991；Leinhardt & Greeno，1986，1991；Livingston GL Borko，1990；Moallem，1998；Sabers，Cushing & Berliner，1991；Strauss，Ravid，Magen & Bediner，1998）。这些研究表明专家型教师比新教师对知识进行了更充分的整合（各个知识点更加紧密地联系在一起）。

专家型教师不但应具有丰富的知识，而且能将广博的、可利用的知识组织起来运用在教学中。因此，除了学科内容和教学本身的知识之外，专家型教师还必须具有教学赖以产生的政治和社会背景知识。这些知识对专家型教师适应教学中遇到的实际情况——包括教师被认可和保持专家型教师头衔都十分重要。

总之，专家型教师有深广的、组织良好的知识，以使他们能在教学中沉稳有效。除了学科知识以及如何教的知识外，他们还有有关政治和社会背景的知识。这些知识使专家型教师适应现实的约束。

（2）在解决教学领域问题时，专家型教师是高效率的

专家型教师和新教师的第二个区别是，专家型教师比新教师能更有效地解决问题。专家型教师比新教师用更少的时间做更多的事情（通常用更少的努力）。专家型教师是如何做到这一点的？首先，专家型教师把熟练掌握的技巧自动化了。通过自动化，专家型教师不用过多思索就可以应用知识来完成重要任务，如专家型教师知道如何使后排正在说话的学生安静下来却不影响其他学生听讲。其次，专家型教师可以高效地设计、监督和修改他们解决问题的方式。

总之，专家型教师在解决问题时是更有效的。利用丰富的经验，专家型教师可以快速省力地安排、完成各种教学活动。因此，自动化技术可以使他有更多精

力投入到高水平的推理和问题解决中。特别是，专家型教师在面对问题时有计划性和自我觉察，因此他们不会贸然地陷入解决问题的尝试之中。当然，所有这些都是新教师必须从实践中学习和积累的。

（3）专家型教师善于创造性地解决问题，有很强的洞察力

无论是专家型教师还是新教师都必须利用已有知识去分析和解决问题，然而，从某种程度上讲，专家型教师可以找到问题的创造性解决办法——既新颖独特又恰到好处的方法。

专家型教师并非简单地处理手头的问题，他们通常会对问题进行再定义。换言之，他们并不是从问题的表面现象来看待问题，而是从新的角度或方面来审视问题。通过重新定义问题，专家型教师会找到巧妙的、富有洞察力的解决方法。而普通教师则很难想出类似的好办法（Davidson，1995；Mayer，1995；Sternberg，1996；Sternberg & Davidson，1995）。

专家型教师如何思考以至于他们可以得到比新教师高明得多的问题解决方式的呢？研究表明，有三个方面的因素使得专家型教师在问题解决上优于新教师（Davidson & Sternberg，1984，1998）。首先，专家型教师会将与问题解决有关的信息和其他信息区分开来。例如，一条别人认为不重要的信息，专家认为它事实上非常重要；反之，专家可能认为别人看得很重要的信息实际上是不重要的。其次，专家型教师按照有利于问题解决的方式对信息进行组合，专家能将两条看似无关的信息在必要的情况下整合起来变为相关的。例如，专家型教师知道学生穿的衣服贵了，同时成绩下降了时，可以得知那是由于学生在课后用于打工的时间太多的缘故。整合信息以得出新结论的能力是专家型教师更能创造性地解决问题的又一个原因。最后，专家型教师将其他情境中获得的知识应用于教学领域。显然，为了能应用首先必须掌握这些知识。专家型教师的这个特征表明，拥有更多、结构更好的知识是成为专家型教师至关重要的环节。专家型教师可以敏锐地觉察且熟练地运用相似的条件去解决问题。

总之，专家型教师在解决教学领域内的问题时是富有洞察力的。他们能够鉴别出有利于问题解决的信息，并能够有效地将这些信息联系起来。专家型教师能够通过观察，找出相似性及运用类推来重新建构手边问题的表征。通过这些过程，专家型教师能够对教学中的问题做出新颖而恰当的解决。

虽然由于研究者所关注的焦点不同，对教师职业生涯发展阶段的划分不完全一致，但是我们可以从中看出教师职业生涯发展的一些基本特点。

a. 教师职业生涯发展各阶段都有自己独特的发展需求和必须完成的任务。

b. 教师职业生涯发展的各个阶段之间是连续的，前一阶段是后一阶段的准备或发展的先决条件，在后一阶段的发展中则需要回顾、检视前一阶段的成果和

作用。

c. 教师职业生涯发展并非线性的，虽然大部分研究都按年龄顺序排列，实际上，各阶段之间仍有许多循环、转折，共同服从于教师职业生涯的整体发展。

## 五、教师职业生涯发展的基本途径

教师职业生涯发展的基本途径主要有两方面，一方面是通过师范教育培养新教师作为教师队伍的补充，另一方面是通过实践训练提高在职教师的水平。这里我们主要探讨后者。根据国内外现有研究，促进教师成长与发展，使之成为专家型教师的基本途径，概括起来主要有以下方面。

1. 观摩和分析优秀教师的教学活动

课堂教学观摩可分为组织化观摩和非组织化观摩。组织化观摩是有计划、有目的的观摩，非组织化观摩则没有这些特征。一般来说，对新教师和教学经验欠缺的年轻教师宜进行组织化观摩，这种观摩可以是现场观摩（如组织听课），也可以是观看优秀教师的教学录像。非组织化教学要求观摩者有相当完备的理论知识和洞察力，否则难以达到观摩学习的目的。通过观摩分析，学习优秀教师驾驭专业知识、进行教学管理、调动学生积极性等方面的教育机智和教学能力。

2. 微型教学

微型教学（microteaching）指以少数的学生为对象，在较短的时间内（5～20 分钟）尝试进行小型的课堂教学，可以把这种教学过程摄制成录像，课后再进行分析。这是训练新教师，提高教学水平的一条重要途径。

国内外关于微型教学有多种方法，但一般采用以下程序。

a. 明确选定特定的教学行为作为着重分析的问题（如解释的方法和提问的方法等）。

b. 观看有关的教学录像。指导者说明这种教学行为具有的特征，使实习生或新教师能理解要点。

c. 实习生和新教师制订微型教学的计划，以一定数量的学生为对象，实际进行微型教学，并录音或录像。

d. 和指导者一起观看录像，分析自己的教学行为。指导帮助教师和实习生分析一定的行为是否恰当，考虑改进行为的方法。

e. 在以上分析和评论的基础上，再次进行微型教学。这时要考虑改进教学的方案。

f. 进行以另外的学生为对象的微型教学，并录音或录像。

h. 和指导教师一起分析第二次微型教学。

微型教学使教师分析自己的教学行为更加直接和深入，增强了改进教学的针对性，因而，往往比正规课堂教学的经验更有效。博格（Borg，1969）研究表明，微型教学的效果在四个月后仍很明显。

3. 教学决策训练

教师的教学过程也是一个采取决策的过程，如判断自己的教学行为所引起的学生的反应是否符合期望，如果符合，就继续维持自己的行为，反之就要采取一定的预防和矫正措施。特韦尔克（Twelker，1967）设计了决策训练的程序，事先向接受训练的教师或实习生提供有关所教班级的各种信息，包括学习水平、学习风格、班级气氛等，然后，让他们观看教学实况录像，从中吸取自己认为重要的成分。在此过程中，指导者一面呈现出更恰当的行为，一面给予说明。通过这种方法，教师和实习生可以获得指导者的及时解释说明，这种方法不仅可以改善他们的教学行为，而且可以使他们对决策者的有效线索更加敏感，而这是专家型教师的重要特征。研究表明，让教师或实习生接受教学决策训练，可以提高其教学能力。

4. 通过反思来提高教学能力

反思性教学是近年来在欧美教育界备受重视的一种促进教师专业发展的教师培养理论。反思是教师着眼于自己的活动过程来分析自己作出某种行为、决策以及所产生的结果的过程，是一种通过提高参与者自我觉察水平来促进能力发展的手段。

（1）教学反思的内容及作用

克林、唐德内姆（Killion & Tondnem，1993）提出，教师的反思包括三个方面的内容：a. 对于活动的反思（reflection-on-action），这是个体在行为完成之后对自己的行动、想法和做法的反思；b. 活动中的反思（reflection-in-action），个体在做出行为的过程中，对自己在活动中的表现、想法和做法进行反思；c. 为活动反思（reflection for action），这种反思是以上述两种反思为基础，总结经验来指导以后的活动。

教师对自己的教学进行反思，有助于提高自身教学能力。首先，教师计划自己的活动，通过“活动中的反思”观摩所发生的行为，就好像自己是局外人，以此来理解自己的行为与学生的反应之间的动态的因果关系。然后，教师又进行“对于活动的反思”和“为活动反思”，分析所发生的事件，并得出用以指导以后决策的结论。如此更替，成为连续的过程。教师在反思过程中扮演双重角色：演员和评论家。反思是理论与实践之间的对话，是这二者之间相互沟通的桥梁。

（2）教学反思的环节

奥斯特曼、柯特坎普（K. P. Osterman & R. Kottkamp，1993）以经验性学习理论为基础，将教师反思分为四个环节：具体经验—观察分析—抽象的重新概

括—积极的验证。

a. 具体的经验阶段。该阶段的任务是使教师意识到问题的存在，并明确问题情境。在此过程中，接触到的新的信息是很重要的。他人的教学经验、自己的教学经验、各种理论原理，以及意想不到的经验等都会起作用。一旦教师意识到问题就会产生认知冲突，并试图改变这种状况，于是进入反思环节。这里的关键是使问题与教师个人密切相关，使其意识到自己在活动中的不足，这往往是对个人能力、自信心的一种威胁。所以，让教师明确意识到自己在教学中存在的问题，往往并不容易，作为教师反思活动的促进者，在此时要创设轻松、信任与合作的气氛，帮助教师看到自己的问题所在。

b. 观摩与分析阶段。此阶段教师广泛收集并分析有关的经验，特别是关于自己活动的信息，以批判的眼光反观自身，包括自己的思想、行为、信念、价值观、目的、态度和情感等。通过观察获得资料的方式有很多：自述与回忆、他人的观察模拟、角色扮演，也可以借助于录音、录像、档案等。在获得一定的信息之后，要对它们进行分析，看驱动自己的教学活动的各种思想观点到底是什么，它与自己所倡导的理论是否一致，自己的行为与预期结果是否一致等，从而明确问题的根源所在。这个任务可以由某个教师单独完成，但合作更有效。经过这种分析，教师会对问题情境形成更为明确的认识。

c. 重新概括阶段。在观察分析的基础上，教师重审旧思想，并积极寻找新思想与新策略来解决所面临的问题。此时，新信息的获得有助于更有效的概念和策略方法的产生。这种信息可以来自研究领域，也可以来自实践领域。由于针对教学中的特定问题，而且对问题有较清楚的理解，这时寻找知识的活动是有方向的、聚焦式的，是自我定向的，因而，不同于传统教师培训中的知识传授。同样，这一过程可以单独进行，也可以通过合作的方式进行。

d. 积极的验证阶段。要检验以上阶段所形成的概括的行为和假设，教师可能是实际尝试，也可能是角色扮演。在检验的过程中，教师会遇到新的具体经验，从而进入具体的经验阶段，开始新的循环。

在反思的四个环节中，反思最集中地体现在观察和分析阶段，但它只有和其他环节结合起来才会更好地发挥作用。在实际的反思活动中以上四个环节相互交错，界限并不十分明确。

（3）教学反思的几种方法

布鲁巴奇（J. W. Blubacher，1994）提出了四种反思的方法。a. 反思日记。在一天教学工作结束后，要求教师写下自己的经验，并与其指导教师共同分析。b. 详细描述。教师相互观摩彼此的教学，详细描述他们所看到的情景，教师对此进行讨论分析。c. 交流讨论。来自不同学校的教师聚集在一起，首先提出课堂上发生的问题，然后共同讨论解决的办法，最后得到的方案为所有教师所分享。d. 行动研究（action research）。为弄明白课堂上遇到的问题的实质，探索改进教学的行动方案，教师以及研究者进行调查和实验研究；它不同于研究者由外部进行的旨在探索普遍法则的研究，而是直接着眼于教学实践的改进。

知识卡

**一位教师的职业发展规划**

我工作11年了，在这11年里，我从未想过要为自己的职业发展做规划。其实，"规划"这个词听别人说过，那是在校长请来的"专家报告会上"，听专家说的，可以说这次的学习对我触动很大。使我认识到了学习的重要性。我真的开始思考：以后我应怎么办?

其实，在刚工作时，我是想过要好好教学，但却不知这个"好好"该怎么做，我只是认真备每节课，认真上课，认真批作业。所谓认真备课就是研究教学大纲和教师用书；认真上课就是把准备好的东西讲给学生听；认真批作业，就是把不错的发给学生，把错的改过来。从第五年开始，我才开始注意到讲课要注意学生接受的程度，而不是背自己准备的东西。从第九年开始我有了要继续学习的强烈的愿望，于是我的工作变得积极主动了，备课不是为了给别人看，而是认真思考，每节课后都认真写反思；听课不再是为了应付上级的检查，而是以学习的态度去听，于是有了不少收获；我强烈的希望能有学习的机会。机会真的来了，所以我很珍惜。每次网上学习，都是认真看视频，而不是开着电脑干别的。我想趁这个机会我要好好规划一下自己的未来。

**一、积极探索课堂教学改革，让自己的教学出彩达到吸引学生学习、提高教学成绩的目的**

我感觉目前我校有一种不太正确的做法，就是辅导学生。由于我校生源较差，教学质量不易提高，有的教师利用一切课余时间辅导后进生，早读之前、课间操、午休时间、课外活动、放学后，甚至体育课、美术课、音乐课，也把学生叫到办公室进行辅导。在他们的持之以恒的辅导下，所有的差生都能及格了，也取得了令人瞩目的教学成绩。但我一直觉得这不是正确的方法。一是因为学生的时间是有限的，如果所有的教师都这么辅导，怎么能辅导得过来？所以它不具有推广性；二是不利于学生的长远发展和全面发展。学习对学生来说很重要，但如果学生的所有时间都用来学习课本知识，学生其他的技能、素质如何提高？学生怎能不厌学？所以我不会这么做，即使我的成绩暂时落后，我也不这么做，我要努力学习理论并积极实践，努力提高自己的授课水平，来提高自己的成绩，孙维刚、魏书生就是我学习的榜样。

**二、积极进行继续教育学习，努力提高自身素质**

我一直遗憾的是没有上个自己满意的学校，以及没有考研。由于自身能力有限，又加上工作、生活的压力，因此曾几度放弃。自从听了魏老师的课，他说“35岁左右的老师你就要考虑考虑是否考研”，这句话又使我的梦想浮现到眼前。永不放弃！永不放弃！！永不放弃！！！我相信只要我坚持努力，梦想就会实现，不管它有多难！

自从工作以后，充电的机会很少，家庭、孩子、学生占去了我所有的时间，从今天开始我要好好学习，天天向上。

**三、积极参加学校以及上级部门组织的教学研究活动，积极撰写论文**

上学时，从未学习如何撰写论文。如今工作了，需要写论文了，由于肚子里“没货”，感觉写论文比生孩子还难。但万事开头难，我已成功发表了一篇，相信以后会更好。从今年暑假开始，我要坚持学习，争取每半年发表两篇论文，努力成为研究型教师。

对！我的总目标是成为研究型教师，我已经在做了！给我加油吧！

## 思考题

1. 教师职业生涯发展受到哪些因素的影响？
2. 教师从新手到专家要经历哪些阶段？
3. 教师职业生涯发展的途径有哪些？
4. 如何理解教师职业生涯发展？结合自身实际，制订一个职业生涯发展计划。

## 课外阅读

### 教师职业倦怠的防治

职业倦怠作为客观存在，已经成为许多人积极行为的障碍。如何让他们告别倦怠，可从以下两方面进行有效的尝试。

**改变产生倦怠的应激源**

《商报》和南北人才网公布首份宁波学校管理者痛苦指数调查结果显示，“上级总是不信任我，授权不充分”和“预定的工作目标过高”是最痛苦的应激源。因此作为校长和管理部门的管理者应尽可能突出情感化的管理特色，而不是一味地施压，真正体现“以人为本”的管理理念，尽可能营造宽松和谐的工作氛围，为教师提供人际交往的机会，使他们的郁闷和疑惑得到及时的排解；同时建立新的评价体系、调整竞争机制满足大多数教师的成就需要。这在一定程度上可以缓冲教师的心理压力，减少职业倦怠的产生。这需要全社会的关怀。

**积极寻求应付方式**

应付是指成功地对付环境挑战或处理问题的能力。通常，积极的应付方式可以使自己有效地面对心理应激、重新恢复生理与心理的平衡水平状态；消极的应付则往往会使人继续停留在充满压力的应激状态，继续消耗自身潜在的能量，产生倦怠，甚至导致心理疾病。

(1) 要调整心态，克服自卑与自傲心理。教师的职业是个清苦的职业，是个奉献的职业，不能与高官相比，也不能与富商相攀。教师的收入和地位仍然不是很如意，老师的工作不是社会全部人能理解，这些暂时现象你必须接受，因为你抱怨也好，苦恼也好，自卑也好，都无法一下子改变得了。要像魏书生一样做个大度豁达的人，遇到烦恼的事情放开点，不要抱怨自己的运气不佳，境遇太差，别一味把成败归咎于客观条件，而忽视主观能动性。教师劳动的收获，是精神产品上的收获，是个短期无法看见效益的收获，认识这个特点，你要能细细体会自己感觉到的成功与欢乐。看到自己培养的人才在各条战线上为党为人民做着实实在在的贡献，哪一位教师不感觉到幸福、自豪呢？在幸福中又怎么可能心生倦怠呢？

(2) 要有兴趣。教师的职业繁琐、细腻，总有做不完的事，讲不完的课，教不完的学生。一个人长时间地投入在一项工作中，压力重而不堪重负。要想抛开压力，最好就是找点自己感兴趣的事情去做，可以写文章，可以做事，可以读书，可以锻炼，可以活泼一点，可以朴素一点，可出可入，可庄可谐。总之，挖掘出自身潜能，发扬自己长处，心生自豪，心生荣耀，心生自强，在成功中你又怎么可能倦怠呢！

(3) 作为管理者要把对教师的人文关怀体现于日常生活和工作中。青年教师是职业倦怠易发、多发的群体，所以管理者应从小事、从细微处关心他们。牟平一中的做法就很值得借鉴。作为省级规范化学校，该校的年轻教师来自五湖四海。每逢中秋、元旦等节日，学校都要宴请青年教师，主要领导亲自作陪。同时经常利用节假日组织他们到周围观光、考察，并及时把学校的教育理念灌输给他们，从而使青年教师激发出深厚、稳定的工作热情。

# 附录　中小学教师职业道德规范

（1997 年 8 月 7 日修订）

一、依法执教。学习和宣传马列主义、毛泽东思想和邓小平同志建设有中国特色社会主义理论，拥护党的基本路线，全面贯彻国家教育方针，自觉遵守《教师法》等法律法规，在教育教学中同党和国家的方针政策保持一致，不得有违背党和国家方针、政策的言行。

二、爱岗敬业。热爱教育、热爱学校，尽职尽责、教书育人，注意培养学生具有良好思想品德。认真备课上课，认真批改作业，不敷衍塞责，不传播有害学生身心健康的思想。

三、热爱学生。关心爱护全体学生，尊重学生的人格，平等、公正对待学生。对学生严格要求，耐心教导，不讽刺、挖苦、歧视学生，不体罚或变相体罚学生，保护学生合法权益，促进学生全面、主动、健康发展。

四、严谨治学。树立优良学风，刻苦钻研业务，不断学习新知识，探索教育教学规律，改进教育教学方法，提高教育、教学和科研水平。

五、团结协作。谦虚谨慎、尊重同志，相互学习、相互帮助，维护其他教师在学生中的威信。关心集体，维护学校荣誉，共创文明校风。

六、尊重家长。主动与学生家长联系，认真听取意见和建议，取得支持与配合。积极宣传科学的教育思想和方法，不训斥、指责学生家长。

七、廉洁从教。坚守高尚情操，发扬奉献精神，自觉抵制社会不良风气影响。不利用职责之便谋取私利。

八、为人师表。模范遵守社会公德，衣着整洁得体，语言规范健康，举止文明礼貌，严于律己，作风正派，以身作则，注重身教。

## 教师文明礼仪规范

一、认真参加升旗仪式．自觉按照仪式要求做到严肃、规范。

二、在校内讲普通话。自觉使用礼貌用语和体态语言，做到谈吐文雅、举止端庄。接受学生问候时要回礼示意。

三、衣着整洁庄重，自然得体。佩戴校徽。男教师不蓄长发，女教师不化浓妆。不穿戴分散学生课堂注意力的服饰。

四、不在教室、办公室、会议室等工作场所吸烟、喧哗。不随地吐痰、乱扔废物。

五、及时收拾讲台、办公室，保持工作环境整洁。住校教师要自觉保持居室环境卫生，不随处堆放、悬挂、晾晒杂物。

六、上课不迟到、早退、不拖课，不随意中途离开教室处理私事（如会客、接电话等），不带通讯设备进教室，不在课上训斥学生；上下课与学生互致问候。

七、尊重学生人格，不挖苦、辱骂、体罚或变相体罚学生；不以罚款、驱赶等粗暴手段处罚学生。

八、不违反规定向学生或家长收取或变相收取钱、物；不随意叫学生或学生家长代办私事，

九、接待或拜访家长，做到热情有礼、谦逊耐心，不要态度，不训斥。

十、同事之间互相尊重，讲求谦让，光明磊落，坦诚交往。